데카르트,
이성과
의심의
계보

• 이 도서의 국립중앙도서관 출판시도서목록(CIP)은 e-CIP홈페이지(http://www.nl.go.kr/ecip)와
국가자료공동목록시스템(http://www.nl.go.kr/kolisnet)에서 이용하실 수 있습니다.
(CIP제어번호: 2017005824)

데카르트, 이성과 의심의 계보

빅토르 델보스 지음

이근세 옮김

은행나무

일러두기

1 이 책의 1부는 빅토르 델보스의 글을 골라 번역한 것으로, 번역대본은 다음과 같습니다.

- 데카르트의 삶과 철학(Descartes), *Figures et doctrines de philosophes*, Ed. Maurice Blondel, Paris: Plon-Nourrit et Cie, 1918.
- 데카르트에서 과학과 철학의 관계(Le Rapport de la science à la philosophie chez descartes), *La Philosophie française*, Ed. Maurice Blondel, Paris: Plon-Nourrit et Cie, 1919.
- 데카르트의 철학(La Philosophie de Descartes), *La Philosophie française*, Ed. Maurice Blondel, Paris: Plon-Nourrit et Cie, 1919.
- 데카르트의 철학과 스피노자의 철학(Le Cartésianisme et le Spinozisme), *Le Spinozisme*, Paris: Société Française d'Imprimerie et de Libraire, 1916

2 이 책에 실린 〈영원한 진리에 관한 데카르트의 편지들〉은 다음 책의 일부를 번역한 것입니다.

- René Descartes, *Choix de lettres*, Ed. Eric Brauns, Paris: Hatier, 1988.

3 이 책의 5장 「'나는 생각한다 고로 존재한다': 체계인가 경험인가? — 마르샬 게루와 페르디낭 알키에의 논쟁」은 수정하여 〈철학논총〉(제85집, 2016. 7)에 「데카르트와 코기토 논쟁」으로 게재된 바 있습니다.

4 인명의 외래어 표기는 국립국어원 『표준국어대사전』 및 외래어 표기법을 따르되, 학계에서 통용되는 명칭이 있는 경우 그에 따랐습니다. (예: Bergson→베르그손)

5 본문에 나오는 저작물 중 국역본이 있거나 통념적으로 널리 사용되는 명칭이 있는 경우 그에 따르며 원어명을 병기하지 않았습니다.

6 본문의 주는 모두 옮긴이의 것으로, 원주인 경우 따로 표기하였습니다.

7 원문의 이탤릭체가 강조의 의미인 경우 굵은 글씨체로 표기하였습니다.

차례

역자 서문

"이제 눈을 감고, 귀를 막고, 모든 감각을 멀리하며, 물체들의 이미지를 내 생각에서 모조리 지워버리자. 이런 일이 힘겹다면, 적어도 그런 이미지를 공허하고 거짓된 것으로 간주하여 무시하자. 오직 나 자신과 대화하고, 내면을 깊이 살피면서, 내 자신을 점점 더 알려지게 하고, 내 자신과 더 친숙하게 만들어보자." 진리와 확실성을 오직 자기 안에서 찾아내겠다는 데카르트의 선언이다. 자아에 대한 신뢰는 '근대'의 특징이다. 특히 진리를 찾기 위해 바깥 세계를 바라보기보다는 오직 사유의 힘만으로 자아 안에서 진리를 발견하려는 것이 근대 철학자들 중에서도 데카르트의 핵심 작업이다. 이 작업을 완수하기 위해 데카르트는 감각, 물질, 의식, 몸, 인간, 신, 세계 등의 다양한 철학적 주제를 해명해야 했고, 결국 방대하고 독창적인 체계를 창출함으로써 서양 근대 철학의 아버지가 되었다.

철학사의 전통을 세운 큰 사상들이 그렇듯이 데카르트의 사상은 많은 논란을 일으켰고 아직도 해석의 합의가 이루어지지 않고 있다. 중요한 사상에 접근하는 지름길은 곧바로 이 사상이 담긴 원전으로 들어가는 것이다. 그 무엇도 원전을 대체할 수는 없다. 그러나 원전에 진입할 욕구를 불러일으키기 위해 적절한 안내자가 필요할 때가 있다. 특히 안내서가 해석의 균형과 엄밀성을 갖추었을 때는 고전을 이해하는 데 상당한 효과를 발휘한다. 프랑스 철학계에서 가장 엄정한 철학사가들 중 한 명으로 꼽히는 빅토르 델보스의 글이라면 독자들을 데카르트 원전으로 인도하기에 적합하다고 판단되었다.

빅토르 델보스는 프랑스 수재들의 집결지인 고등사범대학(École normale supérieure) 출신으로서 앙리 베르그손, 에밀 뒤르켐, 모리스 블롱델, 레옹 브런슈빅(Léon Brunschvicg) 등이 동학이다. 델보스의 스승으로는 19세기 프랑스 유심론의 대가인 에밀 부트루(Émile Boutroux), 레옹 올레 라프륀(Léon Ollé-Laprune) 등을, 제자로는 중세 철학의 대가이자 데카르트 철학 연구가인 에티엔 질송(Étienne Henry Gilson)을 꼽을 수 있다. 그는 특히 행동 철학의 창시자인 모리스 블롱델의 벗이자 사상적 동반자이기도 하다. 프랑스 철학계에서 델보스는 특히 스피노자와 칸트 연구자로서 널리 알려져 있다. 그의 처녀작인 『스피노자의 철학과 그 역사에서 도덕의 문제(Le problème moral dans la philosophie de Spinoza et dans l'histoire du spinozisme)』(1896)와『스피노자 철학(Le Spinozisme)』(1916)은 거의 모든 스피노자 연구자들이 활용하는 고전들이고, 알렉상드르 마트롱(Alexandre Matheron)이 델보스의 걸작으로 평가한『칸트의 실천 철학(Essai sur la formation de la philosophie pratique de Kant』(1902) 역시 중요한 칸트 철학 연구서로 정평이 나 있다. 델보스가 프랑스어로 번역한 칸트의 『도덕 형이상학 정초』는 현재도 프랑스 철학계에서 정본으로 사용되고 있다. 멘 드 비랑(Maine de Biran)의 철학에 관한 종합적 연구서 『멘 드 비랑과 그의 철학 작품(Maine de Biran et son œuvre)』(1931, 유고 출간)도 있고, 베르그손의 『물질과 기억』에 대한 탁월한 연구 논문 등도 빼놓을 수 없다. 이 외에도 100편 이상의 학술 논문을 남겼다.

델보스는 데카르트에 관한 단행본은 쓰지 않았지만 「데카르트의 철학에서 관념론과 실재론(L'idéalisme et le réalisme dans la philosophie de Descartes)」(1912), 「데카르트의 코기토와 로크의 철학(Cogito de Descartes et la philosophie de Locke)」(1913) 같은 연구 논문을 남겼고, 특히 그의 마지막 저작인 『철학자들의 인물과 사상(Figures et doctrines de philosophes)』(1918)에서 소크라테스, 스피노자, 칸트, 멘 드 비랑 등과 함께 데카르트를 다룬다. 이 저작에서 데카르트에 할당된 장(章)을 옮긴 것이 이 책의 1장 「데카르트의 삶과 철학」이다. 2장과 3장은 『프랑스 철학(La Philosophie française)』(1919, 유고 출간)에서 데카르트를 다룬 장을 옮겼다. 4장은 『스피노자 철학』(1916)에서 델보스가 데카르트 철학과 스피노자 철학의 관계를 논의한 부록을 옮긴 것이다. 끝으로 델보스의 글이 아니라 데카르트의 편지 세 통을 옮겼다. 데카르트의 주저에는 명확히 나타나지 않지만 그의 철학 체계 전체를 이해하기 위해서 매우 중요한 '영원한 진리' 개념을 다루는 편지이기 때문에 부록으로 실었다.

델보스는 한 철학을 해석할 때 특정 주제를 택하여 설명하기보다는 그 철학의 전체 구조를 토대로 최대한 객관화하는 특징이 있다. 그래서 프랑스 철학계에서 가장 엄밀한 철학사가 중 한 명으로 꼽힌다. 데카르트, 스피노자, 라이프니츠, 피히테 등에 대한 기념비적인 작품을 남긴 철학사가 마르샬 게루(Martial Gueroult)는 데카르트에 대한 그의 기념비적 저서[1]를 집필하는 내내 준칙으로 간주한 것은 델보스의 말이라고 강조한다. "한 철학의 깊은 의미를 발견하겠다는 명목으로 그 철학의 정확한 의미를 무시하면서 시작하는 사변의 유희를 경계할 것." 들뢰즈 역시 델보스의 '엄밀성'을 강조한다.

델보스의 데카르트 관련 글을 모아 우리말로 옮기게 된 것은 대학에서 〈포스트모던의 철학 사상〉 강좌를 진행하며 쓸 적절한 교재를 만들기 위해서다. 근대 철학의 대표적인 인물로서 데카르트를 설명하고 포스트모던 사상가들의 입장과 연관시키는 내용의 강의를 진행해오던 중, 델보스의 글이라면 데카르트 철학에 대한 종합적인 소개에 본질적인 도움이 되리라는 생각이 들었다. 물론 철학사가가 아무리 엄정하게 한 철학을 서술할지라도 그것이 그 철학을 탄생시킨 철학자의 글 자체를 대체할 수는 없지만, 그래도 2차 문헌 가운데 좋은 글을 골라서 소개하는 것이 원전의 독서를 유도할 좋은 방법인 것도 사실이다. 길지 않은 글에서 델보스는 데카르트의 서신을 포함하여, 『방법서설』 등의 초기 저작에서부터 마지막 저작 『정념론』에 이르기까지 깊은 이해를 바탕으로 데카르트의 삶, 그의 과학과 철학을 엄밀하게 설명할 뿐 아니라 그가 후대 사상에 미친 영향까지 살피고 있기 때문에 데카르트 철학 전반을 이해하고자 하는 독자들에게 큰 도움이 되리라고 생각한다.

---

1 마르샬 게루, 『근거들의 질서에 따른 데카르트(Descartes selon l'ordre des raisons)』, Paris: Aubier-Montaigne, 1953.

1부에서 델보스의 글을 통해 데카르트 철학의 기본적인 이해를 돕는다면 2부 해제에서는 데카르트 철학 해석의 지평을 넓히기 위해 20세기의 가장 유명한 두 가지 '데카르트 논쟁'을 소개한다. 프랑스 강단 철학의 두 거두였던 마르샬 게루와 페르디낭 알키에(Ferdinand Alquié)의 논쟁, 그리고 프랑스 현대 철학의 두 '스타'인 미셸 푸코와 자크 데리다의 논쟁이 그것이다. 첫 번째 논쟁의 주인공들은 데카르트의 '나는 생각한다 고로 존재한다'라는 코기토(Cogito) 개념을 중심에 두고 철학의 본질 자체를 각자의 방식대로 규정하기 위해 물러설 수 없는 격전을 벌인다. 두 번째 논쟁의 주인공들은 데카르트의 '의심'과 '광기' 개념에 대해 각자의 지극히 독창적인 사상 전체를 걸고 격돌한다. 독자들이 델보스의 글과 현대의 두 논쟁을 데카르트 원전과 함께 읽어나가며 서양 근대 철학에서 프랑스 현대 철학에 이르는 흐름을 추적한다면 적지 않은 성과가 있으리라고 기대한다.

이근세

I

데카르트와 근대 철학

빅토르 델보스

1. 데카르트의 삶과 철학

독일 철학자 헤겔은 자신의 『철학사 강의』에서 데카르트 철학에 대한 그의 강론을 다음처럼 시작한다. "실제로 르네 데카르트는 사유를 원리로서 확립한다는 점에서 근대 철학의 진정한 주창자다. (……) 데카르트가 그의 시대와 새로운 시기에 미친 영향은 과장될 수 없다. 그는 영웅이다. 그는 논의를 처음부터 완전히 새로 시작했다." 사실 통상적으로 영웅주의라는 것이 오직 자신의 힘으로 버텨낼 의지를 포함하고 자아의 완벽한 통제와 더불어 계획이 지닌 극도의 중대함과 어려움에 필적하는 대담성을 포함한다면, 사유의 영웅적 방식이 존재하며 이런 방식은 데카르트의 것이었다고 논란의 여지없이 말할 수 있다. 데카르트 작품의 근본에는 오직 스스로만이 찾을 수 있다고 판단한 인식의 수단과 긍정의 근거로 돌진하는 정신의 대단한 약동 같은 것이 있었다. 가장 근원적이고 결정적인 독창성의 행위가 있었던 것이다. 그렇다면 스콜라철학 전통의 적대자로서 근대 철학에 가장 안정적이고 풍부한 전통을 제공할 정도로 충분한 재능을 지녔던 데카르트는 어떤 인물이었는가?[1]

르네 데카르트는 1596년 3월 31일 프랑스 크뢰즈(Creuse) 우안(右岸)
에 위치한 투렌(Touraine)의 작은 도시 라에(La Haye)에서 태어났다. 그
러나 데카르트는 부모와 조부모 및 일부 다른 조상을 통해 푸아티에
(Poitiers)와 샤틀레로(Châtellerault) 지방에 연고가 있었다. 데카르트 스
스로 자신에게 '푸아투의 귀족'이라는 칭호를 붙였다. 그가 1630년 레이
던(Leiden) 대학 등록부에 자신에 대해 기입한 것도 '푸아투 사람'이라
는 호칭이었다. 데카르트는 조아킴 데카르트(Joachim Descartes)와 잔 브
로샤르(Jeanne Brochard)의 넷째 아이였다. 소(小)귀족인 데카르트 가문
은 특히 의회 진출에 이르게 된 상황 덕분에 번성했다. 데카르트의 아버
지는 브르타뉴(Bretagne) 의회의 고문이었다. 데카르트는 아주 어릴 때
부터 어머니의 보살핌을 받지 못했다. 데카르트의 출생 약 일 년 후이자
바로 아래 동생의 출생 며칠 후에 그의 어머니가 사망한 것이다. 데카르
트는 이렇게 술회했다. "나는 어머니로부터 마른기침과 창백한 혈색을
물려받았다. 스무 살이 넘어서까지 그런 상태였고 그전에 나를 보았던
모든 의사들은 젊은 나이에 내가 죽을 것이라는 진단을 내렸다."IV, p. 221[2]
데카르트의 아버지는 브르타뉴 여인과 재혼했다. 그전까지만 해도 의회
가 열릴 때만 렌(Rennes)에 머물렀던 그는 이제 완전히 렌에 정착했다.

---

1 [원주] 샤를 아당(Charles Adam)과 폴 타네리(Paul Tannery)가 『데카르트 작품(Oeuvres de
Descartes)』에 대해 정리한 열한 권짜리 탁월한 판본을 참조한다. 이 판본에 12권 『데카르트의 삶과
작품(La vie et les oeuvres de Descartes)』이 추가되었다.
2 이후 『데카르트 작품』의 아당과 타네리 판본의 권차를 로마자로만 표기한다.

그의 후손이 뿌리를 내린 곳이 브르타뉴가 된 것이다.

데카르트는 여덟 살 때 예수회 관할의 라플레슈(La Flèche) 학교에 입학했다. 라플레슈는 『방법서설』에서 데카르트가 말했듯이, "유럽의 가장 유명한 학교들 중 하나"였다. 데카르트는 허약한 건강 상태 때문에 라플레슈 학교에서 특별한 배려를 받은 것이 분명하다. 그는 혼자 잠자고 원하는 시간에 일어나도 되는 자유를 누렸고 이런 배려 덕분에 침대에 누워 편하게 사색할 수 있었다.

데카르트가 받은 교육은 젊은 귀족을 위한 교육이었다. 그는 당시 통용된 모든 체육 수련을 포함한 이런 교육 조건을 항상 높이 평가했다. 이 체육 수련에는 여러 번 그의 비유에 활용된 손바닥 게임 및 그가 작은 개론서의 주제로 삼은 검술이 포함되었다. 데카르트는 규칙적으로 수업을 들었고 뛰어난 학생의 면모를 보였다. 그가 학교 체제에 대해 절반은 찬동조로 절반은 빈정거리는 투로 말한 것을 보면 데카르트는 근본적으로는 만족할 정도로 여유 있게 이 학교 체제를 따랐다는 것이 입증된다. "그렇다고 내가 학교에서 가르치는 과목들을 하찮게 여긴 것은 아니었다. 내가 보기엔, 학교에서 가르치는 언어는 고전을 이해하는 데 필요하고, 재미있는 우화는 정신을 일깨워주며, 기억될 만한 역사적인 사건은 정신을 고양하고 신중하게 읽으면 판단력을 키우는 데 도움이 되고, 양서를 읽는 것은 이 책을 집필한 지난날의 지성들과의 대화, 나아가 그들의 사상들 가운데 가장 좋은 것만을 보여주는 정제된 대화와 다름 아니며, 수사법은 비길 데 없는 강렬함과 아름다움을 지니고 있고, 시는 마음을 사로잡는 섬세함과 부드러움을 갖고 있으며, 수학은 정묘한 발견물이 있어 지적 호기심이 있는 사람들을 만족시켜줄 뿐 아니라 기술을 후원해서 인간의 노동력을 경감하는 데 기여하고, 도덕을 다루는 책들은 유익한 교훈과 덕에 대한 권유를 포함하고 있으며, 신학은 천국에 이르는 길을 가르치고 있고, 철학은 모든 것에 대해 그럴듯하게 말하는 수단과 학식이 적은 사람들로부터 찬탄을 사게 하는 수단을 제공해주며, 법학이나 의학 및 그 밖의 학문은 그것을 연구하는 사람들에게 명예와 부를 가져다주고, 그리고 끝으로, 이 모든 학문을, 아주 미신적이고 거짓된 학문들조차도 그 정당한 가치를 인식하고 또 기만당하지 않도록 조심하기 위해 이처럼 음미해보는 것이 좋은 일임을 나는 알고 있었다."

사실 데카르트는 라플레슈의 옛 스승들에 대해 감사를 표시할 기회를 놓친 적이 전혀 없다. 그럼에도 불구하고 그는 자신이 받은 교육의 불충분성을 일찍부터 인정했다. 고대 문화에 대한 애착은 현재의 실생활과 필요에 대한 의식을 제거할 수 있고 허구적 작품들의 독서는 정신을 흐트러뜨릴 수 있으며 수사법과 시적인 정취는 소유하면 참 좋은 것이기는 해도 그것은 교육의 결실이라기보다는 천부적 재능이라고 데카르트는 평가했다. 그리고 덧붙여 말한다. "나는 특히 수학에 마음이 끌렸는데, 이는 그 근거의 확실성과 명증성 때문이었다. (……) 그리고 그것이 단지 기계적 기술에만 응용되고 있음을 보고서는, 그 토대가 그토록 확고부동함에도 불구하고 왜 아무도 지금까지 이 위에 더 탁월한 것을 세우지 않았는지를 의아하게 생각했다." 비록 데카르트가 나중에 자기 학문에 대한 신뢰성을 더하기 위해 원래보다 관련 사항의 정확성을 다소 강화했다고 가정한다고 해도, 그는 이미 확실한 인식에 대한 사랑을 학문에 대한 젊은 자신의 평가에 포함했다. 확실한 인식에 대한 사랑은 데카르트의 전 작품의 영감과 규칙이 된다.

데카르트는 1612년 4월 라플레슈 학교에서 나왔다. 그 직후 몇 년간을 그가 어떻게 보냈는지 정확히 알려진 바는 없다. 데카르트는 파리에 머물렀으며, 그 체류는 특히 그에 대한 전기 작가 바이예(Adrien Baillet)가 말했듯이 길어졌을까? 이는 아주 확실한 사실은 아니다. 여하튼 데카르트는 1616년 11월 9일과 10일의 대학 입학 자격시험과 법과 학사시험을 치르기 위해 푸아티에로 갔다. 아마도 시험 준비를 위해 그전에 그곳에 가서 일정 기간 머물렀을 수도 있다. 데카르트 스스로 말했듯이, 시험을 치르고 나서 그는 자기 자신 또는 세상이라는 커다란 책에서 찾을 수 있는 지식 외에는 더 이상 다른 지식을 찾지 않기로 결심했다.

당시 프랑스의 젊은 귀족들은 자원하여 네덜란드로 가서 모리스 드 나소(Maurice de Nassau)의 지휘하에 군사 업무를 배우곤 했다. 데카르트도 전례를 따랐다. 그러나 전문 장교가 아니었던 데카르트는 대부분의 시간을 연구에 할애했다. 그는 이작 베크만(Isaac Beeckman)과 우정을 맺을 수 있는 행운을 누렸다. 베크만은 매우 교양 있는 인물로서 나중에 도르드레흐트(Dordrecht) 학교의 교장이 되었다. 데카르트가 무기력한 상태에 빠지지 않고 자신의 지적 관심을 정확한 문제들, 특히 수학과 물리학 문제들에 집중하게 된 것은 이 소중한 교류 덕분이었다. 그는 베크만에게 말했다. "잠들어 있던 저를 당신이 깨웠습니다." 1618년 12월 13일 데카르트는 비율을 계산하여 음악을 설명한 그의 첫 번째 저작 『음악개론』을 베크만에게 헌정한다.

1619년 4월 데카르트는 네덜란드를 떠난다. 30년 전쟁이 발발하려던 때에 그는 바비에르(Bavière) 공작의 가톨릭 군대에 복무한다. 바로 이때 데카르트의 삶에서 지적인 차원의 가장 중요한 사건이 발생한다. 『방법서설』에서 그는 술회한다. "당시 나는 전쟁이 아직 끝나지 않아서 독일에 머물렀다. 그런데 황제 대관식[3]을 본 후 부대로 복귀하는 도중에 겨울이 시작되어 어느 마을에 머물게 되었다. 그곳에서는 기분 전환을 위한 교제도 전혀 없었고 또 다행히도 나를 괴롭히는 걱정도 감정적 문제도 없었기 때문에 하루 종일 난로가 놓인 훈훈한 방에서 혼자 머물며 내 생각을 가지고 나 자신과 대화할 온전한 여유가 있었다." 그러나 이 대화는 데카르트가 『방법서설』에서 밝힌 이야기만으로 추측할 수 있는 것만큼 평온함과 냉철한 명확성을 가지고 전개되지 않았다. 오히려 이 대화는 데카르트가 오늘날 전해지지 않는 단편에 적어놓은 독특한 흥분과 거의 황홀경의 상태에서 진행된다. 이 단편의 여러 구절과 전반적인 의미는 잘 전해져 있다. 1619년 11월 10일, 누워 있던 데카르트는 "놀랄 만한 과학의 기초를 발견한" 직후 "열정에 가득 찬 채" 세 개의 꿈을 차례로 꾸었다. 그는 이 꿈들을 자신의 탐구와 창작에 대한 하늘의 권고로 해석하고 가톨릭 신도들이 가장 숭배하는 성소인 노트르담 드 로레트(Notre Dame de Lorette)를 순례하겠다고 서약했다. 그 놀라운 개념은 무엇이었는가? 분명 그것은 수학으로부터 최초의 유형을 제공받은 보편적 설명 방법의 관념이었을 것이다. 그러나 이런 설명 방법은 대수학이 결합된 새로운 방식에 의한 기하학의 일반화, 즉 해석기하학의 창안 외에도 자연과학 전체를 기하학으로 환원하는 일을 포함했을 것이다. 데카르트에게 이런 관념은 단지 멋진 꿈이 아니었다. 그것은 다수의 가능

---

3 [원주] 프랑크푸르트에서 거행된 페르디난트 2세의 황제 대관식을 의미한다.

한 적용에 대한 정확한 발견과 매우 분명한 직관을 수반했다.

이후 9년 동안 데카르트는 자신의 생각을 여러 형태로 다듬었지만, 철학 학파들을 구분 짓는 문제에 대해 아직 입장을 정하지는 않았다. 또한 그는 사색하는 것만으로 만족하지 않았다. 군 복무를 그만두기 전에 그는 몽타뉴 블랑슈 전투에 참가했을까? 팔츠 선제후 프리드리히 5세가 자기가 누렸던 임시적인 왕위를 잃게 된 그 전투 말이다. 프리드리히의 딸이 바로 나중에 데카르트의 친구가 되는 엘리자베스 공주다. 데카르트가 몽타뉴 블랑슈 전투에 참가했는지는 확실치 않다. 이 무렵 그의 군 생활은 끝났지만 곳곳으로의 유랑은 계속되었다. 그는 북부 독일과 네덜란드를 거친 긴 여행 후에 돌아온다. 네덜란드로 가려고 빌린 배로 바다를 건널 때 데카르트는 그가 가진 것을 뺏고 그를 물에 빠뜨리려는 선원들의 음모를 듣게 된다. 그는 곧바로 일어서서 칼을 빼들고 어디 한번 덤벼보겠느냐며 그들을 위협했다. 데카르트는 단지 용기의 힘으로 혼자서 선원들을 상대하여 그들이 원래 해야 할 일을 다시 하도록 했다.

데카르트는 1622년 2월에 프랑스로 돌아와서 1623년 9월경까지 머문다. 가족과 재회했고, 여러 일을 처리하여 일정 자산을 소유하게 되었다. 데카르트 스스로 말했듯이, 신의 은총 덕분에 그는 재산을 지키기 위해 학문을 직업으로 삼을 필요가 없게 되었다. 데카르트는 또다시 여행을 떠났다. 이번에는 스위스와 이탈리아로 갔다. 1624년 5월 16일 베네치아에서 해마다 열리는 총독과 아드리아 해(海)의 혼인 축제[4]를 참관

---

4 그리스도 승천일에 맞추어 열렸던 과거 베네치아의 가장 큰 축제인 바다와의 결혼식(Lo Sposalizio del Mare). 베네치아 공화국의 총독이 갤리선에 올라 바다와의 결혼을 선포하고 준비한 금반지를 던

했다. 이어서 노트르담 드 로레트 순례를 경건하게 수행했다. 우르바노 8세의 대사(大赦)를 참관하려고 로마에 갈 준비를 했다. 알프스와 리옹을 거쳐 프랑스로 돌아왔다가 샤틀레로(Châtellerault)로 갔다. 샤틀레로에서 그는 사령관이 될 기회가 있었으나 부담금이 걱정되어 포기한다. 사실 그는 생계 수단을 확보하고 마음껏 연구하는 것을 더 좋아하지 않았겠는가?

1626년부터 1628년까지 3년 동안 데카르트는 몇 번의 짧은 여행을 제외하고는 파리에 머물렀다. 파리에서 그는 교양 있는 인물들이 즐기는 사교 생활을 경원시하지 않았다. 파스칼도 그랬듯이 데카르트는 다른 많은 사교계 신사들이 즐기는 놀이를 즐겼다. 특히 데카르트는 운보다는 조합에 의존하는 놀이에서 성공을 거두었다. 『아마디스(Amadis)[5]』같은 소설들도 읽었다. 그는 자신이 승자가 되는 시합을 하고 자신의 승리를 소설 속의 용맹한 행위처럼 만들곤 했다. 그러나 어느 순간 데카르트는 사교에 거리를 두고 한동안 사라졌다가 일종의 정신적 은둔 생활을 위해 칩거했다. 또한 그는 자신의 재능을 이미 인정하고 경탄해온 학자들의 세계에 들어가기도 한다. 1628년 11월 교황 대사관저에서 진행된 모임에서 샹두(Nicolas de villiers Chandoux)라는 사람이 철학을 개혁하는 적절한 방식에 대해 말했고 한 사람을 제외한 모든 청중이 열렬히

지는 의식을 치른다.
5 가르시 로드리게스 데 몬탈보(Garci Rodriguez de Montalvo, 1450~1504)가 쓴 원시 소설로, 궁정 연애와 영웅 모험담을 담은 아서왕 전설의 스페인판으로 볼 수 있다. 14세기 중반에 높은 인기를 얻던 이야기를 몬탈보가 1508년에 세 권의 책으로 묶었으며, 이것이 프랑스와 독일 등지로 번역되어 인기를 얻으며 바로크 장편 소설의 발달을 촉진했다.

이에 대해 동의했다. 그 한 사람이 바로 데카르트였다. 역시 그 자리에 있던 오라토리오의 설립자 베륄(Pierre de Bérulle) 주교는 데카르트에게 설명해주기를 권했다. 이에 데카르트는 샹두가 제안한 개혁이 전적으로 불충분하고 공허하며 스콜라학파의 난점과 모호성 전부를 그대로 남겨둔다는 점을 제시한다. 더불어 자연의 모든 현상을 설명할 수 있는 더 명료하고 확실한 원리를 철학에서 확립하는 것이 가능하다고 단언한다. 베륄 주교는 이런 선언의 모든 의미를 간파한다. 그는 며칠 후에 데카르트와 나눈 개인적인 대화에서 관련 문제를 다시 다룬다. 주교는 신이 베풀어준 정신의 역량과 통찰력을 철학의 개혁에 사용하는 것이 양심의 의무라는 점을 데카르트에게 강조한다. 데카르트는 주교의 권고를 따르기 위해 요청받을 필요가 없었다. 이때 이미 그는 자신의 형이상학을 저술할 준비가 되어 있었고 몇 달의 작업만 남은 상태였다. 더욱이 그는 자신의 물리학을 저술할 준비도 되어 있었고 이를 위해서는 2년이나 3년의 작업이 필요한 상태였다.

그러나 자신의 사유에 관한 것을 발표할 수 있으려면 데카르트는 프랑스와 파리에서 그의 시간을 너무 많이 빼앗아간 사교 생활로부터 벗어날 필요가 있었다. 그래서 그는 네덜란드로 가서 은거한다. 데카르트가 발자크에게 암스테르담에 대해 말한 바에 따르면, 네덜란드는 기후가 좋아서 열병의 위험이 없고 모든 사람의 안전을 보장하는 치안이 훌륭했으며 거주민들은 상업 정신이 있었기 때문에 학문에 종사하는 사람들의 값진 자유를 침해하지도 않았다. "저는 선생님이 산책로에서 할 수 있는 것처럼 자유롭고 여유롭게 많은 사람들로 혼잡한 곳을 매일 산책합니다. 여기서 제가 마주치는 사람들에 대해 저는 선생님의 숲에서 마주치는 나무나 그곳을 지나다니는 동물과 다르지 않게 생각합니다. 사람들의 소동으로 인한 소음조차도 여느 냇물 소리처럼 제 사색을 방해하지 않습니다. 세상의 다른 어디에서 여기만큼 생활의 모든 편리와 원하는 모든 흥미를 이토록 쉽게 찾을 수 있는 곳을 선택할 수 있겠습니까? 다른 어떤 나라에서 이토록 완전한 자유를 누릴 수 있겠습니까?". p. 203~204

데카르트는 네덜란드에서 거의 떠나지 않고 약 20년간 거주했다. 거처는 꽤 자주 옮겼는데, 이는 성가신 사람들을 따돌리기 위해서 또는 그가 관심을 가진 몇몇 지적 사건을 가까이에서 확인하기 위해서였다.

그러나 데카르트가 네덜란드로 온 것은 정신의 평온을 위해서였지 고립을 위해서가 아니었다. 그는 귀족이었고 자기가 귀족이라는 사실을 잊지도 않았다. 그는 궁정의 몇몇 인물과 기꺼이 교제했고 프랑스 대사들을 방문하는 일을 게을리하지도 않았다. 그러나 그가 관계를 맺은 것은 자연스럽게 학문과 과학에 종사하는 사람들이었다. 그는 이작 베크만을 다시 만났다. 한순간 그들 사이에 불거진 큰 불화에도 불구하고 데카르트는 베크만과 매우 견고한 우정 관계를 유지했다. 데카르트는 콘스탄틴 하위헌스(Constantijn Huygens)와 그 가족과도 친분을 쌓았다. 하위헌스 가족은 라에 근처의 시골집에 기꺼이 데카르트를 맞이했음이 분명하다. 알려진 바에 따르면 이곳에서 9주희⁶ 놀이를 즐겼고 철이 되면 버찌로 간식을 즐기곤 했다. 데카르트는 둘째 하위헌스에게 매우 특별

---

6 일종의 볼링처럼 여러 개의 봉을 세워놓고 진행하는 게임이다.

한 관심을 보였는데, 그가 바로 미래의 위대한 크리스티안 하위헌스다. 또한 데카르트는 유럽 학계 전체와 과학 및 철학 문제에 관해 직간접적으로 서신을 교환했다. 서신 교환은 특히 중개자들 가운데 가장 친절하고 열정적인 중개자인 메르센(Marin Mersenne) 신부의 노력을 통해 이루어졌다. 메르센은 성 프랑수아 드 폴(St. François de Paul) 수도회의 신부로, 데카르트보다 몇 년 전에 라플레슈 학교에 다녔던 학생이었다. 그는 극히 다양한 지식과 이지적인 사교성 같은 특수한 재능 덕분에 "모든 교양인들의 중심"이 되었다. 메르센은 적절하게도 "파리에 상주하는 데카르트 대리인"이라는 별칭을 부여받았다. 사실 메르센은 데카르트의 입장을 분명하게 지지했다. 그는 데카르트가 계속 창조력을 발휘하도록 자극할 뿐 아니라 적대자들로부터 스스로를 방어하고 경쟁자들에 대한 우위를 확고히 할 수 있도록 모든 정보를 제공했기 때문이다.

데카르트는 네덜란드에 거주하면서 처음 9개월 동안 〈작은 형이상학 논고〉를 썼으나 곧바로 그것을 출간할 생각은 하지 않았다. 얼마 후 그는 자신의 물리학 전체를 『빛에 관한 논고』라고 명명한 저작에서 확립하려는 작업에 착수했다. 1633년 데카르트는 메르센에게 이 저작을 틀림없이 연말에 전해주겠다고 알렸다. 그해 데카르트는 갈릴레이에 대한 정죄를 알게 되었다. 곧바로 데카르트가 생각한 것은 갈릴레이의 정죄가 지구의 운동에 대한 그의 주장 때문이라는 점이었다. 그런데 이 주장은 데카르트 자신의 물리학 체계에서 만일 거짓이 될 경우 그의 체계도 거짓이 되게 하는 위상을 차지하고 있었다. 지구가 운동한다는 주장은 물리학 체계에서 분리되면 물리학 체계가 완전히 결함투성이가 되어버리는 주장이었다. 데카르트는 메르센에게 보낸 편지에서 첨언한다. "결코 저는 교회가 동의하지 않는 단 한마디라도 발견되는 의견을 내놓고 싶지 않습니다. 그래서 제 의견을 왜곡하여 전달하기보다는 그것을 삭제하기를 더 바랍니다. 저는 전혀 책을 쓸 기분이 아닙니다. 약속을 지키려는 욕구로 말미암아 더욱 연구에 매진하기 위하여 당신께, 또 우리 친구들 중 몇몇에게 약속을 하지 않았다면 저는 결코 작업을 끝내지도 않았을 것입니다. (……) 이미 철학에는 허울 좋고 논쟁적으로 주장될 만한 견해가 너무도 많습니다. 그래서 만일 제 견해가 더 확실한 것이 아무것도 없고 논쟁 없이는 동의될 수 없다면 저는 제 견해를 전혀 발표하고 싶지 않습니다."ᴵ· ᵖ· ²⁷¹ 실제로 데카르트는 평온에 대한 사랑과 교회의 권위에 대한 순종으로 그의『빛에 관한 논고』출간을 포기했다. 보쉬에(Jacques Bénigne Bossuet)도 데카르트가 그런 상황 때문에 순종의 정신을 과도하게 고수했다고 평가했다. 그는 한 편지에서 말한다. "데카르트는 항상 교회로부터 주목받을까 불안해했다. 이와 관련하여 극단적일 정도로 조심스러워한 것이 확인된다."

물론 데카르트가 자신의 물리학에 대해『방법서설』에서 제공한 개요와 1644년의『철학의 원리』에서 상세히 설명한 것을 통해 그의 물리학의 원리와 핵심적 이론이 어떤 것인지 알 수 있다. 이외에도 유고 작품인『세계』에 대한 논고가 남아 있는데,『세계』는 데카르트의 대작의 일부분이거나 첫 번째 불완전한 집필 결과물이다. 그러나 출간 직전 모습 그대로의 저작을 우리는 알지 못하며, 더욱이 데카르트의 동시대인들 또한 알지 못했다. 그들은 데카르트의 사유를 단지 불완전하게 그리고 우회적으로만 알았던 것이다.

데카르트는 갈릴레이의 정죄 이후 자신의 『물리학』뿐 아니라 아무것도 출간하지 않기로 결심한다. 그럼에도 불구하고 그의 친구들이 그에게 걸었던 희망, 그리고 그만큼 그에게 약속을 상기시킨 희망은 데카르트의 결심을 약화했다. 결국 데카르트는 자신의 모든 철학, 모든 과학적 발견과 설명의 총체를 제공하진 않더라도 독자들이 더 완전한 발표를 바랄 정도로 그들의 관심을 끌기에 충분한 견본들을 내놓기로 결심한다. 1637년 데카르트는 다음과 같은 제목의 저작을 내놓은 것이다. 『이성을 잘 인도하고 과학에서 진리를 탐구하기 위한 방법서설 및 이 방법의 시론들인 굴절광학, 기상학, 기하학』. 저작의 내용이 지닌 대단한 새로움에 형식의 대단한 새로움이 덧붙여졌다. 이 서설 또는 논고는 철학과 과학을 위한 언어로서 라틴어를 사용했던 관례와 반대로 프랑스어로 집필되었다. 이런 점 자체는 저작의 시작을 알리는 인간의 공통된 이성에 대한 호소를 더 급박하고 직접적인 것으로 만들어준 것 같았다. 이 저작에서 데카르트는 말했다. "나는 여성들도 무엇인가를 이해하기를 원했지만 또한 가장 사변적인 사람들도 그들의 주의를 기울일 만한 충분한 소재를 찾을 수 있기를 원했다."[I, p. 560]

자신을 쉽게 이해시키는 방식을 관습에 위배되는 것으로 간주한 스콜라학파 철학자들에게 이런 점은 데카르트의 저작을 전혀 설명하지 않거나 아마도 읽지조차 않는 동기가 되었다. 엄밀히 말해 『방법서설』은 대단치 않은 평론이나 반박을 야기했으니 말이다. 반면 『방법서설』에 딸려 있는 것이지만 사실상 『방법서설』이 서론의 역할을 한 과학 시론들은 많은 이들로부터 해설을 요청받으며 열정적인 논쟁을 불러일으켰다. 특히 데카르트는 페르마(Pierre de Fermat)와 로베르발(Gilles

Personne de Roberval) 같은 두 주요 수학자들과 격렬한 토론을 진행했다. 이런 논쟁에서 벗어나고 1639년 말경에 데카르트는 10년 전에 구상했던 "작은 형이상학 논고"를 확정적인 형태로 제시하기로 마음먹었다. 그는 이번에는 라틴어로 집필하여 1641년 출간한 자신의 저작에 『제일철학에 관한 성찰: 여기서 신의 현존 및 영혼의 불멸성이 증명됨』이라는 제목을 붙였다. 데카르트는 이 저작의 앞에 소르본의 학장과 신학자들에게 띄우는 편지를 실었다. 자신의 철학을 그들의 보호 아래 맡긴 것이다. 저작을 인쇄하기 전에 데카르트는 사필 원고를 여러 철학자들 및 신학자들에게 전달했고 여기에는 그들이 반론을 제시하고 데카르트가 자신의 답변과 함께 반론을 출간할 권리를 가진다는 조건이 붙었다. 데카르트에게 실제로 자신의 사유를 옹호하고 설명할 꽤 많은 기회를 제공한 반론 중 핵심적인 것은 홉스(Thomas Hobbes), 아르노(Antoine Arnauld), 가상디(Pierre Gassendi)의 반론이었다.

데카르트는 정작 네덜란드에서는 완전히 다른 종류의 반대에 직면해야 했다. 데카르트의 철학은 네덜란드에서 빠르게 퍼져나갔고 특히 위트레흐트(Utrecht) 대학의 교수들 가운데 열렬한 지지자들을 만나게 되었다. 그중 한 명인 르루아(Le Roy, 라틴어명 레기우스[Regius])는 아리스토텔레스의 철학을 비난하고 데카르트의 철학을 예찬할 기회를 놓치지 않았다. 그래서 비타협적인 신념과 사나운 성향을 지닌 위트레흐트 대학 학장 보에트(Voët, 라틴어명 보에티우스[Voetius]) 목사는 우선 르루아를 굴복시키진 않더라도 침묵을 지키도록 강제했고 그 다음에는 데카르트를 비난했다. 보에트는 여러 발표문과 책, 그리고 법정에서 데카르트가 툴루즈에서 화형당한 철학자 바니니(Vanini)와 똑같이 무신론자임을 암시하면서 그를 비난했다. 데카르트는 추방, 벌금형, 저서 발행 금지로 위협당하며 위트레흐트 재판관들 앞에 출두하도록 소환되었다. 데카르트는 그가 요청한 프랑스 대사의 개입 덕분에 간신히 이 사건에서 벗어날 수 있었다. 오라녜 공(公)이 소송을 중지시켰다. 그러나 데카르트는 개신교 신학자들의 고소를 해결하지 못한 상태였다. 레이던 대학에도 데카르트의 열성적인 지지자들이 있었는데, 그에게 호의를 표현하는 그들의 공공연한 선언은 반작용이 되어 데카르트에 대한 공격을 촉발했다. 데카르트는 펠라기우스주의자[7]이자 신성모독자로 고발되었다. 이때도 고소는 심각한 결과를 낳았다. 이전과 같은 방식의 두 번째 개입으로 고소의 실행은 중지되었지만 그렇다고 데카르트가 바랐던 철회를 고소인들에게서 얻어내지는 못했다. 레이던의 관료들과 행정관들은 더 이상 데카르트를 옹호하지도 반대하지도 말라고 교수들에게 명령했고 데카르트에게는 그의 기소 이유가 된 문제들을 더 이상 다루지 말라고 요구했다. 이 무렵 데카르트는 프랑스에서 예수회의 부르댕(Bourdin) 신부에 맞서 자신을 방어해야 했다. 부르댕은 우선 데카르트의 물리학을, 다음으로는 그의 형이상학을 공격했다. 데카르트는 자신의 학설의 유포와 관련하여 언제나 예수회의 보호와 이익을 열정적으로 원한 만큼 자신의 변론이 결정적인 것으로 간주되기를 더더욱 바랐다.

데카르트는 자신의 철학을 더 학술적인 형태로 밝히고, 자신의 물리학에 대해 제시할 수 있다고 생각한 점을 통해 『성찰』의 설명을 보완하

---

7 펠라기우스(Pelagius, 380~430)는 펠라기우스 이단의 창시자로 성 아우구스티누스에게 비난받았다. 그는 인간의 자유의지의 힘을 강조했고 신적 은총의 필연성과 원죄의 전파를 부정하고자 했다.

기 위하여 1614년『철학의 원리』를 라틴어로 집필하여 출간했다. 몇몇 신중한 손질과 스콜라철학자들이 다룬 문제 형식에 대한 몇몇 양보에도 불구하고『철학의 원리』에서 되풀이된 것은 특히 자연에 대한 설명에서 새로운 철학과 전통 철학의 대립이었다. 피코(Picot) 신부의『철학의 원리』프랑스어 번역판의 머리말로 사용하기로 한 편지에서 데카르트는 새로운 철학과 전통 철학의 대립을 직접적으로 주장했다. 그는 아리스토텔레스 철학의 불확실성과 무용성을 고발한 반면, 진리를 발견하는 자신의 방식 덕분에 후대 사람들은 이미 획득된 지식에 새로우면서도 근거가 견고한 지식을 끝없이 첨가할 수 있을 것이라고 주장했다.

『철학의 원리』는 팔츠 선제후 프리드리히 5세의 장녀인 엘리자베스 공주에게 헌정되었다. 보헤미아의 왕으로 옹립된 프리드리히 5세는 신성 로마제국 군대에게 몽타뉴 블랑슈에서 습격당해 패배함으로써 새로 획득한 왕위뿐 아니라 왕위와 함께 물려받은 주(州)들까지 상실했다. 엘리자베스 공주는 가족의 불행과 그래도 끈덕지게 남아 있던 야심의 여파를 견뎌내야 했다. 예외적인 미모와 기품을 지닌 그녀는 극히 다양한 재능과 지식으로 인격의 장점을 더욱 드높였다. 데카르트가 엘리자베스 공주에게 바치는 헌사에서 누구도 그녀만큼 자기를 이해하지 못하며 수학과 형이상학의 문제에 대해 소수의 학자만이 그녀만큼 이해한다고 자신할 수 있다고 단언한 것은 도를 지나치게 넘은 것은 아니었다. 비록 가족 안에서 그녀의 지식은 존중보다는 놀라움의 대상이었지만 그래도 그 가운데 의지할 사람이 있었다. 바로 영국의 제임스 1세에게 절대적인 딸이었던 그녀의 모친이었다. 그녀의 어머니는 운명의 냉혹함에 맞서 싸우던 용감한 집념에 학문과 예술의 섬세한 취향을 결합했다. 엘리자베스 공주의 남자 형제 중 한 명인 카를 루트비히는 높은 수준의 지적 교양을 갖추었고 훗날 팔츠의 선제후로서 스피노자를 하이델베르크로 영입하려고 시도했다. 훗날의 하노버 선제후비가 될 카를 루트비히의 막내 여동생 조피는 라이프니츠와 서신 교환을 했다. 그러나 엘리자베스 공주는 그녀의 가족과 함께 지적인 차원과 다른 많은 것들에 대한 걱정을 공유했다. 엘리자베스 공주는 모계를 통해 16~17세기에 인간적 운명의 양극단을 경험한 스튜어트가(家)에 속했기에 그녀의 삶은 정치적 사건과 심지어 더욱 내밀한 사건의 비극적 상처에서 벗어날 수도 없었다. 적어도 그녀는 자신의 품위와 인격적 독립성에 대한 매우 생생하고 강렬한 감정을 그런 사건들로부터 보존하려고 했다. 게다가 불운을 체념하기보다는 그것에 맞설 능력이 더 강했던 그녀는 괴로움으로 변하기 쉬운 불안한 감수성에 성품의 굳건함과 개신교 신앙의 힘을 결합했다. 그녀는 데카르트의 학설이 남긴 것으로 보이는 불확실성과 난점을 걷어내기 위해 검증된 스승인 데카르트에게 문의했고 그 후 얼마 되지 않아 그의 고결하고 정중한 답변을 얻었다. 결국 엘리자베스 공주는 데카르트에게 자신의 육체적·심리적 불행에 대한 속내를 이야기했다. 그녀는 장티푸스에 걸렸고 마른기침 증상이 있었는데, 의사들이 자신의 상태를 잘못 진단하고 있다고 확신했다. 엘리자베스 공주가 이에 대해 데카르트에게 문의하자 데카르트는 곧바로 설명과 조언을 베풀었다. 그녀는 더 깊은 차원의 아픔을 겪고 있음을 고백했다. 그것은 우울증이었다. 그녀는 감정들에 휩싸일 때 그것들을 통제하지 못하고 또 자신을 낙담케 할 수 있는 주제에서 벗어나지 못하는 무능력이 있다고 알렸다. 데카르트는 엘리자베스 공주의 의사로 자임한 후에 점점 더 그녀의 정신적 스승이 되어갔다. 그는 철학적 근거와 자신의 경험을 차례로 내세우면서 주어진 상황을 대할 때 상황을 항상 가장 쾌적하게 만들 수 있는 관점에서 바라보고 그녀의 가장 중요한 만족이 스스로로 인해서만 이루어지도록 할 필요성과 수단에 대해 수많은 방식으로 설명했다. 내면의 기쁨은 운명을 더 유리하게 만드는 비밀스런 어떤 힘이 있다는 점을 덧붙이기도 했다. 이와 관련하여 데카르트는 소크라테스의 다이모니온[8]이 무엇일지에 대해 전적으로 정확하진 않더라도 매우 섬세한 해석을 제공했다. 유쾌함과 내면의 자유에 대한 느낌으로 자기가 착수한 모든 것의 성공을 보겠다는 신념, 데카르트에 따르면 바로 이것이 다이모니온의 지시가 소크라테스에게 의미했던 바다.

그러나 데카르트는 엘리자베스의 영혼이 근거를 제대로 갖춘 원리에 특히 민감하다는 것을 잘 알고 있었기 때문에 그의 행동 준칙을 세네카의 『행복론』에 대한 주석과 연결했다. 이 주석을 일련의 편지에서 발전시킨 것이야말로 우리가 데카르트의 도덕이라고 부를 수 있는 것이 무엇인지 가장 잘 알려준다. 하지만 엘리자베스는 스승이자 친구인 데카르트의 이론에 항상 동의하는 것과는 거리가 멀었다. 그녀는 이의를 제기하고 의문점을 제안하며 새로운 해명을 요청했다. 데카르트는 이런 견해 때문에 서둘러 『정념론』을 쓰기로 결심한다. 『정념론』은 감각의 지각에 대한 연구가 물리학을 위해 필수불가결한 것과 마찬가지로 도덕을

---

8 고대 그리스에서 인간의 영혼에 내리는 지령을 다이모니온(Daimonion)이라고 했다. 일종의 내면으로부터의 소리로, 소크라테스는 다이모니온을 들었다고 한다.

위해 필수불가결한 연구다.

따라서 엘리자베스에 대한 데카르트의 우정은 철학 자체를 위해서도 유용했던 것이다. 이런 이유 외에도 엘리자베스가 얼마나 주의 깊고 헌신적이며 친절한지는 아무리 강조해도 지나치지 않다. 한동안 그녀의 유동적인 지성은 균형 잡혀 있었다. 곧이어 그녀의 지성은 아나 슈어만 (Anna Maria van Schurman), 라바디(Jean de Labadie)파, 그리고 영국 퀘이커교도의 영향 아래 다소 독특한 신비주의 쪽으로 기울었다. 그녀는 삶이 불안정한 것이 심각한 일거리들 때문이라고 생각했다. 그녀의 불안정한 삶은 많은 혼란 끝에 결국 헤르포르트(Herford) 수도원에서 정착하게 되었다.[9] 데카르트와 교류하는 동안 엘리자베스 공주는 더 강한 자신을 느꼈고 삶의 의욕을 다시 가질 수 있다고 느꼈다. 그녀는 데카르트에게 이렇게 말했다. "선생님의 편지는 항상 우울증의 치유제로 쓰인답니다." "선생님께서는 제가 이전보다 더 행복하게 살 수 있는 방법을 알려주셨어요." "저는 독신 생활의 매혹 때문에 선생님께서 사회가 요청하는 덕행을 멀리하지는 않으신다는 점을 알게 되었습니다." 또한 그녀는 자신에게 데카르트가 보여준 "관대한 선"에 대해 최고의 감사와 함께 경의를 표했다.

더구나 데카르트는 높은 지성의 여성들을 제자로 두기를 꺼려하지 않았다. 높은 지성의 여성들이 남성들에 비해 편견이 적었고 더 개방적이고

---

9 엘리자베스 공주는 1667년 헤르포르트 수도원의 수녀원장이 되었다.

꾸밈이 없으며 더 평안하게 온순하다고 그는 생각했다. 데카르트가 보기에 이런 장점은 그의 철학에 신뢰를 부여해줄 수 있던 중요한 가문 출신의 사람들에게 나타날 때 더욱더 두드러졌다. 분명히 이런 점은 데카르트가 크리스티나 여왕의 간절한 초빙을 받고서 스웨덴 왕국에 가기로 결심하게 되는 이유 중 하나였다. 이전에 그는 영국에서의 정착을 거부한 적이 있었다. 또 그는 프랑스에서 왕이 제공하는 연금의 약속에 유혹된 적이 한순간 있었으나, 당시 프롱드의 난으로 조국에 재정착하기 위한 적합한 시기를 놓쳤다.

스웨덴 여왕에게 파견된 프랑스 대사이자 데카르트의 친구인 샤뉘 (Hector-Pierre Chanut)는 크리스티나에게 데카르트 학설에 대한 호기심을 깨우고 그것을 가장 잘 설명해줄 수 있는 사람을 그녀 곁에 둘 욕구를 일으키는 것이 프랑스의 이익과 동시에 데카르트의 이익에 기여하리라고 생각했다. 샤뉘의 첫 번째 제안은 데카르트에게 유혹적인 것이었다. 그런데 협상이 지체되면서 데카르트는 많은 생각을 했고 더 주저하게 되었다. 네덜란드에서 그는 이처럼 쓴 적이 있다. "투렌의 정원에서 태어난 사람이 지금은 신이 이스라엘인들에게 약속한 땅만큼의 꿀은 없지만 더 많은 우유가 있다고 믿을 만한 곳에 있다. 그 사람은 이곳을 떠나 바위와 얼음 사이 곰들의 나라에 살기를 쉽게 결심할 수 없다는 점을 나는 고백한다."V. p. 349 또한 그는 다소 갑작스런 독촉에도 따르지 않았다. 그러나 마침내 결심을 내려 1649년 9월 1일에 스웨덴으로 출발했다. 아마도 크리스티나의 요청에 응하면서 데카르트는 다시 엘리자베스를 떠올렸을 것이고, 스웨덴 여왕이 팔츠 가문의 이익에 도움이 되게 할 수 있다고 생각했을 것이다.

구스타브 아돌프[10]의 딸은 눈에 띄게 조숙한 지성을 보였다. 크리스티나는 그런 지성을 정치적 사안과 유럽 외교 문제뿐 아니라 학문과 예술에 적용했다. 그녀는 고대 작가들에 대한 지식이 몸에 배어 있었다. 과학적·철학적 문제와는 덜 친숙했다. 샤뉘와 데카르트는 크리스티나의 품행이 소박하고 품성이 지혜롭다는 것을 앞다투어 칭송했지만 그녀의 그런 품행과 품성이 한결같지는 않았다. 그녀는 변덕스런 기질과 강압적인 의향, 그리고 극단적인 자존심을 가지고 있었다. 데카르트는 그녀에게 호의적인 대접을 받았으나 그녀를 만나는 일을 그리 즐기지는 않았다. 데카르트는 철학에 의해 문학이 자리를 뺏길 것을 두려워한 궁정의 문법학자들 및 문헌학자들과 싸워야 했다. 데카르트는 자신의 습관 및 성향과 정면으로 반대되는 여왕의 요청에 따라야 했다. 여왕이 철학적 대화의 시간을 아침 5시로 정해버린 것이다. 항상 늦게 기상하고 특히 추위를 많이 타며 낯선 기후의 혹한을 잘 견디지 못했던 데카르트에게 그런 업무는 힘든 것이었다. 실제로 낯선 기후는 그에게 치명적이었다. 데카르트는 폐렴에 걸렸다. 그의 병은 정확히 아흐레 동안 진행되었다. 그가 적대시한 외국인 의사들의 치료는 필요할 때만 받았다. 그는 자신의 피를 뽑으려던 독일 의사에게 이렇게 말했다. "프랑스 피를 아끼세요."[11] 발열은 심해졌고 폐는 굳어갔다. 데카르트는 비오귀에(Viogué) 신부의 종교 의례 후 1650년 2월 11일 새벽 4시에 사망했다. 겨우 53세

---

10 크리스티나의 아버지 구스타브 2세 아돌프(Gustav II Adolf, 1594~1632)는 스웨덴의 국왕으로 구스타브 1세의 손자다. '북방의 사자'로 불릴 정도로 스웨덴을 강국으로 만든 왕이다.
11 당시에 병의 치료를 위해 피를 뽑는 것은 일반적인 행위였다.

의 나이였다.

1667년 데카르트의 유해는 프랑스로 옮겨졌고 생트 즈느비에브(Sainte-Geneviève, 생테티엔뒤몽[Saint-Étienne-du-Mont]) 교회에 매장되었다. 대학구장인 랄망(Lallemand) 신부가 추도사를 진행했다. 그러나 데카르트 철학은 의혹 대상이었다. 그 전날 궁정의 명령에 따라 모든 송사(送辭)는 금지되었다.

이처럼 데카르트의 삶은 때 이르게 마감되었다. 데카르트의 삶은 철학자의 인생이 전적으로 내면적 성찰의 태도에 고정되어 있어서 사건도 파란만장한 일도 없다고 생각하는 이들을 당혹케 한다. 데카르트는 어떤 상황에 만족하고 정착하여 살지 못하는 방랑 습성에 이끌린 것 같다. 그는 여행하며 거처와 더불어 직업도 바꿨고 때로는 스스로 고립되어 마치 그에게 세상이 없는 것처럼 생활했다. 이는 데카르트 자신이 변덕스런 사람이고 사람들이 주장했듯이 거의 병적인 불안을 가지고 있었기 때문인가? 전혀 그렇지 않다. 다만 데카르트에게 세상사와 사람들에 대한 호기심은 사상에 대한 호기심만큼 생동적이었고, 그가 정착 생활을 할 수 없는 것처럼 보였다면 그것은 무엇보다도 정신의 자유를 간직하는 일과 마찬가지로 활동의 자유를 누리는 일에도 애착을 가졌기 때문이라는 점을 잊어서는 안 된다. 자신의 방랑하는 삶에 대해서나 고독한 삶에 대해서나 데카르트는 오직 자신에게만 의존하겠다는 규칙을 스스로에게 부과했다. 그는 이런 자아의 통제를 이성의 실행과 더불어 마음의 만족에도 필수불가결한 것이라고 판단했다. 그는 자아의 통제가 외적 상황에 의해 교란되지 않도록 세심하게 신경 썼다. 이로부터 평정에 대한 그의 사랑이 드러난다. 데카르트의 평정에 대한 사랑은 때때로 그를 과도한 신중함으로 기울게 했지만, 자신의 생각을 드러내기에 적당하다고 믿은 부분에 대해 단호히 자신을 변호하는 것을 막을 정도로 강력하지는 않았다. 데카르트는 천성적으로 솔직하고 생기 있는 태도를 가진 사람이었다. 그는 열정적이고 집요했다. 데카르트는 자신에 대해 설명할 때는 양순하다가도, 자신의 깊은 곳을 겨냥하는 공격을 막아야 할 때는 냉랭하고 거만해졌다. 반격하는 작가의 모습 이면에는 다소 신경질적으로 자기의 칼날을 어루만지는 귀족의 모습이 여러 번 드러났다. 데카르트는 영예를 중요시했다. 그는 자신을 가치 있게 평가했지만 천박한 자만심으로써 그렇게 하지 않았다. 그는 다음과 같이 말했다. "자기 자신에 대해 원래의 수준보다 더 나은 평가를 하는 자만심은 나약하고 천박한 자들에게 속한 부덕임이 사실이지만, 그렇다고 해서 강인하고 관대한 사람들이 스스로를 경멸해야 한다고 말해서는 안 된다. 다만 자신의 결함과 마찬가지로 자신의 장점을 식별해냄으로써 자기 자신을 정당하게 평가해야 한다. 예의가 바른 것은 자기의 장점을 드러내지 않도록 해주지만, 그렇다고 해서 장점을 느끼지 않도록 하는 것은 아니다."[IV. p. 307]

데카르트는 자기 정신의 가치를 신뢰했기 때문에 결코 작업이 정신을 독점하도록 놔두지 않았다. 그는 과학적 문제, 특히 철학적 문제에 대한 탐구가 일종의 상근 업무처럼 중단이 없어야 한다는 생각에 반대했다. 말하기를, "학문과 관련된 모든 종류의 심각한 성찰에서 정신을 완전히 해방해야 하는" 순간이 있다고 한다. "나무의 활기, 꽃의 빛깔, 새의 비상 등 아무 주의력도 요하지 않는 것들을 바라보면서 아무 생각도 하지 않고 있다고 믿는 사람들을 따라하는 데만 전념할 필요가 있는 것이다. 이는 시간을 낭비하는 것이 아니라 시간을 잘 활용하는 것이다."Ⅳ. p. 220 데 카르트는 엘리자베스 공주에게 다음처럼 단언하기도 했다. "제가 연구를 하면서 항상 지킨 핵심적 규칙과 어떤 지식을 얻기 위해 가장 잘 활용했다고 생각하는 규칙은 상상을 점유하는 사유를 위해서 하루의 매우 적은 시간만을 사용하고 지성만을 점유하는 사유를 위해서는 한 해의 매우 적은 시간만을 사용하는 것이었으며 또한 나머지 모든 시간은 감각의 이완과 정신의 휴식에 사용하는 것이었습니다."Ⅲ. p. 692

그러나 그토록 오랫동안 쉽게 한 정신을 다시 다잡을 때 데카르트는 비범할 정도로 단호했다. 그는 정확성과 순서를 한결같이 염두에 두면서 정신의 절차를 통제했다. 정신을 고조한다는 명목으로 정신을 이탈시키는 그 어떤 것도 용인하지 않았다. 그는 몰입되지 않는 가운데 성찰적이었다. 즉 데카르트의 성찰은 그의 위대한 계승자인 말브랑슈(Nicolas de Malebranche)의 성찰과 전혀 유사하지 않았는데, 말브랑슈의 성찰은 쉽사리 일종의 흥취와 내면적 찬가의 분출 같은 것과 함께 이루어졌기 때문이다. 데카르트의 성찰은 일률적인 규명과 함께 관념들 하나하나의 연쇄를 이루면서 진행되었다. 데카르트의 사유는 명확한 윤곽, 분명한 선, 흔들림과 이탈이 없는 확실한 방향을 표현하는 고전주의 사유의 유형이다. 앞으로 우리가 살펴볼 것처럼, 데카르트의 사유는 의심에서 출발하지만, 영혼의 불안과 갈망을 드러내는 감정적 위기 상태에서 출발하는 것이 아니다. 그의 사유가 출발점으로 삼는 의심은 오직 미리 성찰된 비판의 입장일 뿐이며, 이런 비판은 모든 선입견을 철저히 배제하는 일과 지성적 확실성의 조건을 전적으로 긍정하는 일을 결합하려는 것이다. 따라서 『방법서설』Ⅵ. p. 57의 강렬한 표현을 따르자면, 데카르트의 사유는 인식과 행동의 모든 특수한 방식을 넘어서 "보편적 도구"로서 이성을 내세우는 것이다.

데카르트의 사유는 소통을 위해 근거를 갖춘 명확성, 건조하지 않은 간결성, 헛된 꾸밈없는 예의, 견고한 풍부함과 완벽히 일치하는 형태를 띠었다. 때때로 데카르트의 프랑스어 문장은 라틴어 시대의 굴레에 지나치게 묶여 있는 것처럼 보일 수 있다. 그러나 그의 프랑스어 문장이 라틴어의 분절과 연결 구조를 받아들인 것은 관념들의 가장 엄밀한 결합을 위해서였다. 따라서 데카르트의 사유는 눈으로만 그것을 따라가는 사람들에게만 둔중하다. 그들은 데카르트의 사유를 전개하고 고무하는 내적 운동을 정신으로 보지 못하고 눈으로만 그의 사유를 따라가는 것이다. 데카르트의 사유는 감성의 급격한 분출이 아닌 이성의 순서에 따른 자연스러운 용이성에 맞추어 움직인다. 더욱이 사유의 높은 수준 때문에 때때로 데카르트의 스타일은 빈정거리고 재기발랄한 기교의 특성을 보이기도 하지만 그것은 결코 장난이나 놀이가 아니다. 일정한 상상력도 또한 나타나지만 그것은 언제나 관념들을 전개한 결과일 뿐이지 결코 그 원인이 아니다. 데카르트는 자신의 관념들을 이미지의 형태로 보지 않았다. 그러나 때때로 그는 관념들을 이미지들로 전환했는데, 그것들은 인위적인 화려함 없이 관념들을 조심스럽게 예시하는 정확한 이미지들이었다. 예를 들어 아리스토텔레스의 권위를 완고하게 내세우는 사람들에 대해 데카르트는 다음과 같이 말한다. "오늘날 아주 열성적으로 아리스토텔레스를 추종하는 사람들은 아리스토텔레스보다는 자연에 대한 지식을 더 가질 수 없다는 전제하에서 그가 가진 지식만큼만 가진다면 스스로 행복한 사람으로 간주할 것이 분명하다. 그들은 담쟁이덩

굴처럼 자기가 감고 있는 나무보다 더 높이 올라가려고는 하지 않고, 꼭대기에 도달하면 다시 내려오기 십상이다."『방법서설』 6부 또한 그의 표현력은 특별히 신경을 쓴 것이 아니고 단순하고 직접적으로 사유에서 생겨난 것인 만큼 인상적이지도 않은데, 과학의 증진과 발전을 표현하는 다음의 구문이 그렇다. "사실 내가 지금까지 알고 있는 것은 모르는 것에 비하면 거의 아무것도 아니고, 또 이것을 배울 수 있다는 희망을 포기하지 않고 있다는 것을 알아주길 바란다. 왜냐하면 학문에 있어 진리를 조금씩 발견하는 사람의 경우는 부를 축적하기 시작한 사람이 가난했을 적에 조그만 부를 모으기 위해 들인 것보다 훨씬 적은 노고로도 큰 부를 얻을 수 있는 경우와 거의 같기 때문이다. 혹은 그들을 군대의 지휘관과 비교할 수 있는데, 지휘관의 힘은 승리에 따라 증가하는 것이 보통이고, 한 전투에서 패한 후에 군대를 유지하려면 승리한 후에 도시나 지방을 점령하는 것보다 더 큰 수완이 필요하다. 왜냐하면 우리가 진리 인식에 도달하는 것을 방해하는 모든 곤란과 오류를 극복하려는 노력은 전투와 다름없기 때문이다."『방법서설』 6부

과학에 대한 데카르트의 생각은 다음과 같이 표현된다. 과학은 방법과 원리에서 전적으로 쇄신된 지식이어야 한다. 과학은 이론적인 동시에 정복의 성격을 가짐으로써 "우리를 자연의 지배자이자 소유자"로 만드는 방식을 통해 명확한 근거들을 확실한 행동 수단으로 전환하는 지식이어야 한다. 또한 과학은 각각의 사람이 자신의 지성을 통해 확실성을 가질 수 있는 지식이어야 하고, 이제부터는 학교에서 빠져나와 주저 없이 "세상"과 "속세"로 들어가는 지식이어야 한다.

그러나 데카르트가 세속화하고자 한 것은 단지 과학뿐이지 종교는 아니었다. 데카르트가 내면적으로나 겉으로 드러난 태도에서나 기독교인이자 가톨릭 신자였다는 점에는 의문의 여지가 없다. 그가 교회의 권위에 대한 순종을 맹세할 때, 자신의 평온을 위한 과도한 조심성조차도 그의 진실한 신앙, 그리고 그의 신앙 자체에 대한 의심의 원인일 수는 없다. 오히려 그럼직한 사실은 데카르트에게 종교적 정신이 특수하거나 쇄신된 성찰을 통해 이루어진 것이 아니며 그 스스로 종교적 정신에 대한 자신의 태도를 이미 확고하게 정해놓았다는 것이다. 그는 단지 우연히 신비주의적인 외양을 보였을 뿐이다. 오히려 데카르트는 확고한 결단의 소유자였다. 게다가 계시된 진리에 대한 믿음이 의지 행위라고 말하지 않았던가? 여하튼 데카르트는 지적 혁신에 대한 자신의 계획에서 단호하게 종교를 제외했다. 그는 종교를 과학적·철학적 확실성과 비교될 수도 없고 관계 맺을 수도 없는 특수한 성격의 확실성을 갖는 별개의 대상으로 보았다. 그가 종교가 철학으로부터 독립적이라고 주장한 것은 분명 스콜라학파의 신학으로부터 종교가 독립적인 것이기를 바랐기 때문일 것이다. 더욱이 스콜라학파의 신학은 성서의 말씀과 과도하게 결부된 아리스토텔레스 물리학을 새로운 물리학에 맞서 유지하려고 했으니 말이다. 데카르트는 자기 자신과 관련해서는 신학자들과의 논쟁을 피했다. 가능한 한 그는 자기 철학과 신학의 접점을 확립하는 일을 삼갔다. 자기 생각을 표현하기 위해 스콜라적 개념을 필요로 하는 듯한 몇몇 교리들을 피할 수 없을 때에는 자신의 철학이 그 교리들을 왜곡 없이 그대로 진술하도록 해준다는 점을 밝혔다. 그러나 전체적으로 볼 때 데카르트는 신적 전능에 대한 불가해성의 개념에 의거함으로써 계시 진리의 권위를 그 자체로 두기를 선호했다. 그리고 그 불가해성의 개념은 그의 철학이 확고히 인정한 개념이다. 바로 이런 점에 근거하여 데카르트는 계시의 가능성 자체를 확립한다. 믿음의 근거가 일정한 방식으로 자연의 빛에서 비롯될 수 있다고 해도 신앙의 대상은 철저히 모호하며, 의지가 초자연적 진리에 동의하도록 하기 위해 의지에 첨가되는 은총의 작용은 엄밀히 말해 인간의 깨달음이 아니라 은총 작용 자체인 것이다. 따라서 종교와 철학은 원리적으로 구분되고 서로 간의 환원이 불가능하다. 특히 때때로 그의 것으로 간주된 철학적 종교나 이성적 기독교의 개념만큼 데카르트와 동떨어진 개념도 없다. 그는 종교적 진리의 질서가 그 자체로 우리의 이성이 접근할 수 없는 것임을 확고하게 인정했다. 결과적으로 그는 신앙의 영역에서 전통과 권위가 지닌 몫을 받아들였다. 그러나 그가 보기에 전통과 권위는 과학과 철학에서는 아무런 몫도 가져서는 안 되었다.

실제로 데카르트적 혁명이라 불린 것은 『방법서설』에서 정식화된 다음의 규칙을 원리로 삼고 있다. "명증적으로 참이라고 인식한 것 외에는 그 어떤 것도 참된 것으로 받아들이지 말 것, 즉 속단과 편견을 신중히 피하고, 조금도 의심의 여지가 없을 정도로 명석판명[12]하게 내 정신에 나타나는 것 외에는 그 어떤 것에 대해서도 판단을 내리지 말 것." 그러나 데카르트가 이 규칙에 부여한 모든 의미와, 그가 이 규칙과 연결한

---

12 데카르트가 진리 인식의 기준으로 내세운 조건. 한 개념의 내용이 명료한 사태(事態)를 명석이라고 하고, 명석하면서 동시에 다른 개념과의 구별이 충분함을 판명(判明)이라고 한다.

원리를 살펴보아야 이로부터 혁명이 비롯되었다는 것, 그리고 그것이 어떤 혁명인지를 이해할 수 있다.

가장 즉각적인 의미로 이 규칙을 바라본다면, 그것은 과학과 철학의 영역에서 인간 정신이 모든 외적 권위로부터 해방되어 명증성만을 받아들여야 한다는 뜻이다. 철학이나 과학의 어떤 명제가 참인지 참이 아닌지 알기 위해서 아리스토텔레스나 그의 제자 중 한 명이 어떻게 생각할 것인지 알아야 할 필요는 없다. 다만 우리의 지성에 그 명제가 명석판명한 관념에 의해 표현되었는지 아닌지만 알면 된다. 오직 명석판명한 관념만이 그 명제의 주장에 대한 근거인 것이다. 이미 데카르트의 시대에 진리의 탐구 및 증명에서 정신의 자연적 권리를 요구할 절박한 필요성이 역시 존재했다는 것은 파스칼이 저술한 『진공 개론』의 단편이 잘 입증해준다. 『진공 개론』은 『방법서설』보다 약 10년 후에 전적으로 데카르트적 영감을 받아 저술된 것으로서 다음과 같이 시작한다. "고대에 대해 사람들이 갖는 존중은 오늘날 그것이 힘을 덜 발휘함이 분명한 영역에서도 고대가 그들의 모든 사유에 대한 신탁이 되고 심지어 그들의 모호함의 신비한 교리가 될 정도다. 위험에 처하지 않고서는 새로운 것을 내세울 수도 없고 가장 강력한 근거들을 무너뜨리기 위해서는 한 작가의 텍스트면 충분할 정도인 것이다." 그러나 고대인들 및 스콜라학파의 권위에 저항한 것이 데카르트가 처음이 아니라는 점을 인정해야 한다. 특히 데카르트의 표현은 이미 르네상스의 인물들이 시작한 투쟁과 몇몇 영역에서 확실시된 승리의 의미를 압축한 공적이라는 점도 인정해야 한다. 아리스토텔레스에게서 태어난 전통 과학은 자유로운 검토, 엄밀한 증명, 그리고 신과학을 활성화한 정확한 관찰 정신에 여러 방식으로 자리를 내주어야 했다.

데카르트의 규칙이 정당화한 것은 신(新)과학임이 분명하다. 그러나 데카르트가 신과학을 확장하고 또 신과학에 질서를 부여하는 데 기여한 것은 사실이지만 그가 신과학을 창조한 것은 아니다. 이미 중세 초기까지만 거슬러 올라가도 신과학의 선구자들뿐 아니라 주창자들까지 존재했다. 그 후로 레오나르도 다빈치, 케플러, 갈릴레이 같은 과학자들에게서 신과학은 물질계를 설명하기 위해 엄밀하게 수학적인 역학의 형태를 갖춤으로써 그 구성 방향과 탐구 원리를 분명하게 자각했다. 데카르트 역시 물리학을 모든 물질 현상을 기하학적 연장, 즉 형태와 운동으로 환원하는 것으로 이해했고 따라서 스콜라학파가 내세운 모든 신비의 성질을 자연으로부터 추방했다는 점에서 막대한 범위의 작업에 대한 강력한 계승자였다. 그러나 이런 작업은 아마도 그것이 엄밀한 의미의 과학자들에게 추천될 만한 조건하에서 다른 사람들에 의해 결연히 개시되었다. 데카르트는 그 작업의 계승자에 불과했다.

그러나 데카르트가 단지 과학자가 아니라 철학자로 활동함으로써 완수한 것은 혁명이었다. 그는 과학을 권위로부터 분리하고 완벽히 명확한 근거, 특히 수학적 근거를 통해 자연의 모든 것을 설명하려는 경향을 단지 연구자의 열정을 가지고 따라가는 데 만족하지 않았다. 대신에 이런 경향 자체의 토대를 세우고 성공적인 새로움의 가치보다 우월한 가치, 말하자면 권리의 가치 그리고 결정적인 가치를 이런 경향에 부여할 수 있는 것이 무엇인지 스스로에게 물었다.

데카르트에 따르면 과학 전체에 생명력을 부여하고 그것을 뒷받침해주는 발견과 확실성의 단일한 원리가 존재한다. 이 원리는 그 자체로 또 그 본래적 힘이 자각될 경우 과학이 필요로 하는 모든 통일성, 확장성, 엄밀성을 과학에 부여할 수 있다. 그 원리는 다름 아닌 사유다. 데카르트는 말한다. "학문 전체는 인간의 지성과 다르지 않다. 지성이 적용되는 대상들이 극히 다양하더라도 지성 자체는 언제나 단일하고 언제나 동일하다. 그런 대상들의 다양성은 태양빛이 비추는 사물들의 다양성이 태양빛 자체에 변화를 가하지 못하는 것과 마찬가지로 지성의 본성 자체에 변화를 가하지 못한다." 전문화와 같은 실천의 필요성을 억제하고 배제하는 것이야말로 지성의 힘이자 지성의 본성이다. 기술의 실행은 우리가 다른 기술을 배우는 것을 막는 경우가 대부분인 반면, 반대로 진리의 인식은 새로운 진리들을 발견하도록 도와준다. 더 정확히 말하자면, 모든 문제의 해결에서 작동하는 것은 이성이다. 모든 문제의 해결을 통해 우리가 고려해야 하는 것은 이성의 빛을 증가하고 참과 거짓을 분별하는 이성의 실제적 능력을 증대하는 일이다.

이성의 실제적 능력을 말하는 것은, 참과 거짓의 분별과 관련해서는 어떻게 보면 등급이 없이 모든 사람에게 동등한 자연적 능력이 있기 때문이다. 사실상 참과 거짓을 분별하는 자연적 능력은 사람들이 이 능력을 다르게 사용하는 방식에 의해서만 변동이 있을 뿐이다. "양식은 이 세상에서 가장 공평하게 분배되어 있는 것이다. (……) 잘 판단하고, 참된 것을 거짓된 것에서 구별하는 능력, 즉 일반적으로 양식 혹은 이성으로 불리는 능력은 모든 사람에게 천부적으로 동등하다. 또 우리가 각각 다른 견해를 갖고 있는 것은 어떤 사람이 다른 사람보다 더 이성적이어서라기보다는, 서로 다른 길을 따라 생각을 이끌고, 동일한 사물을 고찰하지 않는 것에서 비롯되는 것이다. 왜냐하면 좋은 정신을 지니는 것만으로는 충분치 않으며, 그것을 잘 사용하는 것이 더 중요하기 때문이다.”

정신의 올바른 사용을 위해서는 방법을 따라야 한다. 방법이 없이는 과학도 없다. 방법이 없을 경우에는 고작해야 가장 유리한 상황에서 몇몇 반가운 발견이 있을 뿐이다. 방법 없이 진리의 추구를 시도할 바에야 진리를 추구할 생각 자체를 하지 않는 편이 낫다. 불규칙적인 연구와 혼란스러운 성찰은 자연의 빛을 모호하게 만들고 정신을 눈멀게 한다. 그러나 데카르트에 의하면 방법을 실행하는 지성과 지성에 부과되는 방법 사이에 근본적으로 이원성 같은 것은 없다. 방법은 그 단순성과 용이성을 통해, 그리고 지성의 원천을 관리하고 전개하는 능력을 통해 오직 지성의 본성에 대한 정상적인 발전 과정을 표현하는 규칙을 자각하는 지성 자체다. 지성이 관념들의 진리를 직관적으로 파악하든 또는 분석이나 종합을 통해 확립하든 간에 지성은 명석판명한 관념들만을 긍정해야 한다. 즉 지성은 오직 그 자체로 명확하고 판명하게 지각된 관계들의 순서와 근거에 따라 특정한 명석판명한 관념에서 다른 명석판명한 관념으로 이행해야 하는 것이다. 기하학자들이 전개하는 근거들의 긴 연쇄는 정신에게 자연적으로 본래적이고 정신이 자연적으로 실행하는 방법의 가장 정확한 견본이다.

그러나 과학과 방법의 이런 개념은 어떻게 보면 이상적인 것으로서 우리가 충만한 확실성을 바란다면 해결해야 할 문제를 야기한다. 데카르트가 추구한 것은 충만한 확실성이다. 그의 관점에서 개연성은 아무 가치도 없는 것이다. 그런데 우리는 언제 우리의 관념들이 참되다고 확신하며 왜 그렇게 확신하는가? 관념들이 참될지라도 우리는 언제 그것들이 실제로 존재하는 대상과 관계되는지 확신하며 왜 그렇게 확신하는가?

대부분의 인간적 판단을 오염시키는 외관을 믿는 데 만족하고 싶지 않다면 극단적인 입장을 가져야 한다. 즉 모든 것을 의심해야 한다. 물론 의심의 이유는 부족하지 않다. 철학자들 스스로 여기저기서 의심의 이유들을 논거로 내세웠다. 지금까지 우리가 가장 확실하다고 여겨온 모든 것은 감각을 통해 받아들인 것이다. 그런데 감각은 우리를 자주 속인다. 즉 감각은 우리가 존재하지 않는다고 나중에 알게 되는 대상들을 마치 존재하는 양 우리에게 제시한다. 그러니 감각이 우리를 항상 속이는 일이 가능하지 않겠는가? 우리가 감각의 재료와 관련하여 전반적인 불확실성에 빠진다는 점을 못 미더워한다면, 꿈에서 우리는 꿈속의 존재를 믿으므로 깨어 있는 상태에서도 꿈을 꾸고 있다는 것이 매우 개연성 있는 일이라는 점을 고려해야 한다. 그러므로 우리에게 실재의 이미지처럼 제시되는 모든 감각적 인식을 의심할 근거가 있는 것이다. 그러나 관념과 실재의 관계를 고려하지 않고 단지 관념들을 연결하는 데 그치는 인식만큼은 의심에 넣을 수 없을 것이다. 내가 깨어 있건 잠들어 있건 간에 항상 2 더하기 3은 5이고 사각형은 절대로 네 변 이상을 가질 수 없을 것이다. 이때 데카르트는 그 스스로도 평범하지 않은 것으로 보는 새로운 의심의 근거를 도입한다. 즉 내가 들은 바 있는 전능한 신은 혹시 내가 매번 2와 3을 더하거나 사각형의 변을 셀 때마다 오류에 빠지기를 원했던 신일 수 있다. 이런 가설을 구상하는 것만으로도 지금까지 가장 확실한 것으로 여겨진 인식들조차 의심의 대상으로 삼기에 충분하다. 이 가설을 통해 의심의 모든 근거들은 마치 단 하나의 원리 속에서처럼 완비되고 결집된다.

　모든 시대의 회의론자들, 심지어 데카르트 시대의 회의론자들조차도 더 극단적으로 나아가는 논거를 만들어내지는 못했다. 그러나 바로 그들에 대립하여 데카르트는 승부를 걸었다. 데카르트는 탁월한 선수가 되어 마치 귀족의 당당한 용기로써 대하듯이 승부를 건 것이다. 데카르트는 모든 것에 대해 의심하지만 이는 자신의 의심으로부터 의심할 수 없는 확실성을 뽑아내기 위해서다. 『방법서설』 제3부에서 그는 이렇게 말한다. "내 모든 계획은 오직 내 스스로 확신하고, 무른 흙이나 모래를 젖혀두고 바위나 찰흙을 발견하자는 것이었다." 의심이 아무리 보편적일지라도 실제로 데카르트가 침해하지 못하는 어떤 것이 있었다. 그것은 자기 자신 고유의 조건이다. 의심하면서 나는 생각한다. 그리고 생각하면서 나는 존재한다. 나는 생각한다, 고로 존재한다. 이것이 바로 정신이 직접적인 직관을 통해 자신 안에서 파악하는 진리이고 정신이 순서에 따라 나아갈 때 정신에게 나타나는 첫 번째 진리다.

　나는 존재한다. 그러나 나는 무엇인가? 감각의 영향 때문에 나는 내 육체의 현존을 내 존재로 간주하려는 유혹을 받는다. 그러나 내가 명증하게 파악하는 것만을 인정하기로 고집한다면 나는 오직 생각하는 존재로서만 나 자신을 인식한다고 말해야 한다. 반면 내 육체의 현존에 대해서는 아직 아무것도 모르며, 외부 물체들과 그 속성들에 대해 내가 내리는 판단에도 판단을 내리는 나, 즉 생각하는 나에 대한 인식이 우선적으로 함축되어 있다고 해야 한다. 따라서 일반적인 믿음과 반대로 영혼은 육체나 물체를 인식하는 것보다 영혼 자신을 더 직접적으로 그리고 더 확실하게 인식한다. 이제 영혼은 고대인들이 상상했던 것처럼 삶의 일반적 원리가 아니라 본질적으로 사유인 것이다. 더욱이 이때 생각하는 존재는 의심하고 구상하고 긍정하고 부정하고 원하고 원하지 않는 존재라고 이해되어야 한다. 생각하는 존재는 또한 상상하고 감각하는 존재이기도 하다. 이때 상상과 감각은 일견 그것들의 대상으로 보이는 육체나 물체와 관련되기보다는 우선적으로 상상과 감각이 파악되어야 하는 방식대로, 즉 그 자체로 실재적인 우리의 정신 작용들로서 파악된 것을 말한다. 비록 우리의 바깥에 아무런 실재적인 것도 이런 정신 작용들과 조응하지 않는다고 해도 말이다.

이는 매우 중요한 학설로서 여러 의미들 가운데 다음과 같은 의미를 갖는다. 정신은 사물에서 관념으로 나아가는 것이 아니라 관념에서 사물로 나아간다. 존재를 그것의 관념을 통해 인식하는 것은 그 존재의 현존을 인정하고 전제하는 것보다 원리적으로 앞서는 일이다. 결과적으로 이 학설은 관념론적 학설이다. 그러나 관념론의 근원적 형태처럼 사물들의 현존이 전적으로 우리 사유의 규정이라고 주장하는 것은 아니다. 이 학설은 단지 사물들의 현존이 오직 우리 사유의 규정을 근거로 하여, 그리고 그런 사유의 규정과 일치할 때만 인정될 수 있다고 주장할 뿐이다. 곧 관념의 실재성을 정립하고 인정하는 것을 그 구성적 특성들 중 하나로 갖는 학설인 것이다.

바로 이런 점을 통해 데카르트의 철학은 '나는 생각한다 고로 존재한다'라는 첫 번째 진리를 넘어서고 더 확장된 진리들의 질서를 구성할 수 있다. 우리의 정신 속에 있는 관념들을 고찰해보자. 단순한 사유 방식으로 이해된 관념들은 이미 실재적이지만, 이 관념들의 실재성은 이 관념들 간의 아무런 차등도 확립하지 않는 실재성일 뿐이다. 그러나 이 관념들이 표상하는 대상에 따라 생각된 관념들은 표상된 대상들의 본성과 완전성에 따라 상이한 실재성을 갖는다. 그런데 내가 전능하고 영원하고 무한하고 불변하고 모든 것을 알고 모든 것을 창조한 최상의 신을 생각하도록 하는 관념은 내가 불완전하고 유한한 사물을 표상하는 관념이 갖지 못한 실재성을 일정한 방식으로 갖는다. 이런 실재성에 대해 설명을 해야 한다. 데카르트에 따르면 이런 실재성은 적어도 자신을 표상하는 관념만큼의 완전성을 자신 안에 포함하는 절대 존재의 현존을 인정할 때, 즉 신의 현존을 인정할 때 비로소 설명될 수 있다. 달리 말하면 우리 안에 있는 신에 대한 관념의 원인이 신 자신이 아니라는 것은 불가능한 일이다. 우리 인간의 존재인 사유하는 존재, 즉 스스로를 창조할 능력이 있었다면 완전성의 관념에 따라 자신을 완전하게 창조했을 것이기 때문에 사실은 스스로를 창조할 능력이 없는 존재를 만든 자가 신이 아니라는 것은 불가능한 일이다. 끝으로 더 단순하게 말하면, 일종의 완전성에 해당하는 현존은 각의 합이 2직각과 동일하다는 삼각형의 속성이 삼각형의 관념으로부터 도출되는 것과 마찬가지로 최상으로 완전한 절대 존재의 관념으로부터 또한 필연적으로 도출된다고 할 수 있는 것이다.

이처럼 신의 현존이 입증된다. 그러나 데카르트는 전통 철학이 고찰해온 신의 모든 속성들을 다루는 일로 시간을 지체하지 않는다. 그는 종교적 양심으로써 더 기꺼이 더 시간을 두고 다룰 속성들조차도 그렇게 하지 않는다. 신 안에서 그는 무엇보다도 참된 인식에 대한 최상의 보증을 본다. 우리가 진리를 판단할 수 있는 것은 오직 우리의 관념들의 명확함과 판명함에 의해서다. 그러나 우리의 명석판명한 관념들이 진리와 관련된다는 것을 무엇이 우리에게 보증해주는가? 즉 우리가 그것을 생각하지 않고 단지 기억하는 데 그칠 때조차도 존속하는 일종의 항구적이고 틀림없는 실재와 관련된다는 것을 무엇이 보증해주는가? 바로 신의 진실성이다. 신은 자신의 최상의 완전성 때문에 속임수의 신일 수 없다. 그가 존재하는 방식대로 온전히 인정된 신은 방법을 위해 필수적이었던 허구를 통해 무에서 생겨난 심술궂은 악령의 가설을 결정적으로 무로 되돌려놓는다.

신은 진실성 자체다. 신은 진리가 아니다. 오히려 신은 진리를 만든 작자다. 달리 말하면 신은 그가 만들지 않을 수도 있었을 자신 안의 진리를 관조하는 데 묶여 있지 않다. 신은 우리가 영원하다고 명명하는 진리들을 절대적 자유 행위를 통해 창조했다. 근원적으로 볼 때 영원한 진리들은 지금과 다를 수 있었다. 영원한 진리들이 변화를 겪지 않는 것은 오직 신의 결정의 불변성에 의해서다. 만일 신에게서 우리가 진리를 제시하는 지성을 따르는 의지를 인정한다면, 이 지성을 분유할 능력, 즉 신이 만물을 창조한 이유와 목적을 알 수 있는 능력을 적어도 원리적으로는 우리에게 부여할 수 있을 것이다. 그런데 데카르트는 과학이 목적 원인들을 다룬다는 것을 인정하지 않는다. 과학이 목적 원인을 다루게 되면 순전히 기하학적이고 기계론적이어야 하는 자연에 대한 참된 설명을 포기하게 할 것이기 때문이다. 신이 우리를 위해 만물을 만들었다고 믿는 것이 경건하고 선한 생각이라면, 이런 생각은 다른 영역에서는 쓰임새가 있겠지만 과학에는 개입시키지 말아야 한다. 게다가 신의 결정을 들여다보겠다고 하는 것은 종교적인 관점에서도 우리 자신을 너무

과신하는 것 아닌가? 우리로서는 신이 진리를 만든 작자이고 우리를 속이지 않는다는 점을 아는 것으로 충분하다. 우리가 오류를 범한다면 그것은 우리의 능력, 더 정확히는 우리 안의 판단을 내리는 능력, 즉 자유의지의 오용 때문이라는 점을 아는 것으로 충분한 것이다. 의지는 지성이 명석판명하게 나타내는 것만을 긍정할 경우 오류를 범할 수 없다. 그러나 의지가 긍정에 있어서 지성의 명석판명한 관념을 넘어설 경우(의지는 자유롭기 때문에 그렇게 할 수 있다), 즉 모호하고 혼란한 관념에 따라 판단할 경우 오류를 범하도록 되어 있는 것이다.

따라서 신의 진실성은 명석판명한 관념들이 가지적(可知的)이고 영원한 본질들을 대상으로 갖는다는 점을 보증한다. 이런 관념들 가운데 바로 연장 관념이 속한다. 연장 관념은 기하학자가 감각과 독립적으로 파악하는 것으로서 물질세계의 본성을 이루는 것이다. 물질세계가 존재한다면 그것은 그 자체로는 연장, 모양, 운동일 수밖에 없기 때문이다. 빛, 색, 소리, 향, 맛처럼 우리가 감각적 성질로서 이 세계에 귀속시키는 다른 성질들은 우리 안에만 존재하는 것이고 우리의 바깥에서 그것들의 근본을 이루는 것은 운동, 모양, 연장과 같은 규정들뿐이다. 그러나 이 세계는 존재하는가? 데카르트에게 이는 하나의 문제다. 그 무엇이 되었든 간에 어떤 것의 실재를 가정하거나 요청하는 인식의 특성과 범위를 먼저 검토하지 않고서 그것의 실재를 바로 정립하는 것은 데카르트의 방법과 학설에 반하는 일이기 때문이다.

그런데 인간에게는 관념을 통해 인식하는 능력 외에 그것과 심히 구분되는 것으로서 느낌의 능력이 있다. 실제로 물리학자가 빛을 설명하는 방식으로 빛을 인식하는 것은 빛을 보는 것이 아니며 빛을 느끼는 것도 아니다. 느끼는 능력은 무엇보다도 수동적이다. 느끼는 능력은 변용을 스스로 산출하지 않으면서 변용을 겪는다는 것을 의식하기 때문이다. 다른 한편, 감각적 사물의 관념을 우리의 정신이나 신에게 직접 귀속시키는 것은 우리가 우리 자신의 사유에 의해 그 관념을 산출하지 않음을 의식하고 있는 사실에 반하거나, 그 관념이 물체들로부터 유래한다고 믿는 우리의 경향성에 반하는 일일 것이다. 그런데 신은 속임수 신이 아니다. 즉 신은 우리에게 거짓된 매우 강한 경향성을 줄 수 없었다. 그 거짓됨을 밝힐 수 있는 참된 인식의 능력을 우리에게서 박탈함으로써 그런 경향성을 줄 수는 없었던 것이다. 그러므로 물체들은 실제 현존한다.

그러나 감각이 물체들이 존재함을 가정한다고 해도 감각은 물체들이 그 자체로 무엇인지 알려주는 역할을 하지 않는다는 점을 다시 언급해야 한다. 감각은 물체들이 우리 존재의 보존에 유용하거나 유해한 점에 대해 알려주는 역할을 할 뿐이다. 물론 신의 진실성은 지각의 원인이 물체들 속에 있다고 믿는 우리의 경향을 유효하게 하는 것이 사실이다. 그러나 오히려 신의 진실성이 더더욱 허용하는 것은 어떤 것들이든 간에 사물들의 본질이 그것들에 대한 우리의 지성적 인식에 부합한다는 점을 인정하는 일이다. 그런데 지성적 차원에서 우리는 영혼을 오직 사유로서 인식하고 물질은 오직 연장으로서 인식한다. 이로부터 영혼은 사유 실체이고 물질은 연장 실체라는 점, 그리고 양자는 근원적으로 구분된다는 결론이 도출된다.

따라서 물질세계의 설명에 오직 운동의 기하학적 법칙만을 개입시키고 영혼과 관계가 있는 것은 아무것도 도입하지 않아야 할 필연성이 도출된다. 유기체적 존재들의 생명조차도 물질의 일반적 속성들에 의해 설명된다. 생명은 사유만으로 정의되는 영혼에 속하는 것이 아니기 때문이다. 데카르트는 일반 통념과 충돌할 위험을 무릅쓰고 이런 개념을 끝까지 밀어붙임으로써 동물을 단순한 기계로 규정했다. 데카르트는 사유, 즉 자신을 인식하고 참된 것을 인식할 능력을 동물에게 귀속시키기를 원하지 않았기 때문에 동물에게서 순전히 생명체만을 볼 수밖에 없었다. 다른 한편 그는 연장과 운동을 생명과 물질의 모든 속성들을 설명하기 위해 충분한 수단으로 평가했다.

　따라서 영혼은 고대인들이 상상한 것처럼 본질적으로 생명의 원리가 아니다. 영혼은 사유하는 본성만을 가진 실체다. 영혼 그 자체는 관념을 파악할 능력이 있는 지성이고 결정과 판단을 내릴 능력이 있는 의지다. 영혼이 순수 지성으로서 작용할 때는 오직 사유 능력을 통해 자신 안에서 발견하고 또 그런 이유 때문에 **본래적**이라고 말해질 수 있는 관념들로부터 자신을 전개한다. 본래적 관념들은 삼각형의 관념이나 신의 관념처럼 가능하거나 필연적인 어떤 현존을 포함하는 관념들이다. 또는 본래적 관념들은 한 사물이 존재하는 동시에 존재하지 않을 수는 없다는 원리처럼 모든 인식의 원리들을 포함하는 관념들이다. 그러나 우리의 영혼은 항상 순수 지성으로서 작용하지는 않는다. 왜냐하면 우리의 영혼은 본질상으로는 육체와 구별되지만 현실적으로는 육체와 결합되어 있기 때문이다. 두 종류의 실체를 구분해야 할 필연성 못지않게 의심의 여지가 없는 사실인 이런 결합은 지성적 인식이나 의지의 전적으로 내적인 결정과는 다른 사유 양태들을 야기한다. 바로 이런 방식으로 느낌은 감각, 흥분, 쾌감, 고통, 기억, 상상, 정념과 같은 다양한 형태 아래서의 우리 자신으로의 회귀와 같으며, 동시에 우리의 육체와 그것을 둘러싸고 있는 물체들의 현존에서 기인하는 작용이 정신에 미치는 결과와 같다. 지각하는 것은 물론 영혼의 기능 중 하나다. 그러나 지각은 또한 영혼이 육체와 결합되어 있고 육체의 영향을 따르는 한에 있어서 영혼의 기능이 된다. 그렇기 때문에 감각은, 그리고 감각적 재료를 재현하고 이어 가는 상상도 외부의 사물들을 그 자체로 우리에게 표상해주지 않고, 우리 육체의 관심 및 상태와 관련된 표현을 우리에게 제공하는 것이다. 오직 순수 지성만이 실재에 대한 명석판명한 인식에 근거하여 실재자체가 무엇인지 말할 자격이 있다.

이처럼 데카르트는 영혼과 육체가 서로 간의 본질적 구분에도 불구하고 상호 결합되어 있고 일정한 방식으로 상호작용한다는 점을 인정함으로써, 육체의 작용으로 영혼에 나타나는 모든 것을 설명하기 위해 어떻게 이런 작용이 발생하는지를 규명하려고 시도하게 된다. 따라서 데카르트의 심리학은 생리학에 의거한다. 이 생리학은 몇몇 정확한 사실을 때로는 풍요롭고 때로는 무모하기만 한 가설들과 결합한다. 그러나 이 생리학의 원동력이 되는 원리는 한결같이 생명에 대한 기계론적 개념이다. 데카르트가 특히 그의 『정념론』에서 전개하는 것이 바로 그런 종류의 생리학적 심리학이다. 정념은 영혼이 자기 안에서 지각하고 자신과 관계시키는 느낌 또는 감정이다. 그러나 정념은 동물 정기의 운동에 의해 야기되고 유지되고 강화된 상태다. (데카르트가 이해하는 동물 정기란 일종의 공기나 매우 미세한 액체로서 심장에 의해 덥혀진 피로 만들어진 것이다. 동물 정기는 뇌로 하여금 외부 사물에 대한 인상을 받도록 해주거나 또는 뇌로부터 모든 근육들로 퍼져 지체[肢體]들을 운동하게 한다.) 우리에게 정념을 일으키는 동물 정기의 운동은 육체의 기질에 의해 결정될 수 있고 마찬가지로 다른 의미에서는 영혼의 행위에 의해 결정될 수도 있다. 그러나 그런 운동의 주된 원인이자 통상적인 원인은 감각 대상에서 비롯된 인상에 있다. 어떻게 정념이 영혼 안에서 일어나는지 예를 들어 설명하기 위해 어떤 기괴하고 끔찍한 모습에 대한 인상, 즉 이전에 육체에 유해했던 것과 관계가 큰 인상을 가정해보자. 이런 인상은 영혼에 불안의 정념을 촉발하며, 육체의 기질이나 영혼의 힘이 어떤가에 따라 곧바로 대담함의 정념이나 공포의 정념을 촉발한다. 달리 말하면 물리적 관점에서 한편으로 이 인상은 동물 정기가 신경들로 이행하여 신경들이 저항을 위해 팔을 움직이거나 피하기 위해 다리를 움직이는 데 기여하도록 결정한다. 다른 한편으로 이 인상은 심장에 이르는 신경들로 동물 정기가 이행하는 일을 결정함으로써, 심장의 관이 확장되거나 축소됨에 따라 뇌에 도달한 동물 정기가 자기의 본성과 그 운동의 특성에 의해 영혼 안에서 대담함이나 공포를 유지하도록 구성되는 것이다. 그러므로 데카르트는 우리 시대의 심리학이 공들여 강조한 것, 바로 우선적으로는 단지 정념의 표현이나 결과로 보이는 것이 사실은 정념의 구성적이고 본질적인 요인이라는 점을 훌륭하게 이해하고 있는 것이다. 즉 공포감을 갖는다는 것은 피해야 한다는 느낌을 갖는 것이다. 또한 데카르트는 어떤 방식으로 동일한 인상이 뇌 전체에서 동물 정기의 동일한 운동을 결정하지 않는지를 제대로 지적했다. 기질의 차이 외에도 습관 또는 단지 반대되는 인상의 힘은 어떤 대상을 표상하던 운동과 그 대상을 욕망하도록 한 운동 간의 옛 관계가 다른 관계에 의해 파괴되거나 대체되도록 할 수 있다. 그래서 맛있게 먹어오던 고기에서 갑자기 혐오스러운 어떤 것을 발견할 경우 이런 발견의 놀라움 때문에 이제부터는 그 고기를 혐오감 없이는 볼 수 없을 정도로 뇌의 상태가 바뀔 수 있는 것이다.

정념이 감각 대상과 관련될 때 우리는 감각 대상을 인식하기보다는 그것의 좋거나 나쁜 점, 적어도 우리의 육체를 위해 중요한 점을 생생히 표상하게 된다. 데카르트는 정념을 바로 이런 관점에서 분류함으로써 여섯 가지의 근본적인 정념을 구분한다. 그가 가장 앞에 두는 것은 어떤 대상과 마주치면서 촉발된 감탄 또는 놀라움이다. 감탄 또는 놀라움은 가까스로 정념이 된다. 왜냐하면 심장과 피에 현저한 변화를 일으키지 않는 가운데 나타나기 때문이며, 대상이 우리의 육체와 관련됨을 알려주지 않는 가운데 우리를 대상과 관계시키기 때문이다. 반면 대상이 유용하거나 유해한 것으로서 우리에게 표상되는 순간부터는 다른 종류의 정념들이 생겨난다. 선이나 악이 현재가 아니라 미래에 모습을 드러내는 순간부터 우선 사랑과 미움, 그리고 욕망이 생겨난다. 마지막으로 기쁨과 슬픔이 생겨나는데, 기쁨과 슬픔은 유용하거나 유해한 대상들에 의해 우리에게 가해진 작용의 결과를 표현한다. 이런 것들이 바로 원초적인 여섯 가지 정념이다. 이 여섯 가지가 새로운 요인들에 의해 특정한 모습을 갖고 또 서로 조합됨으로써 특수한 정념들의 지극히 다양한 종류를 만들어낸다. 따라서 데카르트는 자신의 심리생리학적 설명의 명확성에 놀라운 관찰 정신과 도덕가로서의 가장 섬세한 자질을 결합함으로써 정념들의 핵심적 전개 과정을 추적한다.

영혼이 자신의 정념에 대해 갖는 힘은 무엇인가? 물론 의지는 정념이 작동 중일 경우 의지의 모든 노력이나 자발적 시도의 부담을 덜어주는 행위에 동의하도록 정념에 의해 이끌리게 된다. 그러나 의지는 본성상 극히 자유롭기 때문에 결코 강제될 수는 없다. 의지가 사유에 능동적으로 작용할 때는 자유를 직접적으로 행사한다. 의지가 정념에 능동적으로 작용하려고 시도할 때도 역시 자유를 행사하는 것이지만, 이때는 특히 간접적으로 자유를 행사하는 것이다. 예를 들어 의지는 최고조로 전개 중인 어떤 정념을 즉각적으로 차단할 수는 없다. 의지는 이런 정념이 육체에 각인하는 몇몇 외부 운동을 막으려고 시도할 수 있을 뿐이다. 분노 때문에 때리려고 손이 올라갈 때 통상적으로 의지는 팔이 올라가는 것을 막을 수 있다. 공포 때문에 피하려고 발이 움직이려 할 때 의지는 발을 멈출 수 있다. 그러나 분노나 공포를 느끼지 않는 것은 우선 불가능한 일이다. 일반적으로 어떤 사유와 유기체의 내적·외적 운동 사이에는 본성과 습관에 의해 확립된 연결이 있게 마련이고 이로 인해 운동과 사유는 상호 결정된다. 또한 우리는 이런 연결을 직접적으로 변화시킬 수는 없다. 동공을 확장하거나 혀와 목청의 몇몇 근육을 수축하겠다고 그대로 생각한다 해도 그렇게 되지 않는다. 그러나 멀리 떨어진 대상을 바라보려고 하면 동공은 커질 것이다. 낱말을 통해 생각의 뜻을 나타내려고 하면 적당한 소리를 내는 데 필요한 운동이 어려움 없이 이루어질 것이다. 마찬가지로 우리의 정념은 우리의 의지에 의해 직접적으로 촉발되거나 제거될 수 없다. 그러나 정념은 간접적으로 촉발되거나 제거될 수 있다. 즉 우리가 앞으로 가지고 싶은 정념, 또는 현재 배척하고자 하는 것과 반대되는 정념에 통상적으로 연결된 것들을 표상함으로써 그렇게 할 수 있는 것이다. 용기를 갖도록 스스로 자극하고 공포에서 벗어나려면 그렇게 하려는 의지를 갖는 것만으로 충분치 않다. 위험은 그리 크지 않으며 피하기보다는 방어하는 것이 더 확실하고 위험을 이겨냈을 때의 영광과 기쁨이 그것을 피하는 등의 행동을 했을 때의 후회와 수치를 대체할 수 있으리라는 점을 설득하는 근거, 대상, 사례를 생각하는 데 전념해야 한다. 이와 유사한 일은 동물을 조련할 때도 일어난다. 자고새를 본 개의 처음 움직임은 그쪽으로 달려가는 것이고 총소리를 들었을 때는 도망치는 것이다. 그러나 제대로 훈련된 사냥개는 정확히 반대되는 일을 한다. 자고새를 봤을 때 멈추고 총소리에는 달려온다. 인간의 의지가 이성을 통해 명확해졌을 경우는 이런 교육 절차를 자신에게 유리하게 사용할 수 있을 뿐 아니라 그 효과를 대단히 증대할 수도 있다. 어떤 사유를 다른 사유에 의해 상쇄하고 어떤 정념을 다른 정념에 의해 상쇄할 수 있는 것이다. 고대인들이 영혼의 상이한 부분들에 대한 허구를 통해 설명했던 모든 내면적 투쟁은 바로 이런 단호한 전략으로 귀결된다. 사실상 정념을 수동적으로 겪는 것도 또 그 정념을 물리치려고 반대 정념들 가운데 동맹군을 찾는 것도 동일한 영혼이다. 이런 전략이 능숙함과 확고부동함을 동일한 정도로 필요로 한다고 해도, 최소한 이 전략이 성공하리라는 것은 확실하다. 데카르트가 분명히 선언하는 바에 따르면, 제대로 인도되고도 자기의 정념에 대한 절대적 통제력을 가질 수 없을 정도로 나약한 영혼은 없다.

정념에 대한 통제력은 어떤 방향에서 행사해야 하는가? 데카르트는 정념이 그 자체로 악하다거나 스토아학파의 주장처럼 영혼의 병이라고 생각하지 않는다. 그는 정념을 원칙적으로 좋은 것이라고 간주한다. 정념은 육체에 유리한 쪽으로 우리를 이끈다. 정념은 사유하고 사랑하도록 영혼을 자극한다. 그러나 영혼이 정념의 혼잡함에 예속되고 육체가 정념 때문에 미래의 선(善)이나 통상적인 선이 무시된 채 상상에 의해 그릇되게 커진 현재의 선으로 향하게 될 때 정념은 악해질 수 있다. 거의 모든 정념들, 요컨대 모든 정념들은 좋거나 나쁜 사용법의 지배하에 있다. 그러나 정념의 본성 그대로의 모습에 가장 잘 조응하는 것은 좋은 사용법이다. 분노, 질투, 오만 등 비난받을 만해 보이는 정념들에서도 그것들이 근원적으로 가진 좋은 점, 즉 우리의 존재에 유용한 점을 발견하는 데 있어 데카르트의 분석은 비범할 정도로 섬세하다. 따라서 데카르트는 사람들이 정념들을 그 본질적 유용성의 한계 내에서 유지하도록 노력하고 되도록이면 변질될 위험이 가장 적은 정념에 속하는 것들을 키울 것을 바란다. 그런 정념 중 첫째가는 것은 관대함이다. "한 사람이 자기 자신을 정당하게 평가할 수 있는 최고점에서 평가하게 하는 진정한 관대함[13]은, 한편으로는 그가 자신에게 진정으로 속하는 것이 자기 의지의 자유로운 재량뿐이고 그가 그것을 제대로 또는 잘못 사용하는 것에 대해서가 아니면 칭찬받거나 비난받아야 할 까닭이 없다는 것을 안다는 점에 있다. 다른 한편으로 진정한 관대함은 그가 자기 의지의 자유로운 재량을 잘 사용하겠다는 확고하고 항상적인 결심을, 다시 말해 그가 최선이라고 판단할 모든 것을 시도하고 실행하기 위해 결코 의지를 결여하지 않겠다는 결심을 자신 안에서 느끼는 데 있다. 이것이 바

---

13 데카르트에서 '관대함'(generositas)은 타인에 대한 관용적 태도보다는 용기, 확고함 등 정신의 군건함과 가깝다.

로 완벽하게 덕을 수행하는 일이다."『정념론』 3부 153항

데카르트에게 정념을 길들이고 조절하는 방식은 영혼과 육체의 관계에 대한 인식과 연결되어 있다. 그는 그런 방식을 특기할 만한 부분으로, 아마도 그가 구상한 도덕의 가장 새로운 부분으로 간주한 것 같다. 그는 『방법서설』에서 이같이 말했다. "정신은 육체의 기질과 기관의 배치에 의존하는 바가 아주 크므로 인간을 전체적으로 지금보다 현명하고 유능하게 만드는 수단을 발견할 수 있다면, 그것은 다름아닌 의학에서 찾아야 한다고 생각한다."『방법서설』 6부 나중에 데카르트는 샤뉘에게도 이렇게 말했다. "선생님께 내밀하게 말씀드립니다만, 제가 실현하고자 한 물리학의 개념 자체는 제가 도덕에서 확실한 기초를 확립하는 데 크게 기여했습니다."IV. p. 441 사실상 데카르트는 이 같은 도덕을 체계적으로 구성하지는 않았다. 도덕과 관련하여 신학자들에게 잘못 이해되고 공격받을 것에 대한 불안 때문에 도덕을 체계적으로 구성하지 않았거나 또는 그가 보기에 이처럼 유용한 만큼 복잡한 학(學)을 다루기 전에 다른 연구를 끝내야 할 필요성 때문에 그것을 연기했다. 그가 편지에서 엘리자베스 공주와 크리스티나 여왕에게 도덕의 문제를 이해하고 해결하는 자신의 방식에 대한 단서를 제공한 것은 우연한 일이었다. 그러나 고대의 도덕주의자들에 대한 자유로운 주석과 결부된 이런 단서는 매우 명시적으로 데카르트 자신의 형이상학적 관점 및 기독교 신앙에서 비롯된 것이기도 하므로 우선은 『정념론』을 지배하는 개념과 일치하기 힘들어 보였다. 『정념론』을 지배하는 개념은 무엇보다도 삶의 규칙을 자기 존재의 보존과 자기 능력의 증대, 결과적으로 이런 효과를 위한 자연적 힘의 사

용에 두었기 때문이다.

이런 대립은 외형적일 뿐이다. 결국 데카르트의 기계론적 물리학 전체는 유신론적 형이상학에 종속되지 않았는가? 마찬가지로 자연적 현존의 본래적 상태에 대한 도덕은 더 특징적으로 정신적인 목적의 도덕에 종속될 수 있어야 한다. 실제로 『정념론』에서 데카르트는 영혼의 힘은 진리의 인식 없이는 충분치 못하며 정념을 통제할 가장 확실한 수단은 덕의 실천이라는 점을 되풀이하여 주장한다. 데카르트가 현재의 삶에 대한 최선의 조직을 위한 지침과 현재의 삶을 넘어서는 대상을 추구하라는 권유를 어려움 없이 조화시키는 모습은 엘리자베스에게 보낸 편지에서 여실히 드러난다.

어떻게 보면 더 높은 차원의 이런 도덕은 몇몇 중요한 스토아 관념을 포함한다. 바로 데카르트의 당대에 특히 프랑스에서는 에픽테토스의 번역자이자 세네카의 모방가인 뒤 베르(Guillaume Du Vair)의 영향하에 스토아 사상이 다시 깨어났었다. 스토아 사상의 도덕은 회의론과 "자유사상"에 적대적인 많은 사람들을 사로잡았는데, 이들 대부분은 기독교에 애착이 있었으나 기독교에 세속적 지혜의 권고와 방편을 결합하고자 했다. 오노레 뒤르페(Honoré d'Urfé), 피에르 샤롱(Pierre Charron), 발자크 같은 사람들이 특정한 방식으로 또는 그들에게 적절한 시기에 그런 류의 스토아주의자들이었다. 따라서 데카르트가 운보다는 자기 자신을 이기고 세상의 질서보다는 자신의 욕망을 바꾸도록 노력해야 한다고 말하고, 또 선은 자기 자신에게 달려 있는 덕인 반면 자기 능력 밖에 있는 선을 추구하는 것은 자제해야 한다고 반복해 말했을 때, 그는 동시대인들 중 가장 교양이 높았던 사람들에게 친숙한 교훈을 반복했을 뿐이다.

그러나 데카르트는 스토아 사상의 관념을 자기 것으로 만들면서 그 의미를 여러 번 바꿀 뿐 아니라 몇몇 측면에서 스토아 사상의 관념을 불충분하고 부정확하다고 평가한다. 물론 그는 다행스런 운이라고 할 수 있는 행복과 지혜에서 비롯된 만족을 구분할 것을 주장할 때는 스토아 사상과 적극적으로 거리를 두지는 않는다. 그러나 데카르트는 쾌락이 지극한 행복 자체를 구성하는 요소라고 평가하며 이 점에서 그는 제대로 이해되어야 하는 방식대로 이해된 에피쿠로스의 도덕을 일정 정도 인정해야 한다고 생각한다. 지극한 행복은 쾌락으로 구성되지만, 그 가치에 맞게, 즉 실재적 완전성에 조응하는 바에 따라 선택된 쾌락으로 구성된다. 따라서 지극한 행복은 육체와 결합된 영혼의 쾌락보다는 영혼만의 쾌락으로 구성되는 것이다. 영혼의 쾌락이 별도로 존재하며 또한 순전히 지성적인 기쁨이 존재하기 때문이다.

그러나 이런 식으로 이해된 지극한 행복조차도 최상의 선은 아니다. 지극한 행복은 특히 최상의 선을 추구하도록 하는 유혹이며 최상의 선으로부터 기대해야 하는 효과다. 최상의 선은 우리 자신에게만 의존될 수 있는 선이므로 오직 덕에 해당하는 선이다. 덕이 지닌 가장 본질적인 점에서 볼 때 덕이란 오직 제대로 행동할 군은 의지를 말한다. 그러므로 이 점에서 데카르트는 칸트가 전적으로 부각할 관념, 즉 도덕적 선은 선의지에 있다는 관념을 언술한다. 자연과 운의 혜택을 가장 덜 받은 이들도 완전한 만족을 누릴 수 있고 이런 만족은, 비록 때때로 우리가 적절하게 행동하지 않는다고 하더라도, 오직 제대로 행동할 지향과 관계된다고 데카르트는 단언한다. 그러나 자유의지의 도덕에 대한 이런 예감에도 불구하고 데카르트는 행동을 규정하기 위해서는 인식의 중요성이 매우 크다고 계속해서 평가한다. 그는 스토아주의자들이 선의 분별 및 수행이 달려 있는 진리들을 충분히 정의 내리지 않았다는 점을 비난한다. 데카르트에게 그 진리들은 바로 다음과 같은 것들이다. 우선 모든 것을 지배하는 신, 그 완전성이 무한하고 힘은 광대하며 결정은 무오류인 신이 존재한다는 것이다. 이 사실은 우리에게 발생하는 모든 일을 좋게 받아들이는 법을 알려준다. 다음으로 우리의 영혼은 육체와 구분되며 육체 이후에도 존속할 수 있다. 이 사실은 죽음에 대한 불안을 막아주며 현세에 대한 애착에 몰입되지 않도록 해준다. 나아가 우주는 무한정한 범위를 가지며 우리의 관점이나 이해관계에 의해서 평가되어서는 안 된다. 이 사실은 격에 맞지 않는 오만으로 신의 결정에 개입하고자 하는 대신에 우리로 하여금 사물들 전체에서 우리 자신의 자리를 지키도록 해준다. 마지막으로 우리들 각각은 비록 타인들과 분리된 인격체라고 할지라도 홀로 존속할 수 없으며 우주에, 지구에, 국가에, 사회에, 가족에 속해 있고 결합되어 있다. 이 사실은 모든 것을 우리 자신의 것으로 만들지 못하도록 하고, 타인의 선을 우리 자신의 선만큼 그리고 되도록이면 우리의 선보다 더 추구하도록 권고한다. 이 진리들 중 두 번째 것을 제외한 세 진리는 데카르트가 생각한 것과 달리 일정한 방식으로 스토아 사상에 의해 인정된 것들이다. 그러나 스토아 사상은 이 진리들을 비인격적 필연성이 지배하는 질서 안에 포함한 반면 데카르트는 그것들을 모두 행동의 효율성, 행동 주체의 자유, 그리고 신의 인격성을 인정하는 방식으로 제시한다.

이 진리들의 인식을 통해 우리는 사랑의 대상으로서 가장 확실하고 고차원적인 대상을 설정하게 된다. 데카르트가 샤뉘에게 보낸 감탄스러운 편지에서 설명하듯이 감각적 사랑을 넘어서 순수하게 지성적인 사랑이 존재하기 때문이다. 데카르트는 이렇게 말한다. "이 모든 것들에 대한 성찰은 그것들을 극도의 기쁨으로 이해하는 사람을 충만하게 해줍니다. 신의 자리를 차지하기를 바랄 정도의 부당함이나 배은망덕과 거리가 먼 일이겠지만 그 사람이 신으로부터 그런 인식에 도달할 수 있는 은총을 받은 것과 같은 사실을 이미 충분하게 경험했다고 생각할 정도의 기쁨 말입니다. 자기 의지에 따라 신을 기꺼이 영접함으로써 그는 신의 뜻이 이루어지는 일 외에는 더 이상 아무것도 바라지 않을 정도로 완전하게 신을 사랑하는 것입니다. (……) 그가 자신에게 닥친 악과 불행을 신의 섭리에서 비롯된 것으로 생각하고 거부하지 않는다면, 그가 현세에서 향유할 수 있는 모든 선이나 정당한 쾌락도 역시 신의 섭리에서 비롯된 것으로 생각하고 더더욱 거부하지 않습니다. 그런 선이나 쾌락을 악에 대한 아무 불안도 없이 받아들임으로써 그의 사랑은 그를 완전히 행복하게 해줍니다."IV. p. 609 데카르트는 이 편지의 앞부분에서 이렇게 말했다. "그렇기 때문에 신이 스스로를 우리 인간과 유사하게 만들 정도로까지 자신을 낮춘 육화의 신비를 가르침으로써 우리로 하여금 신을 사랑할 수 있도록 하는 것은 기독교밖에 없다고 몇몇 철학자들이 확신한다는 점에 대해 놀라지 않습니다. (……) 그럼에도 불구하고 우리가 오직 우리의 본성의 힘만으로는 진정 신을 사랑할 수 없다는 것을 추호도 의심하지 않습니다. 신에 대한 사랑이 은총 없이도 그만한 가치가 있는지에 대해서 단언하지 않겠습니다. 이 점은 신학자들이 밝히도록 놔두겠습니다. 그러나 감히 말하건대 현세의 관점에서 볼 때 신에 대한 사랑은 우리가 누릴 수 있는 가장 매혹적이고 가장 유용한 정념입니다. 나아가 이런 정념은 비록 그것을 위해서는 매우 주의 깊은 성찰이 필요하겠지만 가장 강력한 것일 수 있습니다."IV. p. 607~608 이처럼 이성의 문화는 계시종교가 다른 방법을 통해 가르치고 실현하는 점과 부합하는 태도를 알려준다. 신에 대한 사랑은 철학과 종교적 신앙의 공통된 선인 것이다.

이상이 데카르트 철학의 내용이다. 이는 극도로 독창적임이 틀림없었고 이미 그 독창성으로 인해 풍요로운 철학적 성과였다. 그 영향을 규정하려면 근대 철학의 전 과정을 추적해야 할 것이다. 한편으로 '나는 생각한다'는 명석판명한 인식으로 제공된 최초의 유형으로 간주되었다. 다른 한편으로 신은 존재들, 그리고 일정한 의미에서는 진리들의 계속적 창조의 원리로서 간주되었다. 이것이 데카르트의 체계를 구성하는 두 주요 개념들이다. 스피노자와 말브랑슈는 특히 두 번째 개념을 고찰하여 극단으로까지 밀어붙였다. 스피노자는 신이 모든 유한한 존재들이 그 양태가 되는 유일 실체라고 주장했고 말브랑슈는 신은 유일한 원인으로서 이와 대비해 창조된 존재들의 규정은 기회에 불과하다고 주장했다.14 이어서 라이프니츠는 데카르트의 두 개념을 놀라울 정도로 포괄적인 학설 속에 포함했다. 이를 위해 그는 데카르트 철학 자체를 비판했다. 즉 라이프니츠는 연장의 기계론이 극히 참되다고 해도 존재의, 게다가 물질적 존재의 근저를 표현한다는 점을 인정하기를 거부했고, 모든

---

14 기회원인론은 말브랑슈가 정립한 학설이다. 기회원인론에 따르면 영혼은 육체에 아무 영향을 줄 수 없기 때문에 매순간 신이 개입하여 육체가 영혼의 명령을 따르게 한다. 즉, 신이 개입한 '기회'에 인과 작용이 일어난다.

실체에 대해서는 지각하는 영혼과 어느 정도 유사한 것으로서 생각했으며, 신을 모든 실체들 및 그들의 모든 상태들의 보편적 조화 원리로서 정립했다. 다른 관점도 있었는데, '나는 생각한다'가 별도로 고찰되면서도 더 나아가 의식의 재료들, 그리고 이 재료들의 진리 및 즉각적 실재성의 특성에 대한 단순한 긍정으로 환원되었을 때 그것은 로크와 버클리로부터 시작된 영국철학의 발전 토대를 이룬 주제였다. 반면 '나는 생각한다'가 사유 행위, 그리고 사유 행위를 모든 인식의 원리로 설정하는 조건들의 체계로 간주되었을 때 그것은 칸트의 비판철학을 구성하고, 간접적으로는 칸트를 넘어서 그의 후계자들의 관념론을 구성한다.

그러나 학설들의 풍부한 다양성의 기원이나 조건이 데카르트 철학이라고 해도, 그런 다양성이 데카르트의 철학에서 일종의 필연적인 귀결로서 도출된다고 하는 것은 잘못된 생각일 것이다. 또한 데카르트의 학설이 나중에 무엇이 되었는지를 고찰한다는 이유로 그의 학설이 무엇이었는지, 더 정확히는 그 자체로 무엇인지를 간과하는 것은 유감스러운 일일 것이다. 게다가 이런저런 개념들의 귀결을 일종의 맹목적 작동에 의해 극단으로 끌고 가는 논리만큼 데카르트의 정신에 반하는 것도 없다. 데카르트의 학설은 분명 합리주의다. 그러나 사유 주체를 사유의 필연성 속에 함몰시키지 않고 무미건조한 이데올로기로 변질되지 않는 합리주의다. 데카르트의 학설은 진정 구체적이고 통찰력으로 가득한 합리주의로서 참된 인식의 내적 가치를 인정하면서도 그것을 실천적 목적의 추구와 분리하지 않고, 기하학적 정신의 사용에까지 섬세함의 정신을 도입하며, 요컨대 오직 지성을 통해 매순간 방법을 통제하기 때문에 지성이 방법을 따르도록 하는 합리주의인 것이다. 따라서 데카르트의 합리주의는 고대인들이 그렇게 한 것처럼 이성을 유한한 세계의 관조에 가둬두지 않는다고 해도, 또 이성에 무한정한 임무를 설정하고 무한에 대한 시각을 열어놓는다고 해도, 근본적으로 이성의 본질적 속성은 절도(節度)라고 평가한다. 그렇다고 데카르트의 합리론이 고대 철학처럼 질서에 대한 특히 미학적인 느낌에 의해 인도되는 것은 아니다. 그러나 그의 합리론은 숙고된 의도를 통해 사유에 언제나 사유 과정과 사유 작업에 대한 최상의 통제력을 부여한다. 이성에 모든 것을 혁신할 힘을 부여한 후에 데카르트의 합리주의는 이성의 계획 내부 자체에 머물 힘을 보장하며, 필연적인 구분과 한계에 반대한 나머지 이성의 명석판명한 관념들의 의미를 끝까지 밀어붙임으로써 그 의미를 추상적이고 비규정적인 것으로 만들 정도까지 나아가지 않을 힘을 보장한다. 과도한 논리의 가능한 충동에 대한 저항이 여러 차례 드러났다는 점에 아마도 **영웅주의**의 방식이 또한 존재한다.

2. 데카르트에서 과학과 철학의 관계

근대 철학의 정확한 시작이 인정된다면 그것은 데카르트의 철학일 수밖에 없다. 물론 데카르트 철학 이전의 르네상스 시대 내내 영감의 원리와 체계화의 절차를 통해 스콜라학파 전통과 단절하고 새로운 지평을 지성계에 열어놓은 여러 시도가 이루어졌고 또 그런 여러 학설이 나타난 것은 사실이다. 또한 데카르트보다 조금 앞서서 프란시스 베이컨은 연역적이고 불모적인 과거의 과학에 반대하여 실질적으로 생산성 있는 실험 과학의 개념을 부각했고, 현재와 미래의 방법론적 연구가 확립하게 될 모든 종류의 개별 과학에 대한 백과사전적 구상을 세운 것도 사실이다. 그러나 르네상스 사상에서 철학적으로 가장 잘 구성된 것은 고대의 학설들에 속한 것이었다. 또한 르네상스 사상에서 그나마 역량까지 갖추고 깊이도 지니고서 새로운 세계를 표현하고 예고한 것은 결의와 정당성에 대한 지성적 원리를 쟁취하지 못한 채 일종의 철학적 상상의 전개에 의존되어 있었다. 베이컨의 작품에 대해 말하자면, 그것은 일정한 방식으로 높이 평가되었고 과학이 갖춰야 할 특성과 장차 과학을 확립할 절차를 설명한 것이 사실이다. 그럼에도 불구하고 베이컨의 작품은 과학의 근본을 다루고 과학과 실재 또는 과학과 인간 지성의 관계가 의존하는 최종 조건을 다루는 문제들을 전혀 취급하지 않았고, 이런 문제들에 대해서는 의문조차 갖지 않았던 것으로 보인다. 데카르트가 나타났을 때 근대 철학은 아직 확립되지 않은 상태였다. 실질적으로 근대 철학을 확립한 것은 데카르트였다. 데카르트의 체계는 독창적이고자 했고 실제로 독창적이었다. 그의 체계가 독창적이었던 것은 우선 체계의 기원을 자아로부터 또 철학적 문제를 제기하는 자기 고유의 방식으로부터 도출해냈기 때문이다. 그의 체계가 독창적이었던 또 다른 이유는 어느 정도 자명한 방식으로 그러나 확실히 효율적인 방식으로 사상의 발전을 촉진했기 때문이다. 이 같은 발전으로 인해 다양한 방향에서 미래의 학설들이 출현하게 되었고 데카르트의 체계는 이 학설들 모두의 진정한 기원이었다.

데카르트의 체계는 독창적이고자 했다. 신학자들과 책에 만족하지 못한 데카르트는 마치 자기 이전에 아무도 철학을 한 적이 없는 듯이 철학을 하고자 했다. 이는 철학의 영역에서 권위를 거부하고 그 어떤 것도 자신이 참되다고 파악한 그대로가 아니면 참된 것으로 받아들이지 않을 수 있는 가장 근원적 수단이다. 실제로 데카르트는 그가 원했던 만큼 독창적이었는가? 오늘날 우리는 어떤 영역에서든지 간에 절대적 혁신을 인정하려는 성향에 대해 매우 조심스러워한다. 다른 모든 발명과 마찬가지로 개념의 발명은 부분적인 것이 될 수밖에 없고 여러 지성들에게서 일정 시간 진행되어온 작업을 종결짓는 것일 뿐이라고 우리는 믿는다. 데카르트가 자기 자신에 의거해서만 진리를 발견하겠다는 의무를 스스로에게 부과하도록 해준 권위의 근원적 거부조차도 그의 시대에는 완전한 새로움과 거리가 멀었다. 자유로운 탐구에 대한 동력이 모든 곳에서 분출되면서 이미 전통 철학의 지배력은 심하게 흔들렸다. 더욱이 데카르트 학설의 내용을 자세히 분석해보면, 꽤 많은 부분이 스콜라학파 학설에 대한 거의 문자 그대로의 재현이나 직접적 수용 또는 미리 계획된 반발에서 비롯되었다는 점을 확인하기 어렵지 않다. 데카르트의 사유가 형성된 사상적 환경은 고스란히 존재했다. 그의 사유가 이런 환경에서 분리되고자 할 때조차도 눈에 보이지 않는 다수의 관련성을 통해 그 환경에 결부되어 있는 것이다. 그런 관련성은 지금의 우리가 보기에는 점점 더 선명해진다.

그러나 이런 고찰은 몇몇 측면에서 극히 정확하지만 데카르트의 본질적인 독창성을 침해하지는 못한다. 데카르트가 무의식적으로든 아니든 간에 과거의 학설들에서 간직한 것 때문에 그의 학설 내부에 과거의 학설들이 도입되었다고 볼 수는 없다. 우리가 강조할 수 있는 데카르트와 스콜라철학자들 간의 표현과 개념의 모든 유사성은 그것이 의미의 깊은 차이를 감추고 있는지 여부의 문제를 해소해주지 못한다. 파스칼의 말을 떠올려보자. "때때로 동일한 사유는 다른 사람에게서 그 사유의 작자와 완전히 다르게 발전한다. 본래의 밭에서는 불모지만 이식되면서 풍성해진다."[15] 이런 원칙에 의거하여 파스칼은 성 아우구스티누스의 주장

---

15 블레즈 파스칼, 『기하학 정신에 관하여(De l'esprit géométrigue)』, Edition Brunschvicg, t. Ⅸ, p. 286

과 데카르트의 주장의 언어적 유사성 때문에 이의가 제기된 데카르트적 '코기토'[16]의 새로움에 대해 결정을 내렸던 것이다. "진실로 나는 데카르트가 코기토의 진정한 작자가 아니라고 말하려는 것이 아니다. 이는 그가 이 위대한 성자를 읽으며 비로소 코기토를 알게 되었다고 해도 마찬가지다. 낱말 하나를 더 발전되고 확장된 성찰 없이 우연히 쓰는 것과, 데카르트가 그렇게 하겠다고 주장했듯이 그 낱말에서 물질적 본성과 정신적 본성의 구분을 입증하는 일련의 감탄스러운 귀결들을 통찰하고 그런 구분을 물리학 전체의 견고하고 지속적인 원리로 삼는 것 사이에 얼마나 큰 차이가 있는지 나는 알고 있기 때문이다."[17] 실제로 데카르트는 교육과 독서를 통해 배운 관점, 주장, 그리고 이론들까지 다시 접할 수 있었다. 그러나 그의 정신은 그것들에 수동적으로 자기를 맞추지 않고, 오히려 그것들이 자신에게 맞추도록 했다. 그것들 하나하나에 새로운 의미를 부여했을 뿐 아니라, 이해한 순서에 따라 그리고 오직 자신만의 방식으로 발견한 순서에 따라 그것들에 새로운 의미를 부여했기 때문이다. 다음과 같은 파스칼의 말처럼 데카르트는 자신의 독창성을 항상 옹호할 수 있었을 것이다. "사람들은 내가 전혀 새로운 것을 말하지 않았다고 말하면 안 된다. 재료들의 배치가 새롭기 때문이다."[18] 이런 식으로 자신을 옹호하는 것은 궁여지책이 아니다. 그에게 배치와 순서는 선험적으로 또 사실적으로 발명의 원천이기 때문이다.

---

16 Cogito, ergo sum. 나는 생각한다 고로 존재한다
17 블레즈 파스칼, 앞의 책, t. IX, p. 285
18 블레즈 파스칼, 『팡세』, Edition Brunschvicg, I, 22, p. 33

또한 데카르트의 철학적 독창성과 과학적 독창성 간의 관계는 매우 긴밀하다. 과학자로서 데카르트가 내세울 만한 두 개의 위대한 권리가 있는데, 바로 해석기하학의 창안과 물질계의 모든 현상을 포괄하는 기계론적 물리학의 구성이다. 그런데 과학에서 이 두 종류의 업적이 데카르트 없이도 생겨날 수 있었다는 주장은 일단 매우 타당해 보인다. 과학에서 해석기하학과 기계론적 물리학은 데카르트 이전에 그 핵심이 이미 산출되었기 때문이다. 해석기하학은 페르게의 아폴로니오스[19]의 기하학적 해석과 비에트[20]의 대수학적 해석에 의해 직접적으로 준비되었을 뿐 아니라, 기하학의 문제를 대수학적 문제 해결에 할당한 해석기하학의 구성 절차도 그로부터 얼마 전에 이미 페르마에 의해 매우 명시적으로 사용되었다. 한편, 모든 것을 크기, 형태, 운동에 의해 설명할 목표를 가진 물리학의 확립은, 매우 오랜 선례들로 거슬러 올라가지 않고 말하자면 일정 부분 레오나르도 다빈치에 의해 매우 분명하게 구상되었고, 케플러에 의해, 그리고 데카르트의 시대에는 갈릴레이의 발견과 이론에 의해 부분적으로 실현되었다. 그러나 우선은 이와 같이 보일지라도, 과학 영역에서도 데카르트는 그의 선배들을 계승하는 것 이상을 실현했으며 과학자로서의 그의 독창성은 그가 과학을 바라본 철학 정신에서 직접적으로 비롯되었다.

실제로 데카르트의 해석기하학과 기계론적 물리학은 보편적 수학 이념의 실현이었다. 그런데 데카르트가 보편적 수학 이념을 가진 것은 당

---

19 Apollonius Pergaeus, B.C. 262~190. 고대 그리스의 수학자.
20 François Viète, 1540~1603. 프랑스의 수학자.

연히 산술과 기하학 고유의 확실성에 대한 고찰 때문이다. 그러나 그에게 보편적 수학 이념은 해석기하학과 기계론적 물리학이라는 두 개별 과학의 대상이나 방법을 수용하고 어떻게 보면 그것들을 구체적으로 확장하는 것과는 달랐으며 그런 차원을 넘어서는 것이었다. 왜냐하면 보편적 수학 이념은 데카르트가 보기에 해석기하학과 기계론적 물리학의 방법이 그 대상들의 특수성으로 인해 엄밀성이 부족하고 특히 발견의 능력이 부족한 점에 대한 반작용이었기 때문이다. 이른바 수학적이라고 하는 모든 과학들에 공통된 대상이 존재해야 한다. 그것은 특수한 영역에 대한 적용과 무관하게 순서와 측정에 관련된 모든 것이다. 그렇다면 왜 이런 보편수학이 필요한가? 참되고 생산력 있는 과학은 그것의 원리인 지성의 근본적 요청 밖에서 구성될 수 없고 또 지성은 본질적으로 단일하기 때문이다. "학문 전체는 인간의 지성과 다르지 않다. 지성이 적용되는 대상들이 극히 다양하더라도 지성 자체는 언제나 단일하고 언제나 동일하다. 그런 대상들의 다양성은 태양빛이 비추는 사물들의 다양성이 태양빛 자체에 변화를 가하지 못하는 것과 마찬가지로 지성의 본성 자체에 변화를 가하지 못한다."(『정신 지도를 위한 규칙들』)X. p. 360 이는 막대한 의미를 가진 주장이다. 정신은 단지 인식을 위한 수단이 아니며 따라서 자신이 도달하고자 하는 대상의 다소간 애매한 본성에 묶이지 않는다. 정신은 인식하는 주체이고 자신을 통해 모든 인식 대상이 설명되도록 하는 어떤 것이다. 인식을 위해 정신은 외부에서 가공되고 검증된 도구를 사용할 필요가 없다. 정신의 도구는 정신의 행위 자체다.

때때로 데카르트는 방법의 인식을 지성의 실행을 위한 선행조건으로서 제시해도 된다고 했다. 그러나 지성이 작위적인 규정과 외적 전통에서 벗어남으로써 자기 자신과 자기의 본래적 힘으로 되돌아올 때 근본적으로 그 방법은 지성의 실행 자체다. 더 정확히 말해 방법은 지성의 원천적 힘을 마련하고 발전시킬 수 있는 단순성, 용이성, 능력을 통해 지성의 본성과 즉각적으로 일치하는 규칙들을 의식하는 지성이다. 그런데 지성이 자기 자신을 통해 진리를 발견해야 하고 진리는 단계적으로만 획득될 수 있다는 점이 정립된다면, 지성의 정상적이고 통상적인 절차는 연역일 수밖에 없다. 연역을 통해 정신은 관념들의 연쇄로부터 참된 인식을 드러내기 때문이다. 그러나 연역이 정확히 어떤 것인지 그리고 연역의 출발점을 이루는 기초가 무엇인지 알아볼 필요가 있다.

데카르트는 스콜라학파가 삼단논법의 형태로 구상한 연역 개념과 스콜라학파가 어떻게 연역을 사용했는지를 확인할 수 있었다. 스콜라학파에서 데카르트가 주시한 삼단논법 연역은 일반적 명제들을 출발점으로 삼았고, 외연이 더 큰 대상과 외연이 더 적은 대상 사이의 매개 역할을 하는 중간항 덕분에 일반적 명제들로부터 결론을 도출했다. 그런데 데카르트에 따르면 삼단논법의 이런 기능은 통찰력과 주의력을 갖춘 이성 행위로 대체되어야 하는 기계적이고 맹목적인 작동이다. 이는 개념들을 상호 종속시키는 데 그침으로써 그 개념들의 정확한 의미도 본질적인 연결도 파악하지 못하게 한다. 끝으로 삼단논법의 이런 기능은 발생의 적법한 법칙에 따라 한 개념에서 다른 개념으로 이행하는 것이 요점이 아닌 양 완전히 정해진 매개를 통해 미리 연결한 항들로부터 진리를 도출해낸다.

데카르트가 일찍부터 수학에서 제공받은 모델에 따라 그 사용법을 분석하고 정당화한 연역은 완전히 다르다. 데카르트의 연역은 지성의 근본적 활동인 직관과 가까운 동시에 구분된다. 지성은 <u>스스로 볼 때만</u> 이해한다. 지성은 감각의 시각도 아니고 상상의 시각도 아닌 자기의 순수한 시각을 통해 스스로 볼 때만 이해한다. 이를테면 단일하고 순간적인 행위에 의해 파악됨으로써 이런 행위의 조건에 완벽히 부응하는 것, 즉 단순한 것만을 우선 볼 수 있다. 나아가 단순한 것이란 모든 조합과 혼합을 배제하기 때문에, 그것이 인식될 때는 완전히 인식될 수밖에 없다. 따라서 지성의 직관에는 오류가 없다. 방법의 비결은 모든 탐구에서 이런 즉각적이고 분할 불가능한 대상들에 도달하는 데 있다. 데카르트의 표현에 따르면 즉각적이고 분할 불가능한 대상들은 절대적인 것들 또는 "단순한 본성들"이다. 그러나 방법은 또한 첫눈에 자명하지 않은 진리들을 즉각적이고 분할 불가능한 대상들과 연결하는 데 있다. 이런 연결의 수행이 바로 연역에 의해 이루어진다. 비록 사슬의 마지막 고리와 첫 번째 고리를 연결하는 모든 고리들을 시작부터 한눈에 파악할 수는 없더라도 마지막 고리가 첫 번째 고리에 붙들려 있다는 것을 우리는 알 수 있다. 사슬의 고리들 하나하나를 추적하고 첫 번째 고리부터 마지막 고리까지 각각의 고리가 앞뒤의 고리들에 매여 있다는 것을 상기한다면 알 수 있는 것이다. 그러나 연역이 즉각적으로 자명하지 않은 진리들을 백일하에 드러내려면 직관이 파악하는 단순 개념들에서 처음의 재료와 그로써 생산해낼 수 있는 관계의 관념을 발견해야 하고, 이로부터 더 많은 결과들을 도출해내야 한다. 실제로 단순 개념들은 분할 불가능한 대상들의 관념과 동시에 관계의 관념을 포함한다. 따라서 연역은 운동과 계기(succession)를 내포한다는 점에서만 직관과 다르다. 이런 운동이 단절이 없고 이런 계기가 규칙적인 단계로 수행된다면 연역은 이동하고 연장되며 우선은 오직 처음의 항에만 해당되는 명증성을 추후의 항들에 전달하는 직관과 같은 것이 된다. 따라서 연역이 가능한 이유는 스콜라학파 학자들이 가정했던 것처럼 개별적인 것이 일반적인 것 안에 포함되어 있고 단지 일반적인 것으로부터 개별적인 것을 도출해내는 것이 관건이기 때문이 아니라, 지성이 단순한 것에 의해 복합적인 것을 산출할 수 있는 능력을 자신 안에 갖고 있기 때문이다. 절대적으로 인식 가능한 것을 구분하는 표시는 일반적인 것이 아니라 단순한 것이다. 단순한 것이란 정신이 그것을 넘어서 더 이상 나아갈 수 없는 것이지만, 이는 무능력 때문이 아니라 정신이 단순한 것에서 자기의 본성 자체를 발견하기 때문이다. 단순한 요소들과 이 요소들 간의 단순한 관계들이 존재하게 될 때 이제 인식 활동에서 정신의 우위는 확증된다.

"내 생각들을 순서에 따라 이끌어 나아갈 것, 즉 가장 단순하고 가장 알기 쉬운 대상에서 출발하여 마치 계단을 올라가듯 조금씩 올라가 가장 복잡한 것의 인식에까지 이를 것." 데카르트가 자신에게 부과한 이 규칙은 지성의 정상적인 진행 과정을 표현할 뿐인 것으로서 과학의 혁신과 보편수학 설립의 원리다. 이를 통해 두 위대한 성과가 결합된다. 이 두 성과는 데카르트가 보편수학에 대해 실현한 것을 우리에게 제공해준다. 바로 **해석기하학**과 **기계론적 물리학**이다. 물론 해석기하학과 기계론적 물리학은 구별된다. 물질적 자연의 설명에 대한 기하학의 적용은 데카르트가 그것을 활용한 방식 그대로 볼 때 해석기하학에 의해 실현된 기하학의 혁신을 전혀 함축하지 않기 때문이다. 그러나 데카르트가 기계론적 물리학에서는 감각적 질을 기하학적 연장의 속성들로 환원하고 해석기하학에서는 기하학적 연장의 형태들을 대수방정식으로 표상되는 순전히 추상적인 양적 규정들로 환원한 것은 역시 그가 정신의 순수한 요청에 대한 최상의 역할을 의식했기 때문이다. 데카르트의 기하학과 물리학은 이 같은 철학적 사유의 영향력 아래 구성되었기 때문에 이전의 과학적 발견과 뚜렷이 구분되는 특성을 갖게 되었다. 데카르트에게 크기의 근본적 관계를 표현하는 것은 대수방정식이다. 대수방정식은 가장 단순한 것에 속하기 때문이다. 기하학은 도형들의 고찰에 국한함으로써 자기 전개 능력을 제한하고 매우 불규칙하게 만드는 대신에 대수학의 적용과 지배를 통해 확실하고 규칙적인 방법을 소유하게 된다. 이런 방법은 다른 모든 방법들을 대체할 권리가 있고, 기하학으로 하여금 직관에 주어진 양을 정신이 자신에 속한 요소들로 조합한 양으로 대체하게 해주는 방법이다. 따라서 기하학적 과학은 대수학의 한계 외에는 아무 한계도 없다. 즉 기하학적 과학 앞에는 정신이 스스로 이어갈 수 있는 "근거들의 긴 연쇄"와 함께 전개될 무한정한 세계가 열린다. 이제 대수학은 데카르트와 가장 가까운 시기의 선배들에게 그랬던 것과 달리, 단순히 기하학적 문제들을 해결하기 위한 수단이 아니다. 대수학은 그 자체로 연장의 기하학적 속성들의 원인을 포함한다. 이로부터 데카르트는 전통과 그야말로 근본적으로 단절했고 수학적 과학의 새로운 개념을 창시했다. 이 같은 새로운 개념은 비록 대수학적 구성의 방법에 과히 의거했다고 할 수는 있지만, 그래도 근대 수학이 실현한 발전의 큰 부분을 떠받치는 데 성공한 것이 사실이다.

데카르트의 물리학도 동일한 철학적 영감으로부터 생겨났다. 데카르트 이전이나 동시대에도 물리학은 물질현상에 대한 수학적 설명의 매우 훌륭한 견본들을 제공했었다. 그런데 데카르트가 맞건 틀리건 간에, 이 점에서도 그가 자기 작업에 부여하는 의미는 기존 성과물의 계승이나 새로운 성과물의 획득이 아니라 물리학의 전면적인 혁신이다. 일찍부터 데카르트는 물질현상을 그것이 지닌 가장 단순한 것, 나아가 가장 가지적인 것을 통해 설명해야 하며, 물질현상이 지닌 가장 단순하고 가장 가지적인 것은 바로 연장이라는 생각을 가져왔다. 한동안 그는 연장을 실체적 본질보다는 도식으로서 간주하는 데 그치고 특히 기하학적 도형들의 다양성에서 감각적 질들의 다양성을 표상할 수단을 보려고 했었다. 그러나 자신이 기하학을 통해 물체들의 본질을 파악했으며 물리학이 일련의 개별적 발견들이 아니라 기하학에 의해 온전한 근거가 제공되는 체계라는 확신으로 빠르게 나아갔다. 그는 케플러의 영향을 받은 것은 인정했으나 갈릴레이에게 빚진 것은 아무것도 없다고 단언한다. 이는 메르센 신부에게 보낸 1638년 10월 11일자 편지에서 드러난다.[II. p.385] 갈릴레이에 대해 여러 차례의 부정확하고 부당한 비판을 가하는 이 편지에서 데카르트는 자신과 갈릴레이의 작업 방식의 본질적인 차이를 여하튼 명백한 특징을 통해 드러낸다. "갈릴레이가 보통 사람보다는 철학을 훨씬 잘하는 편이라고 생각합니다. 그는 스콜라학파의 오류를 가능한 만큼 떨쳐버리고 수학적 근거를 통해 물리학의 문제를 검토하려고 시도하기 때문입니다. 이 점에서 저는 갈릴레이에게 전적으로 동의하며 진리를 발견할 다른 수단은 없다고 봅니다. 그러나 제가 보기에 그는 계속해서 본론을 벗어나며 한 주제를 완전히 설명하는 데 전념하지 않는다는 점에서 부족한 것이 많습니다. 이는 그가 순서에 따라 물리학 문제를 검토하지 않았다는 것, 또 자연의 제일원인들을 고려하지 않은 채 단지 몇몇 개별적 결과의 근거만을 탐구했다는 것, 따라서 그가 세운 것은 기초가 없다는 것을 보여줍니다."[II. p. 380] 자연의 제일원인들에서 출발하여 이로부터 나머지 모든 것을 파생시키는 것, 이것이 바로 데카르트가 열망했던 것이다. 이런 열망을 통해 기계론은 단지 부분적 검증에 그 가치를 의존하지 않고 무엇보다도 자기 고유의 가지성에 의존하는 보편적 설명으로 나타났다. 그런데 곧이어 이런 연역 절차는 인식을 위한 우리의 실제적 수단을 넘어서는 것으로 나타날 수 있다. 그러나 이때 연역 절차는 과학과 관련해서도 신비의 성질에 의한 모든 설명을 절대적으로 배제하는 장점을 가지고 있었다. 더욱이 기계론을 발생시킨 철학적 정신은 신과학을 그것이 최근 우연적으로 이룩한 성공 너머의 수준으로 올려놓았다. 데카르트가 생생하고 심오하게 파악한 것은 새로운 물리학의 발전이 진정으로 물리학을 촉진하고 구성해주는 원리와 결합되지 않을 경우 목적을 이루지 못하고 개별적이고 우연적인 성과에 그치면서 방향을 잃게 될 것이라는 점이다. 즉 새로운 물리학의 발전은 그 자체로는 미래의 성과물이나 심지어 현재의 성과물과 관련해서도 온전하고 충분한 보증을 갖고 있지 못했다. 그래서 데카르트는 이성에서 그런 보증을 찾은 것이다.

따라서 과학은 지성에서 직접 취한 것을 통해 구성되고 중단 없는 진보를 이룩할 수 있는 것이다. 즉 지성의 근거를 소유하고 그것을 제대로 인도할 때 진리를 발견하게 된다. 데카르트가 보편적인 이론적 의미의 과학을 예찬하고 기술자나 실무가의 과학에 불과한 과학을 일종의 경멸과 함께 취급하면서도, 동시에 과학이 관조에 그치지 않고 우리의 능력을 증대해야 한다고 강력하게 주장한 것은 주목할 만하다. 실천적 무용성을 기준으로 과학의 이론적 탁월성을 헤아리는 고대인들 및 스콜라학파 전통에 반대하여 데카르트는 "우리를 자연의 지배자이자 소유자"로 만드는 방식으로 불, 물, 공기 및 주위의 모든 물체들을 사용할 수 있도록 해주는 과학을 요구한다. 즉 이론이 최종 작용의 이해가 불가능한 신비의 원인들을 개입시키기는커녕 그 자체로 또 그 작동 방식에서 명확하게 규정된 원인들로 자연을 환원하도록 해줄 경우, 데카르트가 보기에 이론적 가치와 실천적 힘은 매우 밀접하게 결합되어 있다. 결과가 어떻게 원인에 의존되는지 아는 것은 말하자면 자연의 힘을 손에 넣는 것이다.

이처럼 과학을 지성에 소환함으로써 데카르트는 독창적인 과학적 성과를 산출함과 동시에 근대 철학의 으뜸 기능으로 불릴 수 있는 것을 정의했다. 근대 철학의 으뜸 기능은 바로 과학의 조건과 범위를 발견하기 위하여 과학에 대해 성찰하는 것을 말한다. 그러나 과학을 실현하는 것은 지성이고 또 어떻게 지성이 과학을 실현하는지를 데카르트가 제시한 것은 철학자로서의 자기 임무를 아직 완전하게 수행한 것이 아니다. 이런 질문이 제기되기 때문이다. 방법적 질서를 갖춘 과학은 자기의 근거들의 무한정한 연쇄를 전개하거나 물리적 실재를 근본적으로 설명하고자 할 때 전적으로 확실한가? 바로 이 질문을 통해 데카르트는 전통적인 철학 문제의 한 부분을 다시 도입하게 된다. 그러나 이 문제의 검토는 이 문제를 야기한 질문의 의미에 의해 규정될 것이다.

우선 이 질문은 어떻게 제기되는가? 데카르트는 우리가 물질세계에 대해 명석판명하게 인식하는 것은 운동, 연장, 형태라는 원리에 근거하여 그의 물리학을 구성하고자 한다. 그러나 물질세계의 실재가 우리의 이성에 의해 명석판명하게 인식된 속성들을 정확히 포함하며 그런 속성들에서 벗어나거나 그것들과 반대되는 속성들을 포함하지는 않는지 우리가 확신할 수 있는가? 실재와 관념의 일치성은 철학적 논쟁이 계속적으로 반복해서 다뤄온 주제다. 따라서 물리학은 명석판명한 관념들에 대한 우리의 신뢰가 근거를 확보할 때 비로소 온전히 확실할 수 있으며, 그런 근거를 발견할 수 있는 것은 형이상학뿐이다. 실제로『철학의 원리』서문에서 밝힌 데카르트 철학 전체의 구도에서 형이상학은 물리학에 선행한다. 또한 데카르트는 그것이 선험적인 순서라고 주장하는데 그치지 않고 실질적으로 그가 따른 순서라는 점을 암시한다.(『방법서설』) 이런 주장은, 만일 우리가 데카르트의 삶에서 물리학이나 형이상학이 부분별로 차지한 활동들의 시간적 순서를 고려하지 않고 **체계로서의 형이상학**과 **체계로서의 물리학**에 할애한 노력을 고려하고자 한다면, 그 주장에 반대하여 제시된 의혹들에서 이미 벗어날 수 있다. 그러나 결국 그런 주장에는 부차적인 중요성이 있을 뿐이다. 본질은 데카르트가 형이상학의 핵심적 문제들에 대한 해결이 그의 물리학의 정식적 구성 이전에 요청된다고 판단했다는 점이다. 이 점에는 논란의 여지가 없다. 그런데 전통과 관련해서 볼 때 이는 혁신이다. 아리스토텔레스와 스콜라학파 학자들은 물리학에서 형이상학으로 나아갔다. 데카르트는 형이상학에서 물리학으로 나아간 것이다.

물리학의 확실성을 충만하게 또 최우선적으로 확립할 필요성은 분명 데카르트의 형이상학 구성을 위한 가장 강력한 동기였다. 그러나 그의 형이상학이 해결해야 할 확실성의 요청과 불확실성의 의혹은 물리적 실재에 대한 기하학의 적용이 어떤 가치를 지니는지에 대한 논의뿐 아니라 기하학을 그 자체로 구성하는 근거들의 연쇄가 어떤 가치를 지니는 지에 대한 논의에서도 나타날 수 있었다. 앞에서 살펴본 것처럼, 두 작용, 즉 직관과 연역이 모든 방법을 구성하며, 직관은 그 자체로 오류 없는 인식의 유형이다. 그러나 연역이 직관에 근접한다고 해도, 연역 절차를 시간 속에서 정당화해야 하고 이에 따라 기억의 도움을 요청하는 순간부터는 직관과 멀어진다. 그런데 관념들의 진리는 우리가 그것을 지각하지 않을 때에도 그대로 존속하는 성질의 것인가? 우리가 직관을 통해 파악하는 것이 우리가 그것을 파악하는 순간에 참이라면, 우리가 그것을 파악하지 못하거나 단지 기억에 의해 그것을 재현할 때도 그것은 참인가? 또한 확실성의 문제는 물리학에 의해 야기되었기 때문에 이제부터 이 문제는 가장 일반적인 차원에서 고찰되어야 하며 명확한 관념들과 실재의 관계뿐 아니라 명확한 관념들 간의 관계를 참이라고 단언할 권리에 적용되어야 한다. 그러나 이성이 확실성의 문제를 다루는 순간부터 이성이 이 문제를 형이상학적 차원에서 온전히 해결하고 과학을 정당화하고서, 특히 보완적 역할 또는 역학, 의학, 도덕과 같은 실천적 적용에 해당하는 인식에 미치는 순간까지의 모든 과정을 타당한 순서에 따라 추적하는 일이 불가피해진다.

이런 과정에서 이성은 순전히 지성적인 호기심이나 인간의 세속적 행복과 관련된 모든 문제를 해결할 수 있는 모습을 보이게 된다. 그러나 이성이 무익하고 불확실한 사변으로 길을 잃지 않으려면 또한 자기 영역에 속하는 것의 범위를 설정해야 한다. 그런데 역사적 사건들이 철학자의 방법적 인식 밖에 있는 것과 마찬가지로 신앙과 관계된 것들도 철학자의 방법적 인식 밖에 있다. 특히 신앙과 관계된 것들은 전적으로 철학자의 방법적 인식 밖에 있다. 과학적·철학적 탐구의 가장 큰 이점을 위해서 그리고 어쩌면 사실상 매우 신실한 신앙인이었던 자신의 안정성을 위해서 데카르트는 계시된 진리들을 별도로 취급해야 한다고 본다. 그는 중세 시대가 철학과 신학 사이에 확립한 관계를 끊어버린다. 그런데 신학이 신앙과 확립한 관계 또한 끊어버린다. 신학의 악습은 계시의 내용과 아리스토텔레스 이론 사이의 부당한 융합을 확립한 데 있다. 신앙은 모든 철학으로부터 독립적인 만큼이나 아리스토텔레스의 철학으로부터도 그 자체로 독립적이다. 신앙은 의지에 속하는 것이지 지성에 속하는 것이 아니다. 은총을 통해 신앙을 생겨나게 하는 것은 신의 능력이며 은총은 우리의 의지에 행사된 작용이지 정신의 내적인 깨달음이 아니다. 신의 무한과 불가해성의 개념은 데카르트로 하여금 기독교교리를 철학의 언어로 옮기는 모든 일을 배척하고, 그럼에도 불구하고 기독교 교리의 권위를 확보하도록 해준다. 따라서 철학적·과학적 이성은 작동을 시작할 수 있으며 자기 영역의 모든 범위 안에서 절대적으로 정당화되도록 예정된 모든 지식 체계를 발전시킬 수 있는 것이다. 철학적·과학적 이성이 종교를 전혀 위협하지 않는 것처럼 종교도 철학적·과학적 이성에 위협이 되지 않는다. 철학적·과학적 이성은 외적 힘의 불법 침입을 두려워할 필요가 없다.

3. 데카르트의 철학

참된 지식, 즉 대상과 절차의 특수성을 넘어서고 외적 분할과 혼란한 실천으로 중단되기는커녕 오직 근거들의 힘과 연쇄로부터 새로운 발견을 끝없이 도출해낼 수 있는 지식의 기원에는 지성이 존재한다. 지성 자체의 생산력 강한 통일성과 단순성이 방법을 통해 드러날 수밖에 없는 그런 지성 말이다. 그러나 데카르트는 이처럼 과학적 발견의 원리로 거슬러 오르는 동시에, 그가 구상하고 실현하는 모습 그대로의 과학을 위하여 가장 완전한 확실성을 쟁취하고자 한다. 이를 위해서 데카르트의 과학은 모든 시대의 회의론자들이 모든 지식에 반대하여 내세운 의혹들에서 벗어나야 한다. 이런 의혹들은 지식에 대해 우리가 갖는 견해로부터 독립된 진리나, 또는 참되다고 가정된 인식과 실재의 일치를 주장할 권리를 침해한다. 데카르트가 회의론자들의 논거를 다시 취하는 것은 우리의 확실성이 근거를 제대로 갖추고 있는지 검토할 수단이 하나밖에 없기 때문이다. 그런 수단은 우리의 확실성이 근거를 갖추고 있지 않다고 가정하고 이런 가정에 신뢰를 부여하는 모든 논거들을 설명하고 논의하면서 시작하는 데 있다. 더욱이 그 논거들을 극단으로 밀어붙임으로써 단지 이런저런 종류의 인식이 아니라 인식 전체의 타당성이 의문시되도록 해야 한다. 회의주의자들을 따라서 데카르트가 감각의 오류, 꿈이나 광기의 환상을 찾아내 지적하는 것은, 우리의 관념이 사물들을 표상하는 그대로 그 사물들이 존재한다고 믿는 우리의 자연적 경향이 적어도 우리에게 혼선을 초래하는 만큼 전혀 타당하지 않고 명백하지도 않다는 점, 또 그런 경향이 그 자체로 타당성의 원리를 내포하고 있지 않다는 점을 제시하기 위함이다. 그러나 2와 3을 더하거나 사각형의 변을 셀 때, 즉 관념들과 대상들의 관계가 아니라 관념들 간의 관계가 관건일 때, 특히 가장 단순한 관념들 간의 가장 단순한 관계가 관건일 때 우리는 과연 어떤 의심의 근거를 가질 수 있는가? 데카르트가 고안한 것으로 보이는 근거가 아직 있는데, 이는 의심을 가동할 뿐 아니라 의심을 넘치게 한다. 나를 기꺼이 속이는, 즉 참되지 않은 것을 참된 것으로 간주하도록 나의 지성을 배치해놓은 전능한 절대자가 존재할지 누가 알겠는가? 더욱이 심술궂은 악령에 대한 이런 가설은 궁극적으로 의심의 근거들 중 하나가 아니라 의심의 근거들 모두를 결합한다. 이처럼 의심은 근원적이며 데카르트의 말대로 과장적이다. 그러나 온전한 확실성을 인정하는 일이 혹시나 가능하다면 그렇게 인정하도록 준비하기 위해 의심이 근원적이어야만 하는 것이다.

하지만 바로 이런 의심 자체로부터 최초의 확실한 진리에 대한 긍정이 나타난다. 의심이 극히 근원적이고 보편적일지라도, 의심이 내포하고 있고 또 의심이 모든 것에 전적으로 적용되려 하는 만큼 더더욱 드러내는 현존과 사유의 독특한 관계가 존재하기 때문이다. 나는 모든 것에 대해 실제로 의심할 수 있으나 다음의 사실만은 예외다. 즉 내가 의심하는 동안 나는 생각하며, 내가 생각하는 동안 나는 존재한다. 나는 생각한다, 고로 존재한다. 코기토 에르고 숨(Cogito, ergo sum). 내가 다른 어떤 존재도 알 수 없다고 인정한다고 해도, 나는 나 자신의 사유에 의해 다른 모든 인식에 대한 권리를 거부하는 존재로서의 나 자신을 알고 있다. 이는 논란의 여지가 없는 진리로서 심술궂은 악령의 전능함과 계략도 이에 대해 거짓된 가상을 만들어낼 수는 없다. 나의 사유가 속는다고 할지라도 나는 생각하는 한 존재한다. 나의 존재는 존재할 수 있거나 또는 존재할 수 없는 하나의 대상이 아니다. 이는 나의 사유가 나의 존재를 현존하는 하나의 대상으로서 인정할 때도 그러하다. 나의 존재는 사유하는 행위와 내 안에서 불가분적으로 결합되어 있다.

코기토 에르고 숨은 단지 하나의 진리가 아니다. 그것은 제일의 진리다. 이 진리를 인식하도록 하는 것은 추론이 아니라 정신의 단순한 내적 통찰(inspection)이고 직관이다. 추론은 "생각하기 위해서는 존재해야 한다"와 같이 선행하는 일반 명제를 가정할 것이다. 이런 명제는 아마도 의심에서 벗어나 있을지는 모르겠지만 구체적 내용이 없을 때만 의심에서 벗어날 것이다. 내 현존의 결정적인 진리는 이런 명제로부터 도출될 수 없다. 내 현존은 오직 그리고 즉각적으로 '나는 생각한다'에 의존한다. 나의 사유는 나의 의심 속에 주어졌기 때문에 진리의 발견 순서에서 생각하는 존재로서의 내 현존의 긍정보다 선행하는 실질적 긍정은 없다.

이런 제일 진리의 검토로부터 모든 참된 인식이 제공해야 하는 특성들을 끌어낼 수 있다. 코기토 에르고 숨이 의심의 모든 근거들을 버텨

내는 것은 그것이 내포하는 결합이 완전한 명확성과 함께 나타나기 때문이다. 따라서 우리가 명석판명하게 인식하는 모든 것은 참이며 역으로 과학에서 우리는 명석판명하게 인식하는 것만을 참된 것으로 인정해야 한다는 규칙을 세울 수 있다. 이 규칙은 그것이 파괴하는 것 때문에 중요하기도 하고 그것이 확립하는 것 때문에 중요하기도 하다. 이 규칙이 파괴하는 것은 과학과 철학 영역에서의 권위, 달리 말해 엄밀한 의미에서 근거가 아닌 긍정 근거로 정신을 지배하는 권위다. 그런 긍정 근거는 긍정 대상의 관념에서 정신 자체가 통찰한 것이 아니기 때문이다. 이 규칙이 또한 파괴하는 것은 실재론의 편견이다. 실재론의 편견에 따르면 인식은 인식 외부에 있다고 가정된 대상들로부터 출발한다. 그러나 인식은 대상을 표상하는 관념을 최초의 즉각적 재료로 삼아야만 한다. 이 규칙이 확립하는 것은 인식이 갖는 관념의 기원이 명석판명한 관념인 한에서 구성되고 확장되는 인식의 권리다. 그런데 데카르트 자신의 말에 의하면, 명확한 관념은 주의력이 있는 모든 지성에게 드러나는 관념이다. 판명한 관념은 명확할 뿐 아니라 더 나아가 정확하며 다른 관념들의 의미와 혼동되지 않는 의미를 지닌 관념이다. 사람들은 데카르트가 명석판명한 관념에 대한 충분히 엄밀한 정의를 제공하지 않았다고 비판할 수도 있었다. 데카르트에게 이런 비판을 가하는 것은 그가 산술과 기하학에서 명석판명한 인식의 모델을 볼 때 사유의 상태나 활동을 표현하는 관념 역시 수학적 개념과 마찬가지로 명석판명하게 파악된다고 평가한다는 사실을 다소 지나치게 간과한 것일 수 있다. 사유는 의식으로서의 자신이 통찰하는 것뿐 아니라 순수 지성으로서의 자신이 통찰하는 것에서도 명증성을 발견할 수 있다. 따라서 데카르트는 그가 볼 때 인식이 의존하고 있는 가지성을 협소한 방식으로 파악하지 않았다. 게다가 비록 간결한 연역이 모든 것을 명석판명한 인식의 가장 단순한 형태로 환원하기 위해 충분하다는 것을 사실로서 때때로 과도하게 인정한 것 같지만, 그것을 원리로서 전제하지는 않았다. 단지 주장한 것은 인식이, 비록 대상과 외적 특성의 긍정에 이르러야 하겠지만, 확실한 지식을 구성하기 위해서 오직 한 종류의 인식, 즉 내적 특성에 의해 정의된 인식이어야 한다는 점이다.

또한 제일 진리를 깊이 살펴봄으로써 나에게 속한 본성이 무엇인지 설명할 수 있다. 내가 존재한다는 것을 내가 발견한 방식은 내가 무엇인지를 규정하도록 해준다. 나는 사유를 통해 현존하는 것으로서 인식되었으므로 내가 나를 인식하는 모습 그대로의 나는 생각하는 존재라고 말할 수 있다. 이런 규정은 단지 가능한 것만이 아니라 유일하게 타당한 것이다. 왜냐하면 나는 사유 외에 다른 어떤 것도 현재 내게 귀속시킬 수 없고 나의 현존을 인식하기 위해서는 나의 사유를 인식하는 것만이 필요하기 때문이다. 따라서 일반적인 믿음과 반대로 나는 육체와 아무런 관련도 없고 심지어 육체가 있는지도 모르는 가운데 나를 인식할 수 있고 내가 무엇인지 인식할 수 있다. 그런 일반적 믿음이 계속 남아 있고 또 부과되려고 할 경우에는 물질적 사물들에 대한 인식을 분석함으로써 이 인식이 오직 사유에 의해서만 가능하다는 것을 제시하는 것으로 족하다. 생각하는 존재로서의 나에 대한 인식은 다른 모든 인식에 앞설 뿐 아니라 모든 대상에 대해 내가 갖는 모든 개념에 수반된다. 따라서 생각하는 존재로서의 나에 대한 인식은 가장 쉽고 가장 풍요로운 인식이다. 왜냐하면 나는 사물을 인식하는 나 자신을 모르고서는 아무 사물도 인식할 수 없기 때문이다.

데카르트의 이런 이론은 그 자체로 그리고 그 정립 방식에 의해 이중적 의미를 갖는다.

이 이론은 우리의 존재를 생각하는 존재로 규정함으로써 적어도 우선은 우리의 인식의 관점에서 영혼과 육체의 환원 불가능한 차이를 확립한다. 그러나 동시에 이 이론은 무엇보다도 영혼을 생명의 원리로 삼는 일반적 의미로부터 영혼 개념을 분리한다. 이런 일반적 개념에서 사유는 영혼의 최고 기능일 뿐이다. 데카르트의 이 이론은 엄밀한 의미에서의 생명과 관련된 모든 것을 영혼으로부터 배제함으로써 본질적으로 사유를 통해 영혼을 정의한다. 결과적으로 영혼이라는 용어 대신에 정신 (esprit)이라는 용어가 더 정확할 것이다. 모든 경우에 영혼이라는 용어는 오직 그것이 이제부터 가져야 할 의미를 상기하면서 사용해야 한다. 이 점에서 데카르트의 학설은 반(反)물활론적 정신주의다.

또 다른 관점에서 볼 때 데카르트의 이 이론은 근대 관념론을 촉발했다. 그러나 어떤 방식으로 또 어떤 한계 내에서 관념론이 데카르트에게서 제시되는지 정확히 밝혀야 한다. 우리는 사유의 관념이든 물질적 사물들의 관념이든지 간에, 오직 관념에 대해서만 즉각적으로 확신한다. 그러나 사유의 관념은 그 자체로 자기의 대상을 포함하며 더욱이 다른 것의 대상까지 포착하는 반면, 물질적 사물의 관념은 그 자체로 대상에 이를 수 없다. 대상이 그 자체로 현존한다면 그것은 관념을 넘어서 존재하며 결과적으로 그런 대상의 현존이 문제가 된다. 칸트는 데카르트의 관념론을 문제적 관념론으로 명명함으로써 제대로 특징지었다. 즉 데카르트는 우리가 앞으로 살펴볼 것처럼, 물체들 자체의 현존을 입증하고

자 노력했고 이 현존이 우리가 그것에 대해 가진 관념으로 환원될 수 있다고 믿지 않았지만, 나의 생각하는 존재에 대한 긍정은 확실한 것으로서 나타나는 반면 물체들 자체의 현존은 즉각적으로 확실한 사실이 아니며 문제시되어야 한다고 보았다.

이런 주장은 사유에 최우선적인 현존을 부여함으로써 관념을 그림자나 모사품으로 간주하는 것이 아니라, 간단히 말해 관념을 통상적 실재론이 사물들에서 파악하는 실재만큼 견고하고 충만한 적극적 실재로 간주할 수밖에 없도록 한다. 그러나 관념의 실재성은 데카르트 철학에서 여러 양상이 있다. 우선 관념들이 생각하는 내 존재의 규정들로서 내 안에 내 것으로 존재한다는 사실만으로도 관념들의 실재성이 있다. 바로 이런 점 때문에 데카르트가 사유에 대해 제시하는 정의들에 따르면 우리 모두가 의식의 상태들이라고 부르는 것이 관념들로서 이해된다. (사물들의 이른바 실재성에 선행하고 그것보다 우월한 관념의 실재성을 옹호하는 모든 학설을 지칭하기 위해 관념론이라는 명칭을 유지한다면) 이로부터 데카르트의 관념론은 플라톤의 관념론과 차이가 난다. 데카르트의 관념론은 의식과 함께, 즉 내 안에 내 것으로 있는 관념의 정립과 함께 시작하기 때문이다. 그러나 데카르트의 관념론은 플라톤의 관념론과 동일시되지는 않지만 곧이어 고유한 방식을 통해 플라톤의 관념론에 근접한다(데카르트의 중요한 후계자인 말브랑슈가 이런 동일화를 실행한다). 즉, 실제로 우리가 다른 진리들을 획득하고 우리와 다른 존재들에 이르고자 한다면, 우리는 오직 관념들로부터 출발해야 하기 때문에 반드시 관념들의 실재성을 다른 측면에서 고찰해야 한다. 우리의 관념들 중에서, 무언가가 표상하는 대상이 그 자체로 현존하지 않고서는 우리의 정신에 관념들로서 현존할 수 없는 것들이 있는지 탐구해야 한다. 그런데 관념들을 단지 생각하는 방식들로서 바라볼 경우 관념들은 아무런 차이나 부등(不等)을 포함하지 않게 되고 그 방식들 중 어느 것에 대해서도 그것이 나와 다른 것으로부터 유래한다고 주장할 수 없게 된다. 그러나 관념들과 관련하여 스콜라학파의 언어를 차용하여 데카르트가 표상적 실재성이라고 부르는 것, 즉 관념이 표상하는 것의 실재적 본성을 고찰할 경우, 몇몇 관념들은 표상을 통해 다른 관념들보다 더 많은 정도의 존재에 관여한다. 그런데 신, 즉 무한하고 완전한 절대 존재를 내게 표상하는 관념은 이런 관점에서 관념들 가운데 가장 완전하고 가장 실재적이다. 그러므로 이 관념의 내용에서 출발하여 이 관념의 근거를 찾거나 그 모든 의미를 전개해야 한다.

무한하고 완전한 절대 존재의 관념은 무한하고 완전한 절대 존재가 현존하지 않고서는 우리 안에 현존할 수 없다는 것이나, 절대 존재의 관념이 표현하는 본질이 필연적으로 현존을 포함하는 본질임을 확립하는 것이 데카르트에게 신 존재 증명의 역할이다. 데카르트의 말에 따라 결과에 의해 신을 증명하는 두 증명은 근본적으로는 동일한 하나다. 이들 두 증명은 무한하고 완전한 절대 존재의 관념 자체에 대해서나 또는 이 관념을 자신 안에 가진 유한하고 불완전한 사유하는 존재에 대해서 적어도 관념이 표상하는 모든 것을 소유하고 있는 실재적이고 현실적인 절대 원인을 요청하는 데 있다. 이는 독창적인 증명으로서 데카르트 철학이 취한 새로운 명제들과 일치한다. 전통적인 우주론적 논증, 즉 '세계의 우연성에 근거한(contingentia mundi)' 논증처럼 데카르트의 증명이 인과성의 원리를 사용하는 데 의거한다면, 설명해야 할 결과로서 그의 증명이 고찰하는 것은 세계 전체가 아니다. 물질세계의 현존도 마찬가지로 불확실하기 때문이다. 데카르트의 증명이 설명해야 할 결과로서 고찰하는 것은 관념들 중의 한 관념이다. 이런 식으로 그의 증명은 세계의 설명에서 원인들의 무한 역진이 불가해함과 동시에 가능하다고 주장하는 논박에서 벗어난다. 게다가 관념들의 원인은 관념들이 그들 대상에 대해 표현하는 것보다 완전하고 실재적이라는 점이 인정되므로, 신의 관념이 요청하는 것은 단지 제일원인이 아니라 현실적으로 무한하고 완전한 원인인 것이다. 앞서 언급했듯이, 데카르트의 증명은 관념들에서 본질들의 실재성을 봄으로써 거의 플라톤적인 방식으로 관념들을 다루는 경우도 있지만, 본질들의 실재성이 고유하게 현존을 갖고 또한 최상의 원리로서 이데아를 갖는다는 점을 인정하기를 거부함으로써 플라톤 철학에 대립하거나 그것을 넘어서 나아간다. 데카르트에게 관념은 항상 결과로서, 그 원리에는 원인으로서의 실재적 주체가 존재한다. 무한함 및 완전함의 관념의 원리에는 유일하게 그 원인일 수 있는 무한하고 완전한 절대 존재가 있는 것이다. 무엇보다도 신이 능동적으로 행동하는 것은, 그리고 심지어 일정한 의미에서 신이 존재하는 것은 바로 작용인의 인과성 차원에서다. 신에 대해 데카르트는 신이 자기원인이라고 기꺼이 말하기 때문이다. 이 경우 데카르트의 다른 증명인 신의 본질에 의한 신의 증명, 즉 존재론적 증명은 우선권을 갖지 못한다고 평가될지도 모른다. 추후의 철학이 데카르트 철학에 부여한, 나아가 데카르트의 사유 과정에서 사실상 우선한다고 주장될 수 없는 우선권 말이다. 존재론적 증명은 그것의 가장 단순한 형태로서 다음처럼 진술된다. 즉, 우리가 한 사물의 관념 안에 포함된다고 명석판명하게 파악하는 모든 것은 이 사물에 대해 참이다. 그런데 우리는 현존이 최상으로 완전한 절대 존재의 관념 안에 포함되어 있다는 것을 명석판명하게 파악한다. 현존은 완전성이기 때문이다. 따라서 신은 현존한다. 이처럼 유한한 존재의 개념에는 가능하거나 우연적인 현존만이 포함된 반면 무한한 절대 존재의 개념에는 필연적 현존이 포함된다. 데카르트 자신이 밝혔듯이 존재론적 논증은 중세철학에 의해 제시되었고 토마스 아퀴나스에게 논박당한 논증이 아니다. 왜냐하면 존재론적 논증은 현존에 이르기 위해 단지 명목상으로 의미가 고정된 관념에서 출발하는 것이 아니라 본성 또는 본질을 표상하는 관념에서 출발하기 때문이다. 그런데 존재론적 논증을 옹호하기 위해 데카르트가 열정적으로 주장하는 점은, 현존은 사유가 그것을 필연적으로 현존으로서 파악함에도 불구하고 실재적이지 않을 수 있는 특별한 우선권이 아니라는 것이다. 이 경우 현존의 필연성을 긍정하는 이성의 권리의 제한은 다른 경우에 사유가 특정한 수학적 속성의 필연성을 긍정하는 일을 제한하는 것과 마찬가지로 자의적 제한이기 때문이다. 사유는 자기를 부정하지 않고서는 자신이 명석판명하게 파악하는 것을 긍정할 능력에 대해 외부에서 부과하는 이런 실패를 인정할 수 없다. 따라서 사유는 신의 존재의 모든 것을 이해하지 못할지라도 신의 현존을 긍정한다.

따라서 신은 현존한다. 신의 현존은 단지 새로 획득된 진리가 아니라 모든 진리의 보증이다. 데카르트의 말에 따르면, 우리가 명석판명하게 파악하는 것이 참이라는 규칙은 오직 신이 존재하기 때문에 그리고 완전한 존재인 신이 우리를 속일 수 없기 때문에 보증된다. 신을 입증하기 위해 필연적으로 적용된 규칙을 최종적으로 정당화하기 위해 신의 진실성에 의거하는 것은 악순환을 구성하는 것으로 보였고, 데카르트는 이 점에 대해 설명해야 했다. 데카르트의 설명은 비록 매우 불완전하지만 그의 설명을 토대로 우리는 그의 사유를 이렇게 해석해볼 수 있을 것 같다. 생각하는 존재로서의 나의 현존의 확실성은 나로 하여금 그것을 파악하게 해주는 직관을 넘어선 보증을 필요로 하지 않는다. 그런 직관은 항상 내 능력의 범위에 있으며 동일한 대상과 함께 내 인식 각각에서 실제로 되풀이되기 때문이다. 무한하고 완전한 존재로서의 신의 현존의 확실성도 그것을 산출한 근거들의 명확성에 의해 충만하게 정당화된다. 왜냐하면 이 경우 증명의 대상은 정의상 진리에 고유한 본질의 불변성을 그 자체로 지니기 때문이다. 그러나 나 또는 신과는 다른 대상들에 대한 명석판명한 인식은 내가 그 대상들을 파악하는 순간 내게 참되기 때문에 그 자체로도 참되다고 다른 보증 없이 말할 수 있는가? 나 또는 신과 다른 대상들에 대한 인식은 대부분의 경우 추론의 방법에 의해 확립되고, 추론은 시간의 계기를 함축하며, 시간의 계기들은 불연속적인 만큼 이 문제를 제기하는 것은 필수불가결하다. 내가 참된 것으로 간주하는 것이 심지어 내가 꿈을 꾸거나 그에 대해 생각하지 않을 때에도, 또는 그것을 지성을 통해 지각하지 않고 단지 기억을 통해 상기할 때에도 참되다고 판단할 수 있기 위해서는 나의 명석판명한 관념들이 불변의 본질들 속에서 확립되어야 한다. 이것이 바로 신의 진실성이 내게 보증해주는 것이다. 심술궂은 악령의 최상의 계략은 명석판명한 관념과 본질적 진리의 이런 결합을 끊고 요컨대 진리 없이 진리의 외관을 우리 안에 창조해놓는 데 있을 것이다. 완전한 신은 명석판명한 관념과 본질적 진리의 결합에 대한 우리의 자연적 신뢰를 정당화해주고 심술궂은 악령의 망령까지 쫓아버린다. 게다가 데카르트는 신의 진실성에 대한 이런 학설을 통해 명석판명한 인식의 권리를 충만하게 확증한다. 즉 명석판명한 인식의 권리는 우리의 지식에 속하는 사물들이 그 자체로 무엇인지를 규정하고 사물들 속에서 명석판명한 인식을 거스르는 그 무엇도 용인하지 않을 권리를 말한다. 이는 합리론, 앞서 살펴보았듯이, 데카르트의 말대로 "인식에서 존재로의 귀결은 옳다"라는 관념론적 원리에 의해 명확해진 합리론의 정당화다.

데카르트가 자기 체계에서 최상의 중요성을 부여하는 신의 진실성 개념은 이미 신과 진리의 관계를 파악하는 독창적 방식을 표현한다. 정확히 말하자면, 신은 진리라기보다는 진리의 작자이며, 우리가 진리에 귀속시키는 필연성은 진리 자체와 마찬가지로 신의 자유에서 비롯되는 것이다. 이른바 영원한 진리들은 실제로 신의 지성에 영원으로부터 내재한 모델 같은 것이 아니다. 정확히 말해 신의 창조물로서, 현재의 모습과 완전히 다를 수도 있었다. 영원한 진리들이 불변이라면 신의 자유로운 결정의 불변성이 그렇게 한 것이다. 신에게서 우리가 강조해야 하는 것은 무엇보다도 사물들의 모든 질서에서 작용하고 창조하는 원인으로서의 신의 인과성이고 그의 무한한 자유다. 신의 자유는 그 어떤 것에도 미리 얽매여 있지 않으며, 우리가 인간적인 관점에서 신의 지성과 의지 사이에 확립하는 구분과 관계를 자신의 불가해하지만 매우 실재적인 능력을 통해 압도하는 무한한 자유다. 이는 물론 선례들이 있는 학설이지만 데카르트에게는 그 신학적 의미를 넘어서서도 그가 구상한 바대로의 물리학을 근본적으로 정당화하기 위해 극히 유용하다. 순전히 기계론적인 물리학에서 목적 원인의 탐구는 배제되어야 하며 이런 배제는 전통 철학에서처럼 신을 선의 이유에 따라 행동하는 존재로 표상하는 것이 금지되어 있는 만큼 더더욱 합당하기 때문이다. 따라서 우리는 신의 결정에 참여할 아무 수단도 없으며, 신의 능력에 존중을 표하는 이런 유보 덕분에 기하학은 물리적 실재를 그것을 표상하는 명석판명한 관념들의 이름으로 철저히 파악할 수 있다.

그런데 궁극적으로 이 물리적 실재는 무엇인가? 물리적 실재를 알려 줄 수 있는 것은 감각적 관념들이 아니다. 감각적 관념들은 모호하고 혼란한 관념들이고, 열기, 색, 소리, 밀도, 저항같이 감각적 관념들에 대한 믿음으로 우리가 물체에 부여하는 성질은 그 본질에 해당하는 것이 아무것도 없다. 물체의 본질을 명석판명하게 표현하는 관념은 하나밖에 없으며 이는 지성에 의해 제공된다. 그것은 바로 연장에 대한 기하학적 관념이다. 따라서 물질의 본질은 연장이다. 물질의 실재적 속성들인 크기, 운동, 형태는 연장의 양태들이다. 물체가 있는 모든 곳에 연장이 있고 연장이 있는 모든 곳에 물체가 있다. 공백이라 불리는 것은 공상일 뿐이다. 운동에 대해 말하자면, 운동은 위치의 변동에 대한 단순한 고찰로 환원된 장소 운동일 수밖에 없다. 따라서 데카르트는 명석판명한 관념들의 원리의 요청을 끝까지 충족하기를 원하기 때문에 기계론, 그것도 오직 기하학적인 기계론을 물질세계에 대한 설명에 있어 형식만이 아닌 모든 내용 자체로 간주한다.

그러나 우리가 사유를 통해 물질세계의 모든 근거를 이미 소유하고 있지만 과연 그런 물질세계는 현존하는가? 이 문제는 미결 상태로 남아 있다. 그런데 기하학적 연장에 대한 명석판명한 관념은 신의 관념처럼 본질이 현존을 포함하는 관념이 아니다. 따라서 물체들의 실재에 대한 근거는 다른 데서 찾아야 한다. 그러나 연장에 대한 명석판명한 관념 외에 물체들의 현존과 속성에 대한 감각적 관념들이 있는데, 이것들이 무(無)에 불과한 것은 아니다. 달리 말하면 연장의 관념은 자연에 대해서 모든 것을 설명할 수 있지만 우리가 자연에 대해 갖는 느낌을 설명할 수는 없다. 내 안에는 감각적 사물에 대한 관념을 받아들일 수 있는 수동적 능력으로서 내게 나타나는 느낌 능력이 있다. 그러나 이 수동적 능력은 내 안에나 타인 안에 감각적 사물에 대한 관념을 산출할 수 있는 능동적 능력이 없으면 발휘될 수 없다. 그런데 이 능동적 능력은 내가 생각하는 존재인 한에서 내 안에 있을 수 있는 것이 아니다. 왜냐하면 그런 능동적 능력은 나의 사유를 전제하지 않으며 감각적 사물에 대한 관념은 내가 원해서 표상된 것도 아니기 때문이다. 따라서 그 능력은 나와 다른 어떤 존재, 그리고 그 안에 감각적 사물에 대한 관념의 모든 표상적 실재성을 실재적으로 또는 더 탁월한 방식으로 포함하는 존재 안에 있어야 한다. 이런 존재는 신이거나 물체들일 수밖에 없다. 그런데 나는 감각적 관념의 원인이 물체적 사물이라고 믿는 매우 강한 경향이 있다. 그리고 신은 속임수를 쓰지 않는다. 즉, 신은 내 경향의 거짓됨을 확인할 수 있는 참된 인식 능력을 내게서 박탈하며 매우 강력한 그런 거짓 경향을 줄 수는 없었다. 따라서 물체들은 실재적으로 현존한다. 이처럼 데카르트는 그의 방법에, 그리고 그의 합리론과 정신주의의 특수한 형태에 포함된 관념론적 원리들에도 불구하고 외부 세계의 문제와 관련하여 매우 명백한 실재론을 표명하고 있는 것이다. 데카르트는 사물들에 대한 지성적이거나 감각적인 표상이 사물들의 존재를 구성한다고 단 한

순간도 받아들이지 않았을 것이다. 일반적 방식으로 데카르트는 현존을 인식에 앞서 정립하기를 거부했지만, 비록 인식과 현존이 가장 내밀하게 연결되어 있더라도 현존이 단지 인식이라고 가정한 적은 없었다. 그는 나중에 이론적 관념론[21]의 원천 중 하나가 될 요인, 즉 정신에게 외부로부터 온 것처럼 나타나는 것을 산출할 무의식적 능력이 정신에 존재한다는 점을 그의 방법의 관념론과 모순된다고 보고 배제했다.

따라서 연장 실체로서의 물질과 사유 실체로서의 정신의 이원론이 그 자체로 결정적으로 확립된 것이다. 정신과 육체의 구분은 단지 우리의 인식 능력에만 해당되는 것이 아니라, 신의 진실성에 의해서도 절대적으로 참된 것이다. 물질세계의 설명에서 우리는 영혼과 관계된 그 무엇도 개입시킬 필요가 없다. 유기체적 존재들의 생명조차도 물질의 일반적 속성들에 의해 설명된다. 이로부터 동물들의 자동기계 이론이 도출된다. 다른 한편, 영혼은 사유하는 본성만을 지닌 실체다. 영혼은 그 자체로는 관념들을 파악할 수 있는 지성이고 스스로 결정하고 판단할 수 있는 의지다. 영혼이 순수 지성으로 작용할 때는 오직 자신의 사유 능력에 의해 자신 안에서 발견하고 또 이런 이유로 본래적이라고 말할 수 있는 관념들로부터 전개된다. 이런 본래적 관념들은 내 현존의 관념처럼 즉각적으로 주어진 어떤 현존, 또는 신의 관념처럼 어떤 필연적 현존, 또는 삼각형의 관념처럼 어떤 가능한 현존을 표상하는 관념들이거나, 한 사물이 존재하는 동시에 존재하지 않을 수 없다는 원리처럼 모든 인

---

21 특히 칸트 이후의 독일 관념론을 말한다.

식의 원리들을 포함하는 관념들이다. 이런 관념들의 본래성은 무엇보다 그것들이 우리의 사유 그 자체의 본성에 속한다는 것을 의미한다. 본래적 관념들은 외부 사물들이 우리에게 나타내는 것으로 환원될 수 없는 특성이 있으며 우리의 명석판명한 인식의 요소들을 구성하기 때문이다. 그러나 이 관념들의 본래성은 그것들이 현재 우리에게 전적으로 명백하다는 의미가 아니라, 단지 우리의 사유가 그 관념들에 적용될 때 사유가 그것들을 자기 안에 발견할 능력이 있다는 의미다. 이처럼 데카르트는 본래성의 형태 아래서 근대 합리론의 학설을 명확하게 정립한다. 근대 합리론의 학설에 따르면 오직 정신에서 비롯되는 선행 조건 없이 인식은 가능하지 않기 때문이다.

그러나 우리의 영혼이 항상 순수 지성으로서 작용하는 건 아니다. 영혼이 본질상으로는 육체와 구분되지만, 실제로는 육체와 결합되어 있기 때문이다. 이로부터 인식의 질서에서 순전히 지성적인 개념과 다른 사유의 양태들이 나타난다. 상상이 감각적 관념들을 조합하므로 감각과 상상은 사유가 육체에 결합되어 있는 한에서의 사유 기능이다. 또한 감각과 상상은 외부 사물을 그것의 존재 자체로서 우리에게 표현하지 않는다. 외부 사물에 대해 우리 육체의 관심 및 상태와 관련된 표현을 제공할 뿐이다. 따라서 감각과 상상은 모호하고 혼란한 관념들의 원천이다. 모호하고 혼란한 관념들은 그 자체로 틀린 것은 아닐지라도 계속적으로 오류의 계기가 되는 것들이다.

오류의 실질적 원인에 대해 말하자면 그것은 엄밀한 의미에서 우리의 지성적 능력에 있지 않다. 왜냐하면 판단을 내리는 것은 지성적 능력이 아니기 때문이다. 오류는 판단을 내릴 때만 발생한다. 판단은 우리 의지의 행위이며 나아가 자유로운 의지의 행위다. 그런데 지성은 한계를 갖는 반면 의지는 자유롭기 때문에 무한하다. 이로부터 의지는 명석판명한 관념이 제시하는 것을 넘어서 긍정하거나, 모호하고 혼란한 관념에 따라서 긍정할 가능성이 생긴다. 따라서 오류의 최종 원인은 신이 아니라 우리 자신에게 있으며 우리의 두 능력 간의 불일치에 있는 것이다. 그러나 자유 때문에 오류를 범할 수 있듯이, 자유 때문에 의심을 통해 오류에 대비할 수도 있다. 자유 때문에 명석판명한 관념에 자유롭게 동의함으로써 진리를 소유할 수도 있는 것이다. 하지만 의지의 동의를 결정하는 것은 명석판명한 관념이 아닌가? 그렇기 때문에 우리의 의지는 자유를 상실하거나, 적어도 자유의 특성이라 할 수 있는 무차별성[22]을 상실하는 것 아닌가? 이 점에 대한 데카르트의 여러 주장을 비교해볼 때 그는 이 문제에 대해 확정적인 답을 제공하는 것 같지 않다. 데카르트는 자유를 때로는 절대적 선택의 능력으로 정의하고, 때로는 순전히 내적 근거에 따라 실행되는 단순한 자발성으로 정의한다. 그러나 그의 단언들과

---

22 프랑스어 'indifférence'의 번역어. 근대 철학에서 자유와 관련하여 자주 사용하는 용어이므로 약간의 설명이 필요하다. 이 용어는 '무관심', '비결정성', '평형 상태', '무구별' 등으로 번역되기도 한다. '무관심'은 선택 대상들과 무관하다는 의미로서 지나치게 심리적 차원의 용어로 이해될 수 있지만 문맥에 따라 매우 자연스러운 표현이 될 수는 있다. 데카르트 철학에서 어떤 선택 대상에 필연적으로 결정되지 않은 느낌의 상태를 말한다. 참고로 라이프니츠는 '무차별성'이 있으나 두 선택 대상에 대한 경향의 정도가 동일한 상태, 즉 '평형 상태의 무차별성'은 불가능하다고 본다. 라이프니츠의 관점에서는 데카르트적 의미의 '무차별성'은 기본적으로 필연성과 대립되는 우연의 상태이며 최선의 것에 동의하는 참된 자유를 위한 예비 단계라고 볼 수 있다. 본문에서 델보스가 설명하는 데카르트의 자유 개념은 라이프니츠의 자유 개념에 근접하지만, 근원적으로 데카르트가 신과 인간의 무차별적 자유를 인정한다는 점에서 라이프니츠의 개념과 근본적인 차이가 있다. 반면 스피노자는 의지와 지성을 동일시함으로써 자유 개념을 원초적으로 제거한다. 스피노자에 의하면 무차별성의 느낌에 따른 자유는 무지인의 착각일 뿐이다.

그것들이 암시하는 해석을 조합함으로써 아마도 우리는 데카르트의 사유를 이렇게 제시할 수 있을 것이다. 원칙적으로 신의 자유와 마찬가지로 인간의 자유는 무차별성의 적극적 능력에 의해 특징지어진다고 말이다. 단지, 신의 자유는 진리의 창조자인 반면 인간의 자유는 전적으로 창조된 진리를 자기 앞에 주어진 것으로 발견하는 것일 뿐이다. 따라서 인간의 자유가 지성에 의해 파악된 대상에 대해 무차별성을 유지해야 한다면, 그것은 자유의 가장 낮은 단계일 것이다. 또한 진정한 자유는 명석판명한 관념에 따라 결정하는 자유라고 말할 수 있다. 그러나 다른 방식으로 결정할 수 없는 불가능성은 도덕적 불가능성일 뿐 형이상학적 불가능성은 아니다. 왜냐하면 자유는 그 자체로 선택의 능력이며, 혼란한 관념을 따르기를 거부함으로써 선택의 능력을 나타낼 수 있기 때문에 진리에 동의할 때조차도, 또 진리에 동의하기를 거부할 수 없을 때조차도 침해할 수 없는 선택 능력을 간직하기 때문이다. 게다가 주의력을 통해 지성의 관념들이 더 명확하게 나타나도록 하는 것도 자유에 달려 있는 일이다. 따라서 의지는 결코 본성상 지성과 동일시되지 않는다. 의지가 지성이 제시하는 근거들에 의해 결정을 내릴 때도 결정을 내리는 주체는 의지이며, 엄밀히 말해 지성에 의해 결정되는 것도 아니다. 이 이론은 복잡하고 어떤 의미에서는 완성되지 않은 이론이지만 확실성에 대한 보편적 요인과 개인적 요인을 조화시키려고 노력하는 이론이다.

의지는 단지 판단과 결심의 원리가 아니다. 의지는 몇몇 육체적 운동의 원리이기도 하다. 데카르트는 그의 이원론으로 인해 무엇보다도 영혼과 육체의 구분을 정립했고, 영혼의 양상과 육체의 양상 사이에는 우연한 조응 관계가 있을 뿐 인과적 영향은 없다는 점을 몇몇 구절에서 인정한 것 같기도 하다. 그러나 그는 영혼과 육체의 결합이 순전히 우연적인 어떤 것은 아님을 명백히 인정했고 우리가 부정확하게 물질적 본성과 몇몇 물리적 양상의 원리에 투영하는 종류의 힘이 진정으로 육체에 대한 영혼의 실재적 작용을 표현한다고 주장하기까지 했다. 여하튼 육체의 상태에 의해 영혼의 상태가 결정되고 또 영혼의 상태에 의해 육체의 상태가 결정되는 일이 인정된 바, 데카르트는 특히 그가 『정념론』에서 전개한 심리생리학 이론 전체를 확립했다. 그는 몇몇 분명한 사실들을 때로는 풍요롭고 때로는 특히 대담한 가설과 조합하는데, 그 가설의 원동력이 되는 원리는 항상 생명에 대한 기계론적 개념이었다. 정념은 영혼이 자신 안에서 지각하는 느낌 또는 감정이지만, 유기체적 상태에 의해 발생하고 유지되고 강화되는 느낌 또는 감정이다. 또한 이런 느낌이나 감정은 감각 대상과 관련되지만 우리에게 감각 대상을 알려주기보다는 그것의 좋거나 나쁜 점, 적어도 우리의 육체를 위해 중요한 점을 표상해준다. 우리의 의지는 정념이 실행하려고 하는 행위에 자연스럽게 동의하는 경향이 있다. 그러나 우리의 의지는 직접적인 수단을 통해서는 아닐지라도 적어도 간접적 절차를 통해 항상 대응할 수 있다. 데카르트는 이런 간접적 절차를 심리학자와 도덕가의 위대한 능력을 갖고서 분석한다. 게다가 우리는 정념이 나쁜 사용에 예속된다면 정념의 본성적 모습에 가장 잘 부합하는 것이 좋은 사용이라고 말할 수 있다. 데카르트는 모든 정념들에서, 심지어 가장 비난받을 만한 정념들에서도 그것들이 근원적으로 지닌 좋은 점, 즉 우리의 존재에 유용한 점을 비범할 정도로 섬세하게 발견해낸다. 이 점에서 우리 본성의 근원적인 선성에 대한 어떤 신뢰가 입증된다. 이로부터 우리의 자연적 현존을 온전하고 완전하게 가꾸는 도덕이 도출된다. 이런 도덕은 데카르트 도덕의 가장 새로운 부분이지만 그는 여기에 최상의 선에 대한 도덕을 첨가한다. 최상의 선에 대한 도덕은 때때로 스토아 사상을 재현하는 데 그치는 것으로 보이기도 하지만, 행동의 효과, 행위자의 자유, 그리고 신의 인격성에 더 많은 여지를 부여하려고 마련된 해설과 근거를 스토아 사상에 부과하고 덧붙인다.

데카르트는 사유를 사유 자체로 복귀시킨다. 그러나 이는 어떻게 사유에서 현존으로 이행할 수 있는지를 제시하고자 함이고, 정신 속에 실재가 표상된 것과 실재의 가지적인 것에서 출발함으로써 실재의 구체적 본성에 이르려 함이다. 데카르트 체계의 국면들 각각은 바로 이 문제의 해결과 관련된 계기들이다. 그러나 데카르트 철학의 특징들 중 하나는 그의 철학이 비록 보편적 근거들의 내적 가치에 그토록 열중함에도 불구하고 보편적 근거들을 파악하는 주체 또는 그 근거들이 적용되는 주체의 실재를 고려하지 않고서는 결코 이 보편적 근거들에 독자적인 전개 능력을 부여하지 않는다는 점이다. 보편 사유에 대한 데카르트의 개념은 의식 외부에서 보편 사유를 실현하지 않는다. 지성에 대한 데카르트의 개념은 의지를 지성으로 환원하지 않는다. 그의 관념론적 설명은 존재의 실재론을 존속하도록 놔둔다. 데카르트의 물질/정신 이원론은 영혼과 육체의 결합이 이루어지는 것을 허용한다. 따라서 데카르트의 철학은 항상 분명한 방향성을 지니고 직선적으로 전개되지만 사물들의 여러 측면에 대한 대단한 다양성을 상징주의와 절충주의 없이 유지한다.

　데카르트의 철학은 독창성만큼의 영향력을 발휘했다. 근대의 모든 위대한 사상들이 데카르트 철학의 일면을 간직했다고 하는 것은 과장 없이 옳은 말이다. 데카르트 없는 스피노자가 무엇이겠는가? 물론 스피노자는 데카르트에게 속하지 않는 관심과 문제를 도입했다. 또한 그는 코기토의 근원적 특성, 의식과 주체성과 자유의지의 모든 요소들을 배척했다. 그러나 기하학적 명증성의 방법론, 명확한 관념들의 합리론, 본질들의 실재론은 스피노자로 하여금 절대 존재의 통일성에 대한 범신론적 직관을 철학적 체계로 표현하도록 해준 것들이다. 라이프니츠는 데카르트를 반박할 수 있었고 특히 그를 보완하는 쪽으로 갈 수 있었다. 데카르트의 이원론을 유심론적 일원론으로 해결할 수 있었던 것이다. 그러나 라이프니츠가 그의 유심론적 개념을 가지게 된 것은 데카르트의 관념론 때문이 아닌가? 그가 물활론적 혼란으로부터 자신을 보호한 것은 물질세계와 모나드 세계의 이원론을 유지했기 때문이 아닌가? 그에게 물질세계는 현상적이라고 해도 말이다. 칸트는 사유만으로 현존으로 이행하는 것이 불가능하다고 단언할 수 있었다. 그러나 '나는 생각한다'가 우리 인식의 조건이라는 원리는 어디로부터 그에게 온 것인가? 다른 한편, 로크는 데카르트를 공격한 것처럼 보이지만 그 스스로 고백했듯이 데카르트에게 많은 것을 빚지고 있으며, 지성에 대한 분석 계획 자체는 인식의 조건에 대한 검토를 모든 철학의 출발점으로 정하는 데카르트적 영감에 속한다. 버클리의 비물질주의, 흄의 현상주의, 그리고 영국의 모든 경험심리학은 즉각적인 것은 의식의 재료이고 정신에 대한 설명은 가장 단순한 요소들을 통해 정신의 발생을 밝히는 데 있다는 전적으로 데카르트적인 관념에서 비롯된다.

4. 데카르트의 철학과 스피노자의 철학

여러 형태로 끊임없이 반복된 한 견해가 있는데, 그것은 스피노자의 철학이 데카르트 철학의 논리적 귀결이라는 견해다. 이 견해는 라이프니츠가 데카르트에 반대하는 논쟁을 위해 아마도 다소 악의적인 의도로 여러 차례에 걸쳐 주장한 것이다. "또한 스피노자는 데카르트 철학의 몇몇 씨앗을 키웠을 뿐이라고 우리는 말할 수 있다."[23] 그는 데카르트의 몇몇 견해와 스피노자 철학의 핵심적 견해 사이의 관련성을 여러 차례 강조한다. 자신의 무차별적 자유를 통해 영원한 진리들을 창조하며 이에 따라 신은 자신의 결정과 행동에서 영원한 진리들에 의존하지 않는다는 점을 인정하기 위해, 데카르트는 근본적으로 의지도 지성도 없는 신을 도입한 것이다. 왜냐하면 신은 선을 의지의 대상으로 삼지 않고 진리

---

23 고트프리트 빌헬름 라이프니츠, 1697년 2월 니세즈(Nicaise)에게 보낸 편지(*Die philosophischen Schriften*, Edition Gerhardt, t. Ⅱ, p. 563)

를 지성의 대상으로 삼지도 않기 때문이다. 따라서 이는 스피노자의 신에 근접하는 어떤 것이다. 게다가 목적 원인의 배제로 인해 스피노자에서 신의 능력이 그렇듯이 신은 맹목적 능력으로 간주된다. 마지막으로, 물질이 가능한 모든 형태들을 단계적으로 거친다고 말함으로써 데카르트는 신이 자기가 할 수 있는 모든 것을 하며 숙명적인 질서에 따라 모든 조합들에 참여한다고 인정한다. 데카르트는 신적 본성의 필연성으로부터 무한히 변용된 무한히 많은 사물들이 도출된다는 스피노자의 견해로 직행하는 것이다. 따라서 데카르트는 스피노자가 시작하는 곳, 즉 자연주의에서 끝낸다.[24] 이처럼 스피노자의 핵심 개념들은 데카르트적 전제들로부터 정확히 도출된 귀결들로서 나타난다는 것이다.

이와 동일한 견해는 반대로 아무런 비방의 의도 없이 더욱 엄정한 형태로 헤겔에 의해서도 표명되었다. 헤겔에 따르면, 스피노자의 철학은 데카르트의 철학이 사유와 존재의 통일성을 인정했다는 점에서 데카르트 철학의 객관화다. 데카르트의 철학이 절대적 진리의 형태로 객관화되었다는 것이다.[25] 스피노자 철학은 데카르트 철학의 완성이다.[26] 게다가 헤겔이 이런 관점에 이르게 된 것은 철학사를 순수 개념들의 폐쇄적 전개로 간주하는 그의 체계적 이론에 의해서다. 이 점에 대해 데카르트의 이원론을 격퇴한 통일성의 개념, 즉 신 안에서의 무한과 유한의 통일성 개념이 동양의 사유가 유럽과 데카르트의 사유에 수입된 것이라고

---

24 앞의 책, t. IV, p. 299, p. 339~341; 푸셰 드 카레이(Foucher de Careil), 『라이프니츠, 데카르트 그리고 스피노자(Leibniz, Descartes et Spinoza)』, 1852, p. 207
25 게오르그 빌헬름 프리드리히 헤겔, 『철학사 강의』, III(t. XV *Oeuvres complètes*), 1836, p. 372
26 게오르그 빌헬름 프리드리히 헤겔, 앞의 책, p. 411

단언함으로써 자기 이론의 경직성을 완화하기도 한다.[27]

그러나 헤겔의 방법에 의해 만들어진 편견은 우리가 헤겔에게서 확인한 완화 없이 쿠노 피셔(Kuno Fischer)에게서 전문적 철학사가에게 덜 어울리는 완고함과 함께 다시 발견된다. 쿠노 피셔에 따르면 데카르트 철학이 포함했던 대립들, 특히 그가 신의 실체성과 피조물들의 실체성 사이에서 해결하지 못한 채 방치한 대립들을 극복하기 위해 사유가 데카르트 철학으로부터 완수해야 했던 발전만으로 스피노자 철학을 설명하기에 충분하다. 신이 유일 실체로 긍정된 순간부터 대립은 없어진다. 이제 양태들로서 파악된 창조된 존재들과 독립된 실재가 부정된 순간부터 데카르트의 이원론은 붕괴되고 일원론이 확립된다.[28]

단순한 논리적 절차를 통해 스피노자 철학을 데카르트 철학으로부터 파생시키려는 이런 방식들은 과도하게 배타적이며 근본적으로 부정확하기까지 하다. 심지어 피셔가 데카르트 철학에서 발견하는 대립들이 필연적인 변증법적 발전에 따라 스피노자 철학이 표현하게 될 불가피한 교정을 촉구하기 위해 일부 작위적이거나 나중에 고안한 대립들이 아닌지 여부는 다루지 말도록 하자. 그러나 스피노자 철학의 발생 근거가 선행 철학이 제기하고 남긴 문제와 난점을 해결하려는 일종의 내재적 성향 때문이라고 과연 인정할 수 있는가? 이와 반대로 스피노자 철학을 발생시킨 원초적이고 본질적인 영감, 그리고 그것이 스피노자의 정신에

---

27 게오르그 빌헬름 프리드리히 헤겔, 앞의 책, p. 368
28 쿠노 피셔, 『현대 철학의 역사(Geschichte der neuern Philosophie)』, 기념판, t. Ⅱ, 1898, p. 87, p. 254

나타난 것은 특유의 내적인 힘을 가졌던 것으로 보인다. 이런 특유의 내적 힘은 데카르트의 개념들의 단순한 파생물이거나 변증법적 발전이라기보다는 그 개념들을 지배하고 변형함으로써 자기에게 그것들을 종속시키는 특성이 더 강하다.

스피노자가 극도의 통찰력과 함께 데카르트 철학에서 자신의 '범신론' 방향으로 기울어질 수 있는 모든 것을 발견한 것은 틀림없다. 그러나 이 범신론의 본질적 특징 및 효과적 요소들은 그것이 고유하게 지닌 점과 비교해볼 때 데카르트에게는 전적으로 결여되어 있는 것들이다. 게다가 이 점에서 데카르트가 기독교 신학에 따라 신의 개념에 무한성을 도입할 때조차도, 또 신 안에 있는 본질의 광대함과 무진장한 능력을 말할 때도 이로부터 분명 그는 신에게 자신의 존재 근거인 생각 가능한 모든 완전성들이 결여되어 있지 않다는 점을 나타내고자 한다. 그러나 데카르트는 이런 무한성을 모든 존재를 포함하고 또 자신과 구분되는 존재들을 허용할 수 없는 무한성으로 정립하지 않는다. 무한한 세계, 나아가 그가 무한정하다고 부르기를 선호하는 세계에 대한 그의 모호한 표현들에도 불구하고 데카르트에게서 발견되지 않는 것은 무한하고 그 자체로 단일한 자연에 대한 직관이다. 이 같은 직관은 스피노자의 범신론을 데카르트나 심지어 해석의 방법을 통해 데카르트의 다른 후예들에게서 발견할 수 있는 범신론적 성향 또는 표현으로부터 철저히 구분하기에 충분하다. 예를 들어 말브랑슈는 신의 절대적 능력을 강조하는 측면이 있다. 말브랑슈는 신의 절대적 능력 속에 모든 효과적인 인과성을 응축할 것이고, 창조된 실체들이 스스로 작용한다는 것을 부정할 것이며, 실체들이 상호작용한다는 것은 더더욱 부정할 것이다. 그러나 그

것으로 전부다. 말브랑슈는 스승으로부터 관념론적 정신을 간직하게 된다. 이 관념론적 정신은 속성들에 대한 명확한 관념들이 그 자체로 가지적 본질들보다 상위에 있으며 그 자체로 사물들로서 실현된다는 점과 대립된다. 말브랑슈가 '신 즉 자연(Deus sive Natura)'이라는 명제에 이르기에는 거리가 너무 멀다. 오히려 그의 기회원인론은 반(反)자연주의다.

따라서 데카르트적 재료들이 스피노자 체계의 구성을 위해 극히 중요했던 것도 사실이지만, 스피노자 철학 특유의 범신론적 개념은 그 재료들의 사용에 앞서 존재했다. 게다가 스피노자 철학의 범신론적 개념은 체계 전체가 그 설명이 되고자 했던 최초의 긍정, 즉 인간의 존재와 신적 존재의 필연적 결합 없이는 불가능한 신의 사랑만이 인간을 구원할 수 있다는 긍정과 분리 불가능하게 연결되어 있다. 그런데 스피노자를 고무하고 그의 사유의 모든 노력을 지원한 도덕적이고도 종교적인 관심은, 데카르트에게는 이런 형태 아래 이토록 절실하게 개입하는 것과 매우 거리가 멀다. 데카르트는 특히 지적 호기심에 의해 이끌렸다. 물론 그의 지적 호기심은 도덕적·종교적 문제를 무시하지는 않았지만 이 문제를 직접적으로 다루지 않았고, 이 문제를 다룰 필요가 있을 때는 특정 관점에서 다루는 것으로 만족했다. 데카르트는 자신의 철학을 통해 무엇보다도 진리를 발견하고자 했다. 결코 그는 자신의 철학을 통해 구원에 이를 생각을 하지 않았다.

따라서 스피노자는 데카르트 철학으로부터 그것이 내포한 귀결을 도출해내는 데 그치지 않았고 또 데카르트 철학이 함축한 대립을 극복하는 데 그치지도 않았다. 스피노자는 자신이 결코 순수한 데카르트주의자가 되지 않도록 미리 결정짓는 매우 다른 정신과 영혼의 방향을 제시했다. 왜냐하면 스피노자는 실제로 순수한 데카르트주의자였던 적이 결코 없으며 아마도 데카르트 철학에 의해 매료되기보다는 충격을 받기까지 했다. 이는 『소론』의 두 대화 중 첫 번째 대화가 잘 보여준다. 이 대화에서 스피노자가 자신의 범신론을 직접적으로 개진하고 또 이원론에 반대하여 개진하고 있음을 확인할 수 있다. 이원론을 **육욕**의 주장으로 설정하는 반면, **이성**에 의해 주장된 자연의 통일성과 무한성은 **사랑**을 만족시킨다.[29]

그렇다면 스피노자에 대한 데카르트의 영향은 사람들이 표현하는 것과 달리 전혀 없는 것인가? 물론 그렇지 않다! 데카르트의 영향은 스피노자가 자신의 사유를 본격적으로 조직하기 시작했을 때부터 결정적인 효력을 발휘했고 이는 『소론』 전체가 이미 입증하는 바다. 어떤 종류의 효력인가? 이 점이 문제다. 그런데 스피노자가 단지 일종의 반골 신학자나 단순한 이단 교부가 아니었고, 또는 우선적으로 직관, 유비, 예감으로 구성된 학설의 수준을 훌쩍 뛰어넘을 수 있었다면, 그리고 설명하는 학(學) 없이는 구원하는 인식을 추구하지 않겠다는 그의 욕망을 정확히 충족할 수 있었고 그가 철학자라는 단어의 가장 충만한 의미에 맞는 철학자, 그것도 근대 철학자라면, 그가 빚지고 있는 것은 바로 데카르트다. 물론 스피노자 체계의 이런저런 부분에 대한 데카르트의 영향을 강조할 수도 있다. 그러나 무엇보다도 데카르트가 발휘한 전반적이고도 최상의 영향이 있었고 그것은 스피노자의 정신 고유의 성향과 매우 훌륭하

---

29 델보스는 이 글이 실린 책 『스피노자 철학』의 전반부에서 『소론』에 실린 대화를 분석하여 데카르트와 스피노자의 관계를 설명했는데, 이때 대화 상대자로 등장하는 것이 육욕, 이성, 사랑이다.

게 조합되었다. 스피노자가 데카르트 철학에서 열정적으로 포착한 것은 지성에 의해 전개할 수 있고, 감각과 상상이 도입하는 주체성의 모든 요소들을 근원적으로 배제하는 순수한 객관적 진리의 개념이다. 이는 명석판명한 관념이 순수한 객관적 진리를 소유하고 있는 한에서 명석판명한 관념의 권리다. 이런 명석판명한 관념의 권리는 명석판명한 관념 외의 모든 것을 압도하고, 그 자체로 가치가 있다는 느낌과 의지의 주장을 축소하며, 지성에 의해 확인되지 않는 사물들의 연쇄에 대한 모든 표상을 억제할 수 있는 권리다. 스피노자는 데카르트 철학에서 이런 점을 취하고 간직하기 위해 의심, 코기토의 근원적 특성, 자유의지의 존재, 신의 초월성, 신의 자유와 창조 능력을 무시하거나 배제해야 했음이 틀림없다. 요컨대 스피노자는 데카르트 철학이 사유의 정중앙에 도입하고 존속하도록 놔둔 인격적 의식의 모든 요소들을 배척해야 했던 것이다. 반면 명증성의 방법론과 과학적 실재론이야말로 데카르트로부터 비롯되거나 또는 그에게서 선호 대상으로서 파악된 것으로, 스피노자로 하여금 자신의 성향을 지성적으로 정련하고 엄밀한 의미의 학설로 전환하도록 한 것이다. 이런 과학적 실재론은 신인 동형론과 매우 정확히 대립되고 필연적 법칙을 신 안에 옮겨놓는 일을 준비하며 자연에 대한 기하학적 설명에서 승리를 확인하는 것이었기 때문이다. 이런 순수한 객관적 진리의 개념은 전통적 유대 신앙의 순전히 상상적인 형태들, 신학적이거나 자연주의적인 신플라톤주의의 비합리적인 표현들을 마침내 파괴해버렸다. 따라서 이 개념은 인간 스스로 자신을 구원할 수 없고 그가 명확하게, 즉 저항할 수 없을 정도로 동의하는 대상을 통해서만 구원된다는 사유를 부각하는 데 기여한다. 데카르트에서 정죄된 것은, 그리고 필요에 따라서 데카르트의 이름으로 데카르트에게 반대하여 정죄된 것은 주체에서만 자기 원리를 갖는 것, 이른바 신앙, 의지, 그리고 절대적으로 참되고 절대적으로 현존하는 대상에 의거하지 않는 이른바 경향성이라는 것들이었다.

사정이 이렇다면, 즉 데카르트 철학이 발휘한 영향의 유형이 체계의 자격을 갖춘 체계로 형성되는 핵심적 도구로서 나타난다면, 스피노자가 데카르트의 관념에서 차용해온 기하학적 방법의 사용이 얼마나 중요한 의미인지 이해할 수 있다. 기하학적 방법은 단순히 다른 절차들에 비해 더 엄밀한 설명 절차가 아니다. 기하학적 방법은 그 내용과 내적인 관계에 있는 것이다. 스피노자가 사용한 방법이 절대 존재에 가장 적합하지 않은 방법이라고 헤겔이 단언한 것은 사실이다. 헤겔은 말하기를, 이런 기하학적 방법은 유한한 인식의 질서에서는 유효하지만 무한한 절대 존재에 대한 사변적 진리를 설명할 수 없다는 것이다. 왜냐하면 기하학적 방법은 최초의 정의들에서 정당화되지 않은 채 전격적으로 주어진 진리를 받아들이는 데 그치기 때문이다.[30] 오늘날 우리는 아마도 헤겔보다 더 엄격하고 또 경험적 정신이나 비판철학적 정신의 습관을 더 따르며 또한 기하학적 정의들의 상대성, 규약의 특성, 구성적 특성을 더 잘 알고 있으므로, 스피노자가 기하학적 방법에 설정한 대상과 이 방법의 근원적 불일치를 고발할 경향을 헤겔보다 더 강하게 갖게 된다. 그러나 스피노자가 기하학적 방법을 어떻게 파악했는지 그리고 그것을 사용하기

---

30 게오르그 빌헬름 프리드리히 헤겔, 앞의 책, p. 378

위해 가정해도 된다고 생각했던 것이 무엇인지 상상해보자. 기하학적 개념은 주체의 활동에 전혀 의존되지 않고 모든 외재적 의미와 모든 초월적 목적성을 배제하는 객관적 진리의 유형이다. 개념을 통한 속성들의 산출은 개념의 가지적인 점에 근거한 창조다. 파생된 속성들의 연쇄는 이 연쇄의 명확성과 확실성에 따른 인과적 연쇄다. 따라서 기하학적 증명은 의식과 지성의 전형적으로 인간적인 형태들에서 아무것도 차용하지 않고 그 자체로 연역되고 설명되는 진리를 표상한다는 데 그 가치가 있다. 즉 인간의 의지에 의해 침해될 수 없는 만큼, 여러 견해들에 의해서도 변질 불가능한 순전히 이성적인 질서 속에서 절대 존재에 의한 존재들의 산출을 드러내고 지극한 행복 속에서 이루어지는 정신들과 신의 결합을 드러내는 데 그 가치가 있는 것이다.

영원한 진리에 관한 데카르트의 편지들

1. 1630년 4월 15일, 메르센 신부에게

(…전략…) 신학에 대한 당신의 질문과 관련하여, 비록 그것은 내 정신의 능력을 넘어서지만, 그럼에도 불구하고 제가 보기에 제 일과 아무 관련이 없지는 않은 것 같습니다. 왜냐하면 당신의 질문은 계시, 즉 제가 엄밀하게 신학이라고 부르는 것과 관계가 없기 때문입니다. 오히려 그 질문은 형이상학적인 것으로서 인간의 이성에 의해 검토되어야 합니다. 그런데 신으로부터 이성의 사용법을 부여받은 모든 사람들은 핵심적으로 신을 인식하고 또 자기 자신을 인식하도록 노력하기 위해 이성을 사용해야 한다고 봅니다. 제가 연구를 시작하게 된 것은 바로 이 때문입니다. 이 같은 경로를 통해 물리학의 기초를 탐구하지 않았다면 결코 그것을 발견할 수 없었으리라고 당신께 말씀드립니다. 그러나 이 주제는 제가 가장 많이 연구한 것으로서 이와 관련하여 저는 신께서 도와주신 덕분에 다소간 만족하고 있습니다. 적어도 어떻게 형이상학적 진리들을

기하학의 증명보다 더 자명한 방식으로 증명할 수 있는지를 발견했다고 생각합니다. 제가 이처럼 말하는 것은 제 판단에 따른 것입니다. 그것을 다른 사람들에게 납득시킬 수 있을지는 잘 모르기 때문입니다. 이 나라에 머물기 시작하고부터 9개월간 저는 다른 작업을 하지 않았습니다. 제가 이 주제와 관련된 글을 쓰기로 했었다고 말씀드린 것을 이전에 이미 들으셨으리라고 생각합니다. 그러나 우선 물리학이 어떻게 받아들여질지 확인하기 전에는 글을 쓰는 것이 적절하지 않다고 생각합니다. 그러나 말씀하시는 책이 아주 잘 쓰여진 책이고, 제 수중에 있었다면 저는 그 책에 대해 곧장 답변을 해야 한다고 생각했을 것입니다. 그 책과 관련하여 당신이 전해 받은 의견이 맞다면 그 책은 극히 위험하고 제가 보기에 아주 잘못된 주제들을 다루고 있기 때문입니다. 그래도 제 물리학에서의 여러 형이상학적 문제들, 그리고 특히 다음과 같은 문제를 다뤄보도록 하겠습니다. 당신께서 영원한 진리들이라고 부르시는 수학적 진리들은 신에 의해 확립되었고 다른 모든 피조물들처럼 전적으로 신에 의존되어 있다는 것 말입니다. 사실상 이 진리들이 신에게 의존되지 않는다고 말하는 것은 신에 대해 제우스나 크로노스에 대해 말하듯이 말하는 것이고 신을 스틱스와 운명에 예속시키는 것과 같습니다. 청컨대, 왕이 자신의 왕국에 법을 확립하듯이 이 법칙들을 자연에 확립한 것은 신이라는 점을 확인하시고 모든 곳에 발표하는 일을 전혀 두려워하지 마십시오. 그런데 이 법칙들 중 그 어떤 특별한 것도 우리의 정신이 그것을 고찰하는 데 공을 들인다면 우리가 이해하지 못할 것은 없습니다. 이 법칙들은 모두 우리의 정신 속에 본래적인 것들로서, 어떤 왕이 그렇게 할 능력이 있을 경우 모든 신민들의 마음속에 자신의 법을 각인하는 것과 같습니다. 이와 반대로 비록 신의 위대함을 안다고 할지라도 그것을 이해할 수는 없습니다. 그러나 신의 위대함을 이해 불가능하다고 판단한다는 사실 자체로 인해 우리는 신의 위대함을 더더욱 존중하게 됩니다. 이는 왕이 신민들에게 덜 친숙하게 알려질 때 위엄이 더 큰 것과도 같습니다. 물론 그렇다고 해서 신민들이 왕 없이 지낸다고 생각하지는 않으며, 왕에 대해 의심하지 않을 정도로 왕을 안다는 조건에서 말입니다. 신이 영원한 진리들을 확립했다면 왕이 그의 법을 만들듯이 신은 영원한 진리들을 바꿀 수 있을 것이라고 사람들은 당신께 말할 것입니다. 이에 대해 그렇다고 대답해야 합니다. 신의 의지가 바꾸기를 원한다면 말입니다. 그러나 저는 영원한 진리들을 영원하고 불변의 것들로서 이해합니다. 그리고 저는 신에 대해서도 똑같이 판단합니다. 그러나 신의 의지는 자유롭습니다. 네, 하지만 신의 능력은 이해 불가능한 것입니다. 일반적으로 우리는 신이 우리가 이해할 수 있는 모든 것을 할 수 있다고 단언할 수 있지만, 우리가 이해하지 못하는 것을 신이 할 수 없다고는 단언할 수 없습니다. 왜냐하면 우리의 상상력이 신의 능력만큼 넓다고 말하는 것은 경솔함일 것이기 때문입니다. 보름이 지나기 전에 제 물리학에 이런 점을 쓰고 싶습니다. 그렇다고 해서 비밀로 해달라고 당신께 부탁하지는 않겠습니다. 반대로 기회가 될 때마다 제 이름은 밝히지 않고 자주 그것을 말해주십시오. 왜냐하면 사람들이 이에 반대하여 제기할 수 있는 반론을 알면 기쁠 것 같기 때문입니다. 그리고 대중이 신에 대해 말하는 것보다 더 훌륭한 방식으로 세상이 신에 대해 말하는 것을 듣는 데 익숙해졌으면 합니다. 제가 보기에 대중은 신에 대해 거의 유한한 사물처럼 상상합니다.

그러나 3월 14일의 편지에서 당신은 무한과 관련하여 질문을 제기하셨습니다. 이 질문이 제가 이 편지에서 추가로 확인하는 모든 것입니다. 무한한 선이 존재한다면 이것은 무한한 수의 피트와 패덤을 갖게 될 것이고 결과적으로 무한한 수의 피트는 패덤의 수보다 여섯 배가 더 크다고 당신은 말하셨습니다. 저는 전적으로 이를 인정합니다. 따라서 패덤의 수는 무한하지 않게 되는데 저는 이 귀결을 인정하지 않습니다. 그러나 무한은 다른 무한보다 더 클 수 없습니다. 왜 그럴 수 없을까요? 무엇이 부조리한 것일까요? 핵심적으로 그것은 단지 유한한 관계에서 더 큰 것이기 때문입니다. 지금의 경우처럼 여섯 배로 곱하는 것은 무한에 아무 영향도 주지 못하는 유한한 관계일 뿐입니다. 게다가 한 무한이 다른 무한보다 더 크거나 크지 않다고 무슨 근거로 판단하겠습니까? 우리가 무한을 이해한다면 그것은 더 이상 무한이 아닐 것입니다. (…후략…)

2. 1630년 5월 6일, 메르센 신부에게

(…전략…) 영원한 진리들에 대해 나는 다시 한 번 말하겠습니다. 영원한 진리들은 오직 신이 그것들을 참되거나 가능한 것들로서 인식하기 때문에 참되거나 가능한 것들이라고요. 반대로 영원한 진리들은 마치 그것들이 신으로부터 독립적으로 참인 것처럼 신에 의해 참된 것으로 인식되지 않는다고 말입니다. 만일 사람들이 자신들의 말의 의미를 제대로 이해한다면, 불경을 저지르지 않고서는 어떤 것의 진리가 신이 그것에 대해 갖는 인식에 선행한다고는 결코 말할 수 없을 것입니다. 왜냐하면 신에게 의지와 인식은 동일한 것이고 결과적으로 그가 어떤 것을 원

한다는 사실 자체로 그것을 인식하는 것이며, 단지 이 사실 자체만으로 그것은 참인 것입니다. 그러므로 신이 존재하지 않는데도 이 진리들이 참되다고 말해서는 안 됩니다. 신의 존재는 존재할 수 있는 모든 진리들 가운데 으뜸이자 가장 영원한 진리이며, 이로부터 다른 모든 진리들이 비롯되는 유일한 진리이기 때문입니다. 그러나 이 문제에서 잘못 생각하기 쉽게 되는 이유는 대부분의 사람들이 신을 무한하고 불가해한 존재이자 만물이 의존하고 있는 유일한 조물주로서 고찰하지 않기 때문입니다. 그러나 그들은 신의 이름의 음절에 고정되어 있고, '신(Dieu)'이 라틴어로 '데우스(Deus)'로 불리며 인간들에게 사랑받는 것과 동일한 것을 의미함을 그들이 안다면 이런 것이 신을 충분히 인식하는 것이라고 생각합니다. 이보다 더 고귀한 생각을 갖지 않은 사람들은 쉽사리 무신론자가 될 수 있습니다. 그들은 수학적 진리들은 완벽히 이해하면서 신의 존재의 진리는 이해하지 못하기 때문에, 그들이 수학적 진리들이 신의 존재의 진리에 의존된다는 것을 믿지 않는다고 해서 놀라울 것은 없습니다. 그러나 그들이 이와 반대로 판단 내려야 하는 점은 신이 인간 지성의 범위를 넘어선 능력을 지닌 원인이고 수학적 진리들의 필연성은 우리의 인식을 넘어서지 않기 때문에 수학적 진리들은 이 불가해한 능력보다 하급이며 또 이 능력에 종속되어 있는 어떤 것이라는 점입니다.

3. 1630년 5월 27일, 메르센 신부에게

당신은 신이 어떤 종류의 인과율로써 영원한 진리들을 형성했는지 제게 묻습니다. 저는 그가 만물을 창조한 것과 동일한 종류의 인과율로써, 즉 작용 원인이자 전체적 원인으로써 그것들을 형성했다고 답하겠습니다. 왜냐하면 신은 피조물들의 존재뿐 아니라 본질의 창조자이기 때문입니다. 그런데 이 본질은 영원한 진리에 다름 아닌데, 나는 영원한 진리를 태양 광선처럼 신으로부터 유출되는 것으로 생각하지 않습니다. 그러나 나는 신이 만물의 조물주이고 이 영원한 진리들은 만물 가운데 어떤 것이며 결과적으로 신이 영원한 진리들의 창조자라는 것을 압니다. 나는 내가 이런 점을 알고 있다고 말하지, 그것을 파악한다고도 이해한다고도 말하지 않습니다. 왜냐하면 비록 유한한 우리 영혼이 신을 이해할 수도 없고 파악할 수도 없지만 우리는 신이 무한하고 전능하다는 점을 알 수 있기 때문입니다. 산을 손으로 만질 수는 있어도 나무나 우리 팔의 크기를 넘지 않는 다른 어떤 것을 껴안듯이 산을 전체적으로 끌어안을 수는 없는 것처럼 말입니다. 이해한다는 것은 사유로 끌어안는 것이지만 한 사물을 알기 위해서는 사유로 그것을 만지는 것으로 족합니다. 당신은 신이 영원한 진리들을 창조하도록 누가 필연적으로 강제했는지도 묻습니다. 신은 세계를 창조하지 않거나, 중심으로부터 원주까지 그어놓은 모든 선들의 동일성이 참되지 않게 하는데도 자유롭다고 말하겠습니다. 그리고 영원한 진리들이 다른 피조물들보다 더 필연적으로 신의 본질에 필연적으로 연결되어 있지 않다는 것은 확실합니다. 당신은 영원한 진리들을 산출하기 위해 신이 무엇을 했는지 묻습니다. 신은 영원으로부터 그것들을 원하고 이해했다는 사실 자체로써 그것들을 창조했다고, 혹은 (당신이 '창조했다(creavit)'라는 단어를 사물들의 현존에만 귀속시킨다면) 그것들을 형성했고 만들었다고 나는 말하겠습니다. 왜냐하면 신 안에서는 원하고 이해하고 창조하는 것은 이론적인 순서에서도(ne quidem ratione) 어느 하나가 다른 것에 선행함이 없이 동일하기 때문입니다. (…후략…)

II

—

해제

데카르트 철학의 계보

이근세

2부에서는 근대 철학의 대부인 데카르트 철학이 현대 프랑스 철학 속에 살아 숨쉬고 있다는 점을 드러내기 위해 20세기 중후반의 가장 유명한 두 논쟁을 소개할 것이다. 프랑스 철학계의 데카르트 연구를 두 진영으로 분리한 마르샬 게루와 페르디낭 알키에, 그리고 현대 프랑스 철학의 두 '슈퍼스타'인 푸코와 데리다의 논쟁이 그것이다. 비록 델보스의 글이 데카르트의 원전을 대체할 수는 없겠지만, 독자들이 그의 종합적인 설명을 통해 데카르트 철학 전반을 이해하고 현대의 중요한 관련 논쟁을 접함으로써 데카르트 철학과 현대 프랑스 철학의 관계를 폭넓게 조망할 기회를 가졌으면 한다.

델보스의 글을 번역하고 번역 원고만큼 긴 해제를 준비하면서 줄곧 떠오른 생각은 프랑스 철학의 연속성이었다. 프랑스 철학계의 흐름을 긴 호흡으로 추적하고 학맥을 그리는 작업을 누군가 했으면 좋겠다는 생각이 들었다. 언뜻 보면 델보스는 19세기부터 20세기 초까지 활동한 철학자이기 때문에 구시대의 사상가처럼 여겨질 수 있다. 국내에서 '프랑스 철학'은 '포스트모더니즘'과 맞물리면서 일반적으로 최첨단 현대 철학을 떠올리게 한다. 물론 19세기와 20세기, 나아가 21세기의 문제의식은 다를 것이고 단절도 있었을 것이다. 그러나 조금만 더 구체적으로 들여다보면, 150여 년간 프랑스 철학계에는 거대한 학문 네트워크가 촘촘히 펼쳐져왔다는 것을 확인할 수 있다. 예를 들어 앞으로 소개할 논쟁의 주인공 중 한 사람인 마르샬 게루는 데카르트, 스피노자, 라이프니츠 철학의 현대 연구에서 그 누구도 피해갈 수 없을 정도로 큰 영향력을 행사하고 있다. 게루는 자신의 철학사 연구에서 델보스의 영향을 많이 받았다고 인정하고 또 여러 곳에서 델보스를 언급하는데, 사실 둘의 나이 차는 29살에 불과하다. 학문의 영역에서 29살은 많다면 많고 적다면 적은 나이 차다. 델보스가 일찍 타계하지 않았다면 직접적인 사제 관계도 맺어질 수 있었을 것이다. 데카르트 철학에 대한 대표적인 연구자로서 장 뤽 마리옹(Jean-Luc Marion)과 장 마리 베이사드(Jean-Marie Beyssade) 같은 제자를 배출한 알키에 또한 국내에서는 잘 알려지지 않았지만 들뢰즈의 박사학위 부논문 『스피노자와 표현의 문제(Spinoza et le problème de l'expression)』(1968)의 지도 교수이기도 하다. 게루와 알키에의 논쟁이 펼쳐졌던 루아요몽(Royaumont) 학술대회에 참가했고, 둘의 논쟁에 간간히 개입한 소르본 대학의 교수 장 발(Jean Wahl)은 데리다에게 특강을 제안했는데, 그 자리에서 푸코를 해체하려는 논문 「광기의 역사와 코기토」가 발표되었다. 루아요몽 학술대회에 참여하여 게루-알키에 논쟁에 개입했던 저명한 데카르트 연구자 앙리 구이에(Henri Gouhier)는 푸코의 학위논문 『광기의 역사』 심사위원이었고 데리다의 학위논문『그라마톨로지』에 대한 심사위원장이었다. 알키에의 제자이자 역시 저명한 데카르트 철학 연구가인 베이사드는 푸코와 데리다의 논쟁을 규명한 논문을 발표했는데, 그는 자신의 논문을 게루와 푸코에게 보내고 의견을 물은 뒤 관련 서신을 논문 부록으로 싣기도 했다. 아마도 프랑스 철학의 강점은 이처럼 강단계의 철학사 연구와 독창적 철학 체계의 선순환이 적절히 구현되고 있다는 점일 것이다.

조금만 더 깊이 프랑스 철학계의 학맥을 추적해보면 끊임없이 다른 창이 열린다. 게루나 알키에 모두 데카르트나 스피노자 연구에서 중요하게 언급하는 레옹 브런슈빅 같은 사람은 '19세기의 스피노자'라는 별명도 있는 철학자로서 스피노자를 극복하고자 했던 블롱델, 델보스와 일대 격전을 벌이기도 했다. 베르그손과 뒤르켐이 이들과 함께 고등사범대학을 다녔고, 이들 모두의 선생님이었던 에밀 부트루, 레옹 올레 라프린도 빼놓을 수 없다. 여기서 더 소급해서 올라가면 부트루의 스승인 쥘 라슐리에(Jules Lachelier), 라슐리에의 스승인 펠릭스 라베송(Félix Ravaisson)을 언급할 수 있고 결국 멘 드 비랑까지 거슬러 올라갈 것이다. 국내의 프랑스 철학 전공자들이 언젠가 힘을 합쳐 프랑스 철학계의 학맥을 정리한다면 우리 철학계에도 큰 자산이 되리라고 생각한다.

해제인 2부를 준비하면서 크게 빚진 저작이 있다. 피에르 마슈레의 『데카르트 논쟁(Querelles cartésiennes)』(2014)이다. 마슈레는 스피노자와 마르크스 연구자로 널리 알려져 있다. 그는 프랑스 현대 철학의 또 다른 거장인 알튀세르의 제자로서, 에티엔 발리바르와 함께 '알튀세르의 두 조교'로도 유명하다. 『데카르트 논쟁』은 마슈레가 최근에 진행한 세미나를 정리하여 책으로 출간한 것이다. 이 저작에서 그는 데카르트에 대한 게루와 알키에의 논쟁, 그리고 푸코와 데리다의 논쟁을 탁월하게 규명한다. 근현대 철학의 전문가답게 마슈레는 두 논쟁을 간결하고 정확하게 풀어내고 있다. 무엇보다도 두 논쟁을 연관시키는 부분이 의미심장하다. 데카르트와 관련한 프랑스 강단 철학의 대표자들인 게루와 알키에의 논쟁이, 대중적으로 널리 알려진 두 철학자 푸코와 데리다의 논쟁과 연결되는 지점을 보여줌으로써 근대 철학과 탈근대 철학의 문제의식이 자연스럽게 만나고 있음을 보여주기 때문이다. 델보스의 데카르트 연구, 20세기 프랑스 철학계의 중요한 두 논쟁, 그리고 두 논쟁의 관계를 정리함으로써 독자들에게 프랑스 철학의 풍부한 모습을 보여주고 특히 데카르트 철학을 비롯한 근대 철학이 단지 역사적 유물로 남아 있지 않고 현대적 문제의식 속에서 생생하게 작용하고 있다는 점이 드러났으면 한다.

5. '나는 생각한다 고로 존재한다': 체계인가 경험인가?
―마르샬 게루와 페르디낭 알키에의 논쟁

먼저 소개할 데카르트 논쟁은 프랑스 철학계의 두 거장인 마르샬 게루와 페르디낭 알키에의 논쟁이다. 게루가 훨씬 선배다. 게루는 철학사의 해석에서 구조적 체계를 강조하는 그의 성향 때문에 구조주의자로 소개되곤 하는데, 아무래도 그의 명성은 근대 철학과 관련한 굵직굵직한 주석서들에서 비롯한다. 데카르트, 스피노자, 라이프니츠 등에 관한 그의 저작들은 아직도 큰 영향력을 발휘하고 있다. 다소 과장된 평가이기는 하지만, 스피노자에 대한 그의 주석서는 게루 이전과 이후로 현대 스피노자 연구를 나눈다는 평을 받기도 한다.

알키에는 게루보다 연하의 학자이지만 데카르트 관련 주석서를 발표한 것은 먼저다. 1950년에 발표된 그의 책 제목은 『데카르트에서 인간의 형이상학적 발견(La découverte métaphysique de l'homme chez Descartes)』이다. 알키에가 강조하는 것은 가장 내밀한 형태의 존재 경험이다. 그에 따르면 데카르트는 일인칭으로 읽어야 하며 작품과 인간을 분리하여 중립적으로 읽어서는 안 된다. 데카르트의 사상을 논리적으로 설명할 수는 있겠지만 이는 진정한 의미에서 이해하는 것이 아니다. 알키에는 후에 스피노자 철학에 대한 저작에서도 자신은 스피노자의 철학을 설명은 할 수 있지만 결국 이해는 못한다고 고백한다. 데카르트를 이해하려면 타인들이 인정하고 공유할 수 있는 데카르트의 근원적 체험의 차원에서 읽어야 한다. 결과적으로 데카르트의 철학은 모든 요소들이 한데 모여 정립된 전체적 체계로 파악해서는 안 되며, 오히려 시간적으로 진화해온 과정을 추적해야 제대로 이해하는 것이다.

게루의 저작인 『근거들의 질서에 따른 데카르트』는 그로부터 3년 후인 1953년에 출간되었다. 두 권으로 구성된 대작이다. 이 저작에서 게루는 자신의 작업 내내 준칙으로 간주한 것이 델보스의 말임을 강조하며 논의를 시작한다. "한 철학의 깊은 의미를 발견하겠다는 명목으로 그 철학의 정확한 의미를 무시하면서 시작하는 사변의 유희를 경계할 것." 그리고 게루는 마치 알키에를 겨냥하듯이 말한다. "이 준칙은 **이해를 설명**에 종속시킨다." 알키에는 설명이 상대적 확실성만을 갖는 과학적 인식에 속하고 이해는 절대적 확실성을 지닌 형이상학적 경험에 속한다고 했다. 게루에 따르면 철학은 개인의 사유 경험에 기초한 소설이 아니다. 경험 같은 자의적 차원에 의거하면 안 되고 오직 체계와 구조를 파악해야 한다. 데카르트 철학을 읽는 구체적·역사적 주체는 이성적 사유와 구별되며 데카르트 철학의 논증적 구조 또는 건축 질서를 파악해야 한다. 데카르트 철학은 단단한 화강암 요새 같은 논증과 증명의 체계다.

다시 3년 후의 저작 『데카르트, 인물과 삶(Descartes, l'homme et l'œuvre)』(1956)에서 알키에는 게루를 겨냥하며 다음과 같이 자신의 입장을 강조한다.

몇몇 작가들은 데카르트의 철학에서 오직 객관적 가치의 관점에 따라 그들이 판단하는 관념들의 총체만을 본다. 그들은 정합성의 기준에 따라 텍스트들을 조직한다. 이와 반대로 다른 작가들은 데카르트의 사유를 그것의 역사를 통해 설명하는 데 개의치 않는다. 그들에 따르면 데카르트 철학의 진정한 질서는 관념들이 논리적으로 연결되는 질서가 아니다. 그것은 살아 있는 사유가 전개된 시간적 질서다.

이처럼 극명하게 대립하는 두 거장의 논쟁이 정점에 달한 것은 1957년 루아요몽 수도원에서 개최된 학술대회에서다. 그야말로 쟁쟁한 학자들이 참가하여 데카르트를 논한 자리였는데, 역시 대회의 백미는 극도의 긴장 속에서 진행된 게루와 알키에의 논쟁이었다. 게루가 개회사를 맡았고 첫 번째 발표자는 알키에였다. 알키에의 발표문이 20쪽이고 토론이 거의 40쪽에 달한다. 토론에서 게루와 알키에 외의 다른 학자들은 가끔씩 개입하는 보조적 역할을 맡았을 뿐이다.[1]

알키에는 「데카르트의 형이상학 구성에서 존재론적 경험과 체계적 연역」이라는 제목의 논문을 발표했다. 존재에 대한 생생한 **경험**을 강조하는 제목 자체가 이미 게루에 대한 일종의 도발이었다. 발표문의 서두

---

1 루아요몽 학술대회 내용은 『데카르트(Descartes)』(Éditions de Minuit, 1957)라는 제목의 단행본으로 출간되었다. 이 책을 인용할 때 약어 D로 표기하고 쪽수를 병기한다.

에서부터 그는 게루를 암시하면서 두 종류의 해석을 배제하겠다고 선언한다. 이 중 첫 번째 해석이 데카르트의 철학을 근거들이 상호 연역되는 체계로 보는 게루의 관점이다.

이런 연역은 순서상 첫 번째 진리들, 그러나 이들로부터 도출되어야 하는 과학적 진리들과 본성상 다르지 않을 진리들을 대상으로 한다. 이 경우 철학 전체는 형이상학과 과학을 포함하는바 데카르트가 『방법서설』에서 이야기하는 근거들의 사슬 중 가장 광대한 사슬을 형성할 것이다. 철학은 예를 들어 스피노자가 철학에 대해 꿈꾼 의미에서의 전체적으로 연역적인 체계가 될 것이다.D. p. 11

당연히 알키에의 도발은 게루에게 포착된다. 토론의 시작부터 게루는 분위기를 달군다. "제 동료 알키에의 발표는 제게 큰 관심을 불러일으켰습니다. 그의 발표가 어느 정도 저를 겨냥하는 만큼 더욱 흥미로웠습니다. 몇몇 질문을 드리고 싶습니다."D. p. 33

이들의 논쟁을 따라가기 전에 먼저 알키에의 입장을 살펴보자. 알키에에 의하면 데카르트에게 단일한 질서는 없다. 데카르트에게 근거들의 질서는 과학적 차원과 형이상학적 차원이 있고 양자는 근본적으로 구별된다. 우선 과학적 인식의 확실성은 상대적 확실성이다. 과학적 인식의 절차는 가설적·연역적이다. 과학적 인식의 획득 과정에서 사물들의 진리는 간접적으로 도달된다. 과학적 인식의 절차는 재구성이므로 사물들의 실질적 실재에는 이르지 못하기 때문이다. 즉 과학은 인식 대상을 동질적인 개념들로 가공하는 표상 체계다. 다른 한편 형이상학적 차원이 있다. 형이상학은 절대적 확실성이다. 형이상학적 확실성은 과학적 인식에서처럼 중립적인 증명이 아니다. 그것은 사유의 직접적 경험이며 과학의 폐쇄적인 필연적 질서와 완전히 다른 영역에 속한다. 이처럼 과학적 인식과 형이상학적 인식은 서로 구별되기 때문에 데카르트의 철학은 모든 진리들이 하나의 사슬을 이루는 체계가 아니다. 그래서 알키에는 선언한다.

그렇기 때문에 데카르트는 체계를 가지고 있지 않다고 나는 생각한다.D. p. 15

형이상학의 질서는 이질적 실재들 간의 결합을 확립해야 하는데, 이는 그런 이질적 실재들이 **자아**, **신**, **물질**과 같은 존재들이기 때문이다. 반대로 과학은 그 자체로도 동질적인 실재를 표상하는 동질적 관념들로 이루어진다. 그렇기 때문에 과학은 설명하는 반면, 형이상학은 발견하고 확인한다.D. p. 15∼16

형이상학은 사물들을 직접적으로 사유하며, 데카르트의 표현에 따르면 그것들을 "만진다". 반면 과학은 표상과 추상적 작업을 통해 고찰 대상을 재구성할 뿐이다. 따라서 형이상학으로부터 과학은 내용을 제공받아야 한다.

결과적으로 과학이 사용하는 모든 관념들은 동일한 질서에 속하며 데카르트는 그의 물리학이 '기하학과 다른 것'이 아니라고 쓸 수 있다. 생명체, 무지개, 혈액순환, 비의 형성, 이 모든 것은 순수한 공간적 운동들의 이미지나 관념에 따라 재구성된다. 따라서 과학적 관념은 다른 관념으로부터 파생될 수 있고 다른 관념으로부터 도출될 수 있으며 다른 관념을 통해 재구성될 수 있다. 『정신 지도를 위한 규칙』에서 이런 점은 명백하다. 그러나 형이상 학에서 사정은 이와 같지 않다. 형이상학은 이질적이고 자유로운 존재들을 연결해야 하므로 더 이상 단순한 논리적 분석이나 기하학적 구성일 수 없는 방법을 사용해야 한다. 나는 나로부터 신을 연역해낼 수 없다. 나는 신으로 부터 나를 연역해낼 수 없다. 신은 나를 창조하지 않을 수도 있었기 때문이 다. 나는 한 진리를 다른 진리로부터 동질적인 차원에서 재구성할 수 없다. 따라서 이런 관점에서 볼 때 나는 발견하고 확인해야 하며, 이로부터 내가 존재의 경험, 순전히 존재론적인 경험이라고 명명하는 것이 도입되어야 한 다.D. p. 16

달리 말하면 데카르트의 체계는 이성적 체계로 구성된 과학뿐 아니 라, 보다 근본적으로 비이성적인 차원의 경험, 즉 "존재들이 직접적인 현전(現前)으로서 근거 없이 발견되는" 차원의 경험을 포함한다. 존재에 대한 직접적 경험, 이것이 형이상학적 경험이다. 우리는 사물들을 과학 적으로 고찰할 때 그것들을 의심할 수 있다. 사물들에 대한 객관적 관념 을 구성함으로써 그 내용을 박탈하면서 이해하기 때문에 우리는 그것들 을 제1성찰에서처럼 형이상학적 차원에서는 의심할 수 있는 것이다. 실 제로 의심한다는 것은 우선 의심 대상으로부터 우리 자신을 분리하는 것이고, 그 대상을 관념으로서 구성하는 것이기 때문이다. 그러나 '나' 에 대한 경험은 의심의 대상이 될 수 없다. '나'는 관념으로 변형될 수 없 기 때문이다. 신에 대한 증명도 신의 본질로부터 신의 현존을 연역해내 는 것이라기보다는 신을 부정할 수 없는 사태에 기초한다. "내가 부정할 수 있는 것은 신이 아니다.[D. p. 17] 우리는 신을 대상으로서 이해하는 것이 아니라 신을 만지는 것이다. 의심하고 관념을 구성하는 행위 실체로서의 '나'가 직접적 의식으로서 경험되는 것처럼, 신의 관념을 진정으로 생각하는 사람이라면 신이 존재한다는 것을 직접적으로, 즉 논리적 추론 없이 안다.

> 나는 내가 생각한다는 것을 알기 때문에 내가 존재한다는 것을 안다. 하지만 무슨 이유로 나는 생각하고 또 나는 존재하는가? 그것은 하나의 사태다. 또한 내가 신의 관념을 가진다는 것 또는 나 자신을 존재와 무(無) 사이의 중간 지대로 발견하는 것도 하나의 사태다. 그렇다면 형이상학적 질서는 어디로부터 오는 것인가? 내 생각에 그것은 인간의 위치로부터 온다. 나는 '자아'이며 나는 신에게 이르고 신으로부터 세계에 이르기 위해 '자아'에서 출발할 수밖에 없다.[D. p. 19]

달리 말하면 나 자신을 발견하고 신의 존재를 발견하는 것은 논리적 차원이 아니라 인간의 존재론적 상황 자체에 대한 직관이다. 과학적 관념(진리)들은 우리에게 온전히 주어져서 우리가 다룰 수 있는 것들인 반면, 형이상학적 진리들은 "존재의 일정한 현전"을 나타낸다. 그렇기 때문에 형이상학은 우리의 유한성을 보여준다. 즉 우리는 존재를 발견하지만 그것의 확실성에 이르는 것은 오직 우리 자신을 넘어선 무한한 존재의 완전성에 의거할 때 가능한 일이다. 이런 점에서 알키에는 데카르트의 철학에서 영원한 진리의 창조자로서의 신의 개념이 핵심적이라고 생각한다. 신이 영원한 진리의 창조자라면, 우리가 형성한 인식도 궁극적으로는 신의 자유로운 결정에 달려 있는 것이기 때문이다. 결국 우리가 세계를 경험하는 것은 신을 통해서다.

또한 가치의 문제와 관련하여 과학적 의식과 형이상학적 의식은 차원이 다르다. 형이상학적 의식은 그 대상들의 존재 정도에 따라 가치를 달리한다. 영혼이 육체보다 더 고귀하다거나 신에 대한 인식이 경탄과 결부되는 것은 형이상학적 인식이 가치에 대한 정서적 파악과 관련된다는 것을 나타낸다. 가치와 관련된 사안은 오직 논리적 개념으로 환원될 수 없는 근본적 경험을 통해서만 파악되는 것이다. 반면 물질/자연 자체는 감탄스러운 것이 전혀 없다. 자연에 대해서는 놀랄 것이 없다. "자연은 그야말로 우리 앞에 있는 것이고 가공할 수 있는 것이며 순수한 기술적 지배 대상이다."D. p. 20

물질세계 또는 자연에 가치와 목적이 없다는 점은 데카르트의 기계론을 상기해보면 극명하게 드러난다. 실제로 고중세 철학에서 줄곧 인정해온 목적인을 부정하고 작용인에 의한 근대 기계론적 설명의 모델을 제시한 것은 데카르트다. 데카르트는 물질적 실체를 **연장**(Res extensa)으로 환원하고 물리 세계의 모든 현상을 **크기**, **모양**, **운동**으로 설명하기 때문이다. 공간과 물체는 동일하며 따라서 빈 공간은 존재하지 않는다. 세계는 물체로 꽉 찬 공간이며 우주의 시작 때에 주어진 운동량이 계속 보존된다. 이런 기계론 개념에 따르면 물리 세계의 모든 질적·양적 변화는 단지 연장 속에서 일어나는 충격들에 의해 설명된다. 『철학의 원리』에서 데카르트는 다음과 같이 강조한다.

나는 사람들이 기하학에서 크기라고 부르며 기하학적 증명의 대상으로 간주하는 것, 즉 모든 방식으로 나누어질 수 있고 모양을 지닐 수 있고 운동할 수 있는 것 이외의 어떤 것도 물질로 인정하지 않음을 밝힌다.

물질이나 물체 일반의 본성은 딱딱하다거나 무게를 지니고 있다거나 색을 띠고 있거나 또는 어떤 방식으로 감각을 자극하는 데 있는 것이 아니라 오로지 길이, 너비, 깊이로 연장되어 있다.

데카르트가 신이 계획을 가지고 물질세계를 창조하며 보존한다는 것을 부정하는 것은 아니지만, 그에 따르면 우리는 신의 계획이 어떤 것인지 모르며, 따라서 세계의 목적도 알 수가 없다. "신의 본성이 무한하기 때문에 유한한 우리가 그를 파악하지 못하는 것은 당연하다." 유한한 인간은 무한한 신에 대해 알 능력이 없다. 물론 신이 존재하며 무한하고 완전하며 절대적 능력이 있다는 것 정도는 알 수 있지만, 신의 의도나 계획 등 신의 권한에 있는 사항은 알 수가 없다. 어떻게 보면 **신은 우리가 유한하다는 것을 알려줄 뿐이다.** 따라서 목적에 대한 탐구는 금지해야 한다. 역시 『철학의 원리』에서 데카르트는 이렇게 말한다.

피조물들의 목적인이 아니라 작용인을 탐구해야 한다. (……) 자연물들과 관련해서 우리는 결코 신이나 자연이 그것을 창조하는 데 세운 목적으로부터 설명을 취하지 않을 것이다. 왜냐하면 우리가 신의 계획에 참여하고 있다고 생각할 정도로 우쭐대서는 안 되기 때문이다.

우리의 자만심으로 인해 신이 세계를 창조할 때 세운 목적을 인식할 수 있다고 가정하지 않도록 조심해야 한다.

이런 관점에서 데카르트는 고중세의 전통에 대해 근본적인 단절을 선언한다. 데카르트에게 아리스토텔레스의 관점에서처럼 어떤 형상이나 관념이 물리 세계의 질서를 지배한다는 질료 형상론적 개념은 마술적 정신의 잔존이다. "나는 자연을 어떤 여신이나 환상적 힘을 가진 다른 어떤 것으로 이해하는 것이 전혀 아니다. 나는 물질 자체를 의미하기 위해 자연이라는 단어를 사용한다." 그러므로 데카르트의 기계론은 일종의 유물론적 관점이 되고, 기계론의 세계에서 모든 미와 상징적 의미는 상실된다.

데카르트의 기계론은 가치의 문제와 관련하여 곧바로 비판의 대상이 된 것도 사실이다. 영국의 시인 존 던(John Donne)은 자신의 시 「세계의 해부」에서 "모든 것은 조각났고 전체는 사라졌다(It's all in pieces, all co-herence gone)"라고 말한다. 파스칼도 세계가 물질과 정신으로 분리되어 인간이 의미를 상실하게 되었다는 점을 강조한다. "이 무한한 공간들의 침묵은 나를 오싹하게 한다." 파스칼의 이런 생각은 의미가 상실된 세계 앞에 놓인 근대인의 의식 상태를 잘 표현해준다. 우주는 계산하고 측정하는 정신에 의해 구성되어 더 이상 하나의 전체로 생각할 수 없는 것이며 인간은 우주에서 자신을 이방인으로 느끼게 된다. "추상적 자연과학은 인간에게 본질적인 것이 아니다"라고 파스칼은 말한다. 이제 우주는 벙어리다. "우리는 세계에 존재하지 않는다"라는 랭보의 말이 맞기 시작한 것이다. 데카르트에서 시작된 근대과학과 함께 세계는 더 이상 구조가 짜이고 통일적 일관성을 지닌 하나의 전체로 생각될 수 없으며 부분적인 의미만을 가지게 되었다. 세계는 그 무엇에 의해서도 극복될 수 없는 이원성을 자신 안에 담고 있다. 자연과 정신이 실재의 양극을 나타낸다. 자연은 이제 표상의 대상, 과학적 인식의 대상, 기술적 착취의 대상으로 존재한다. 인간은 자신과는 본질적으로 낯선 대상, 즉 자신의 **궁극적 목적에 대해 아무 말도 못하는 대상으로 생각된 세계** 앞에 놓인 주체로서 존재한다.

그러나 기계론을 신뢰하는 근대인들은 세계에 대한 새로운 개념에 대해 확고한 낙관론을 가지고 있었다. 그들의 평가에 따르면 기계론을 통해 고대의 아리스토텔레스적인 물리학보다 더 효과적인 방식으로 물질세계를 지배할 수 있으며, 따라서 기계론은 인간에게 매우 유용한 것이기 때문이다. 데카르트는 『방법서설』에서 다음과 같이 선언한다.

> 나는 물리학의 일반 개념들을 통해 삶에 매우 유용한 지식을 가질 수 있고 스콜라학파에서 가르치는 사변철학과 달리 물리학의 일반 개념들의 실천을 확인할 수 있다는 것을 알게 되었다. 이런 실천에 의해 우리는 불, 물, 공기, 행성, 천체, 그리고 우리를 둘러싼 모든 물체들의 힘과 작용을 장인들의 여러 직종들을 아는 것처럼 판명하게 알게 됨으로써 그 개념들을 적재적소에 모두 사용하여 자연의 지배자 및 소유자가 될 수 있다.

기계론이 사물들 속에서 목적성을 보는 것을 금지하고 사물들을 상호작용 속에 있는 단순한 물질 덩어리들로 간주한다면, 이는 물질세계를 더욱 효과적으로 지배함으로써 인간의 삶 자체를 변화시키기 위한 것이다. 그러나 이런 계획은 사물들 안에 선재되어 있는 것이 아니라 오로지 인간에게 속하는 것이다. 달리 말하면, 인간은 자신의 목적을 자연에 설정하기 위해 우선 자연이 그 자체로 목적이 있다는 점을 부정해야 했다. 즉 자연 자체에는, 그리고 자연을 중립적으로 분석하고 규정하는 과학에는 의미와 가치를 위한 자리가 없다. 이런 점에서 알키에는 과학과 형이상학이 각기 다른 대상에 적용된다는 점을 강조한다.

> 세계는 두 영역으로 분할된다. 가치를 지니지 않은 물리적 실재의 영역이 있다. 물리적 실재의 영역은 나의 인식에 제공된 것과 마찬가지로 나의 기술적 행동에 종속될 수 있는 영역이다. 이 모든 것은 동일한 쪽에 속하며 말하자면 자아의 하위에 있다. 물리적 세계는 내가 이해하는 세계이며 내가 작용을 가하는 세계이고 내가 의심하는 세계이다. 다른 한편으로 형이상학적 영역이 있다. 형이상학적 영역은 내가 이해하지 못하는 영역이고 내가 작용을 가할 수 없는 영역이며 내가 의심하지 않는 영역이다. 자유에 해당하는 내 고유의 존재, 그리고 내가 경탄하고 경배할 수밖에 없는 신적 절대 존재가 바로 형이상학적 영역이다.D. p. 21

이제 이런 관점에서 알키에는 '코기토'에 대한 새로운 평가를 내린다. 특히 이 점에서 앞으로 게루와의 첨예한 논쟁이 펼쳐질 것이다. 그런데 먼저 코기토의 의미와 관련하여 약간의 설명이 필요하다. 라틴어 동사 Cogitare(코기타레)의 일인칭형인 Cogito(코기토)는 '나는 생각한다'라는 뜻이지만 '나는 생각한다 고로 존재한다'를 나타내는 개념어로 사용될 때가 많다. "나는 생각한다 고로 존재한다"라는 이 명제는 『방법서설』과 『철학의 원리』에서 나타나지만 『성찰』에서는 "고로"가 빠지고 "나는 생각한다, 나는 현존한다'라고만 언술된다. 알키에와 게루의 논쟁은 사유와 존재의 관계에 집중된다. 알키에는 사유와 존재를 분리하는 반면, 게루는 둘을 통합한다.

알키에에 따르면 코기토는 순수한 정신 또는 지성이라기보다는 실존적 실체다. "'나는 생각한다'는 순수 정신, 지성 일반을 드러내는 것이 아니라 '자아', 현존하고 구체적인 '나'를 드러낸다."^{D, p. 22} 실제로 『성찰』에서 데카르트는 『방법서설』과 『철학의 원리』에서처럼 '나는 생각한다 고로 존재한다(cogito ergo sum)'라고 하지 않는다. 오히려 "나는 있다, 나는 현존한다(ego sum ego existo)"라고 말한다. 즉 나의 존재는 의심을 겪으며 즉각적으로 나타난 진리다. 이는 인식의 문제라기보다는 경험과 발견의 문제다. 내 존재에 대한 발견과 존재론적 경험이다. 나의 존재는 모든 관념들의 기반이고 주체다. 우선 내가 존재하는 사태를 발견하고 **그 다음으로** 내가 무엇인지를 묻는 것이 데카르트의 절차다. 존재하는 '나'가 무엇인지 규정하기 위해서 데카르트는 내가 아닌 것, 나일 수 없는 것을 배제해나간다.

육체는 의심의 대상이었으므로 나는 육체가 아니다. 육체와 관련된 것도 아니다. 결국 나는 순수한 사유(cogitatio)다. 나는 생각하는 존재다. 알키에는 코기토에서 실체와 속성을 구분한다. 즉 존재하는 '나'는 실체이고 '사유'는 핵심적 속성으로서 실체에 귀속된다. 즉 존재 자체가 사유인 것이 아니라, 존재는 사유에 존재론적 기반을 부여하는 것이다. 달리 말하면 '나'는 사유로 환원되지 않으며, 흔히 말하듯이 나는 "사유 실체"로서 규정되지 않는다. 나는 책상이 나무로 되어 있다고 말하듯이 내가 사유로 되어 있다고 할 수 없다. 나는 우선 존재하는 존재다. 그리고 나의 핵심적인 속성을 살펴보면 그것은 사유다.

줄곧 설명했듯이 결국 알키에의 관점은 역시 과학과 형이상학의 구분이다. 과학은 존재를 결여한 인공적 세계를 지배하는 것을 목표로 한다. 반면 형이상학은 자아, 신, 세계의 절대적 실재에 이른다. 결국 과학의 빈 틀에 내용을 제공해주는 것은 형이상학이다. 데카르트의 철학은 인식의 철학이라기보다는 우선적으로 체험의 철학이다.

이제 알키에와 게루의 논쟁을 추적해보자. 앞에서 인용했듯이 게루는 알키에가 자신을 겨냥하고 있음을 명백하게 알고 있었다. 당시 학술대회에 참석한 모든 사람 역시 알키에의 발표가 게루를 겨냥하고 있음을 알고 있었다. 알키에가 과학의 영역과 형이상학의 영역을 선명하게 구분한 것과 달리 게루는 단일하고 동질적인 근거들의 질서를 강조하며 데카르트를 해석해왔기 때문이다. 그래서 게루는 곧바로 철학자로서 데카르트의 문제의식이 확실성이라는 점을 설명한다. 데카르트로 하여금 철학을 하도록 한 것은 이런 질문들이다. "나는 내가 가지고 있는 감각적 인식, 내적 경험, 형이상학적 직관을 신뢰할 수 있는가? 나는 어떤 기준에서 이런 것들에 대해 확실할 수 있는가?"D. p. 32 이런 질문을 통해 데카르트는 단순한 체험의 차원과 존재론적 또는 형이상학적 경험을 넘어서는 것이다. 질서에 따라 성찰한다는 것은 확실성에 이르는 것이고, 확실성에 이르기 위해서는 확실성들의 사슬을 구축해야 한다. 전체적 확실성은 근거들의 질서에 따른 연역이 이루어내는 것이다. 게루가 알키에의 해석에 정면으로 대립한다는 점은 명백하다. 게루에 따르면 알키에의 해석은 데카르트의 철학을 "무상성의 철학"으로 여기는 셈이다. 알키에의 발표가 자신에게 시사하는 것이 바로 그런 점이라고 게루는 밝힌다.

게루　한마디로 데카르트는 무상성의 철학에 적대적입니다. 그는 시적(詩的) 직관의 희생자가 되기를 두려워합니다. 그가 거장으로 나타나는 것은 바로 이런 이유 때문입니다. 데카르트는 시적 직관이나 통제되지 않은 영감과 철학을 구분해주는 엄밀성을 철학에 부여하고자 했기 때문입니다.D. p. 33

게루는 존재를 단지 발견하고 확인한다는 알키에의 해석을 정면으로 반박하고 있다. 그러나 본격적인 논쟁은 이제부터다. 두 사람이 끝까지 합의를 보지 못하는 부분이 바로 코기토에 관한 것이다. 앞서 살펴보았듯이 알키에에 따르면 형이상학적으로 경험된 '나'는 우선 실체로서 존재하며, 사유는 핵심 속성으로서 '나'에게 귀속된다. 게루는 묻는다.

게루　그렇다면 데카르트의 철학에서 이 '나'는 무엇입니까? 그것은 사유도 아니고 연장도 아닙니다. 그러면 그것은 무엇입니까?D. p. 33

알키에는 발표문과 같은 방식으로 답한다. '나'는 "생각하는 것(res congitans)"이다. 즉 '나'는 "내 사유의 실체"라는 것이다.

알키에　데카르트는 우선 그의 '나'의 존재, 그의 '나'의 실체를 인정합니다. 그 후에 그는 이 실체가 생각한다는 것, 그리고 오직 이 점에 대해서 확실하다는 사실을 발견합니다. 그러나 그는 사유를 '나'에 속하는 것으로 인정합니다.D. p. 33

즉 실체(나)의 차원과 속성(사유)의 차원이 구분된다. 달리 말하면 실존(나)이 존재론적으로 본질(사유)보다 우위인 것이다. 어떻게 보면 데카르트의 철학은 사르트르 실존주의의 대원리를 표현한다. 실존은 본질에 선행한다.

게루는 스피노자의 철학을 연상시킬 수밖에 없는 질문을 던지며 알키에에게 논박을 재개한다. 알키에의 말대로라면, 연장도 '나'라는 실체와 '사유하는'이라는 속성이 구분되듯이 연장된 '사물'과 '연장된'으로 구분되어야 하느냐고 게루는 묻는다. 점점 사변적인 논쟁이 되어가기 때문에 번역을 아무리 정확히 해도 이해하기가 녹록지 않지만, 미묘하고 중요한 문제인 만큼 차근차근 설명해보자. 우선 많은 연구자들이 데카르트의 물질 개념을 "연장 실체"로 큰 문제의식 없이 표현하곤 하는데, 알키에와 게루의 논쟁은 이처럼 간단히 표현하는 일을 허용치 않는다. 먼저 '연장'은 라틴어로 'Res extensa'다. 철학의 핵심적 질문 중 하나가 '물질은 무엇인가?'라는 질문이다. 물질에 대해 데카르트는 "Res extensa"라고 말한다. 'Res'는 '것', '사물', 영어의 'thing', 프랑스어의 'chose'에 해당하는 말이고, 'extensa'는 길이, 넓이, 깊이를 갖는 상태를 뜻한다. 영어로는 'extension', 'thing extended', 불어로는 '늘리다', '늘어난' 등의 뜻을 지닌 동사 'étendre'의 파생형 'étendue'로 표현된다. 즉, '늘어난 것' 정도로 직역할 수 있겠다.

문제는 연장을 실체 자체로 볼 것인지 아니면 핵심 속성으로 볼 것인지 여부다. 게루는 연장을 실체로 보고 알키에는 '연장된 것'으로 본다는 점에서 차이가 있다. 이제 게루는 만일 사유의 차원에서, '나'라는 실체와 '사유'라는 속성이 구분된다면, 연장의 차원에서도 '사물'이라는 실체와 '연장'이라는 속성이 구분되어야 하느냐고 묻는 것이다.

피에르 마슈레가 지적하듯이, 여기서 주목할 점은 게루가 의식적으로든 무의식적으로든 스피노자의 평행론과 같은 방식으로 질문을 하고 있는 것이다. 이에 대해 알키에는 그렇다고 답한다. 이 지점에서 스피노자의 망령이 살아있는 것 아닌가 하는 생각이 문득 든다. 사실 알키에는 스피노자에 대해서도 많은 강의록과 글을 남긴 스피노자 연구가이기도 하다. 때문에 알키에-게루 논쟁의 배경을 이해하는 데에 있어서 데카르트와 스피노자의 관계를 아는 것이 큰 도움이 된다.

앞에서 설명한 데카르트의 물질론, 즉 기계론의 의미와 비교하면, 스피노자는 이성의 권한을 데카르트보다도 더 강화한 기계론의 계승자로 간주될 수도 있고, 동시에 자연 속에서 단지 원인과 결과의 생동감 없는 연속을 보는 것이 아니라 보편적 에너지의 생생한 원천을 보았기 때문에 낭만주의와 자연철학의 영웅이기도 하다. 스피노자에게는 데카르트의 흔적과 그에 대한 극복의 모습이 동시에 발견된다.

데카르트와 스피노자가 살던 시대는 현대의 우리가 흔히 말하는 **근대성**으로 인한 혼란기라고 할 수 있다. 고중세를 통해 희랍철학과 기독교가 확립해온 목적론적 세계관이 근대 과학의 발전과 함께 의심되고 파괴되기 시작한 사상적 갈등의 시기라고 할 수 있겠다. 전통적으로 희랍철학과 기독교의 만남은 목적론적 세계관을 더욱 살찌웠는데, 근대의 사상가들은 목적론의 뿌리인 아리스토텔레스의 관점을 해체하기 시작했고, 결국 물질세계를 철저하게 기계론적으로 보는 데카르트에 이르렀다.

스피노자는 데카르트보다 한 발 더 나아가기 시작한다. 데카르트는 신의 계획 또는 세계의 목적성에 대해 불가지론적인 입장이었던 반면,

스피노자는 신이 자연의 광대한 힘이고 자연은 스스로 산출되며 이러한 자기 산출 외에 아무런 목적도 가지고 있지 않다고 주장한다. 따라서 그는 여러 다른 세계들 가운데 한 세계를 선택하는, 혹은 인간을 위해 세계를 실현하는 창조신의 개념을 선명하게 공격한다. 그의 주저 『에티카』에서 스피노자는 자신의 신 개념이 데카르트의 신 개념에 보다 가깝다고 인정하며 전통적 신 개념을 비판한다.

모든 것을 신의 자의적 의지에 종속시키며, 모든 것을 신의 재량에 의존하게끔 하는 이 의견은, 모든 것을 선의 근거에서 행한다고 주장하는 사람들의 의견보다는 진리에 좀 더 가까움을 나 역시 인정한다.

스피노자에 따르면, 목적론에서 인정하는 자유로운 창조신은 자신의 힘을 억제하거나 자신의 외부에 있는 어떤 것에 종속되는 존재가 된다. 우선적으로, 여러 세계들 가운데 최선의 세계를 택한다는 것은 나머지 세계들을 배제한다는 의미이기도 하며, 따라서 창조하지 않을 세계들을 생각만 한 셈이 되므로 이는 신이 자신의 힘을 억제한 것이며 소모적인 생각을 한 것이 된다. 그리고 신에게 목적성을 부여하는 것은 신에게 욕구를 도입하는 것이며, 동시에 신에게 결여나 불완전성이 있다고 인정하는 것이다. 신학자들은 필요에 의한 목적성과 동화(同化)나 호의를 위한 목적성을 구분하며 논의를 복잡하게 만들지만 달라질 것은 없다. 목적이 있다는 것은 그것이 최선이건 아니건 간에 외부의 무엇인가에 종속된다는 것을 말한다. 즉, 신 자신 안에 목적이 있다는 것은 아직 실현되지 않은 상태가 자신 안에 있다는 것이다. 한마디로 말해 창조신은 절대적으로 완전한 존재일 수 없다.

그렇다면 스피노자가 인정하는 신의 개념은 어떠한 것인가? 그의 신은 인격신이 아니다. 목적성을 가진 창조 또는 **무로부터의 창조**(creatio ex nihilo)는 인격신을 통해 이루어지는 것이다. 즉 지성을 통해 창조할 세계를 구상하고 의지와 힘을 통해 세계를 현존케 하는 신 개념을 필요로 하는 것이 창조다. 스피노자는 인격신 개념에서 신 안의 간극과 결여, 그리고 불완전성을 보고 있기 때문에 세계가 지성에 의해 미리 구상되고 의지나 힘에 의해 논리적으로든 존재론적으로든 나중에 실현되는 방식을 받아들일 수 없다. 달리 말하면, 그가 인정하는 신은 지성이나 의지를 본질로 갖는 신이 아니다. 이 세계는 여러 세계들 가운데 선택된 세계가 아니라 유일한 전체일 뿐이다. 이 세계는 어떤 지성에 의해 미리 생각되고 창조된 것이 아니라, 계획과 실현 간의 간극 없이 그 자체로 영원으로부터 존재하는 것이다. 신은 바로 이 세계다. 스피노자 철학의 핵심을 표현하는 **신 즉 자연**(Deus sive Natura)이 바로 이러한 의미다. 스피노자가 말하는 신이 지성과 의지를 본질로 갖고 있지 않다고 해서 신이 사유를 하지 않는 것은 아니다. 사유는 분명 능동적인 힘이기 때문이다. 다만 전통적 신 개념에서 신의 본질로 인정하는 지성과 의지는 사유라는 근원적인 산출력의 결과일 뿐이다. 지성에 의한 구상과 그 실현 간의 간극이 없기 때문에 물질도 역시 지성에 의존되는 것이 아니다. 물질도 역시 신의 완전성이며 사유와 동급으로서 신의 본질을 구성한다.

여기서 우리는 데카르트의 흔적과 동시에 그것을 극복하려는 스피노자의 모습을 볼 수 있다. 델보스는『스피노자 철학』에서 데카르트의 영향과 관련된 스피노자 철학의 진화 과정을 설명했는데, 탁월한 타당성을 선보인다. 주지하듯이 데카르트는 실체를 사유 실체와 연장 실체로 구분하는 이원론적 세계관을 구축했으며 이런 실체들의 창조자인 신을 상정했다. 그리고 창조된 세계를 철저하게 세속화하여 보았기 때문에 결국 신의 목적과 작용에 대해서는 인식이 미치지 못한다는 불가지론적인 입장을 보였다. 우선적으로 스피노자는 데카르트에 반대하여 사유와 연장을 유일 실체의 "양태"(결과)들로 간주했다. 이 점에서 스피노자가 범신론의 직관에서 출발했으며 어떤 값을 치르고라도 자연의 전체적 완전성과 신의 통일성을 유지하려고 했다고 말할 수 있다. 데카르트가 행한 사유와 연장의 실재적 구분에서 자신의 사상을 위해 유익한 점을 보기 시작한 것은 나중의 일이다. 스피노자의 논의는 다음과 같이 진화했다. 사유와 연장은 그 자체로 생각되며 따라서 실체적인 어떤 것, 즉 무한성과 비인과성을 드러낸다. 그것들은 실체의 '속성'들이다. 그러나 속성들이 있는 만큼 실체들도 있다면, 신은 자신이 창조한 다른 실체들과 근원적으로 다른 실체가 될 것이며, 비인과적인 것이 원인의 작용을 받게 될 것이다. 이는 불합리할 수밖에 없다. 따라서 모든 속성들이 하나의 동일한 실체에 귀속한다는 것을 받아들이는 것이 더 논리적이다. 게다가 이 속성들을 유일 실체에 통합한다고 해서 모순을 도입하는 것도 아니다. 왜냐하면 속성은 무한하므로 다른 속성을 제한하지 않기 때문이다. 속성들의 실재적 구분은 유일 실체의 긍정을 방해하기는커녕 오히려 유일 실체의 긍정을 가능케 하는 것이다. 왜냐하면 속성들의 실재적 구분은 속성들을 서로 대립할 수 없도록 하기 때문이다. 이렇게 스피노자는 데카르트를 이용하여 데카르트와 거리를 두는 결론, 그리고 그가 가졌던 최초의 범신론적 직관을 강화하게 해주는 결론을 도출해낸 것이다.

결국 스피노자의 체계에서 사유 속성과 물질(연장) 속성은 유일 실체의 본질을 평행하게 표현한다. 이것이 스피노자의 평행론이다. 달리 말하면 사유의 명령에 의해 물질이 작용하는 것이 아니다. 사유 영역은 사유의 법칙에 따라 실체의 힘을 그대로 표현하고 물질계는 물질 법칙에 따라 실체의 힘을 그대로 표현한다. 그리고 이런 실체, 즉 신의 힘의 익명적 발현, 또는 '신의 절대적 본성'의 표현을 스피노자는 **필연성**이라고 명명하는 것이다.

바로 이런 평행론을 알키에와 게루 모두 어느 정도 인정하고 있다는 점이 특이하다. 이들은 데카르트와 스피노자의 차이를 누구보다 잘 알고 있음에도 불구하고 은연중에 스피노자의 평행론을 인정하고 있기 때문이다.

다시 문제로 돌아와서 게루의 질문을 상기하자. 사유 실체와 관련하여 '사유하는'이라는 속성과 '사유하는 실체'를 구분해야 하듯이, 연장 실체와 관련하여 '연장된'이라는 속성과 '연장된 실체' 자체를 구분해야 하느냐는 질문에 알키에는 그렇다고 답한다.

알키에 사물은 연장된 것이지만 그것이 연장은 아닙니다.D. p. 33

물질적 실체는 칸트가 말하는 물자체처럼 실체이며 연장은 사물의 핵심적인 속성이라는 것이다. 그런데 알키에에 따르면, 사유와 물질 사이의 평행론은 깨진다. 사유하는 '나'의 실체는 존재 경험이 가능하지만,

물질적 실체는 그렇지 못하기 때문이다. 따라서 연장은 구분되는 개념들을 함축한다. 연장된 상태가 있고 연장된 사물이 있다. 과학이 다루는 물질의 관념은 나에게 전적으로 제공된 관념, 즉 연장 관념이다. 그러나 그것은 연장된 사물 자체에 대한 앎은 아니다. 그렇기 때문에 과학은 표상의 영역인 것이다. 그러나 알키에에 따르면 데카르트는 연장과 연장된 사물을 혼동하지 말아야 한다고 했다. 그러면 그 사물 또는, 내가 과학적으로 파악하는 것으로 환원되지 않는 물질 자체는 무엇인가? 이것이 게루의 질문이었다. 이 점에 대해 알키에는 모른다고 고백한다.

> **알키에** 선생님께서는 내가 물질에 대해 파악하는 것으로 환원되지 않는 이 물질이 무엇인지 제게 물으십니다. 저는 모르겠습니다. 이 점에 대해 실존 개념의 모든 모호함이 존재합니다. 그러나 제가 보기에 이런 난점은 데카르트에서 발견되며, 이 난점을 제거할 수도 없고 또는 침묵할 수도 없어 보입니다. 데카르트에게는 연장과 연장된 것이 있습니다.^{D. p. 34}

달리 말하면, 데카르트의 철학에는 이성이 파고들 수 없거나 또는 불완전하게 파악할 뿐인 존재의 신비가 있다. 마슈레가 말하듯이 데카르트는 존재는 존재한다고 말할 수밖에 없는 제2의 파르메니데스[2]다. 그렇기 때문에 데카르트의 철학은 게루가 주장하듯이 일률적인 근거들의 연쇄로 구성된 총체적 체계가 아니다.

---

2 Parmenides(B.C. 515?~B.C. 445?). 고대 그리스의 철학자. 그는 모순되지 않는 규정을 존재에 부여하지 않으려면 모든 것들에 공통된 것, 즉 '있음'만을 인정해야 한다고 주장했다.

당연히 게루는 반발한다. 게루는 실체와 속성의 구분이 실재적 구분이 아니라, 사유에 의한 구분, 즉 이성의 구분이라고 주장한다. 다시 한번 게루는 실체와 속성의 관계에 대한 스피노자의 관점을 상기시키는 주장을 제시한다. 알키에는 실체와 속성이 분명히 구분된다고 본다. 게루는 알키에의 주장을 뒷받침할 데카르트의 텍스트가 없다고 강조한다. 즉 실체와 핵심적 속성을 혼동하지 말아야 한다거나 양자를 구분해야 한다는 텍스트 말이다. 알키에는 『철학의 원리』1부 63~64절이 그 사례라고 말한다. 이 텍스트는 매우 밀도가 높아서 여러 번 집중해서 읽어야 한다. 그대로 인용해보자.

63. 어떻게 우리가 사유와 연장을 정신과 물질의 본성을 이루는 것으로 판명하게 인식할 수 있는지.

우리는 사유와 연장을 사유하는 실체와 물체의 본성을 이루는 것으로 볼 수 있다. 이때 우리는 사유와 연장을 바로 사유 실체와 연장 실체, 다시 말해 정신과 물체로서 이해해야 하며, 우리는 그런 방식으로 그것들을 가장 명석판명하게 인식한다. 당연히 우리는 연장 실체나 사유 실체를 연장이나 사유가 빠진 실체보다 쉽게 인식한다. 왜냐하면 실체 개념을 단지 이성적으로만 실체와 구분되는 '사유'나 '연장' 개념들로부터 추상하는 데는 커다란 어려움이 있기 때문이다. 실체 개념은 우리가 그 속에 무엇을 덜 포함하면 할수록 더 판명하게 되어지는 것이 아니라, 단지 우리가 그 속에 포함한 것들을 다른 모든 것들과 정확하게 구분함을 통해 더 그렇게 되어지는 것이다.

64. 어떻게 우리가 사유와 연장을 실체의 양태로도 판명하게 인식할 수 있는지.

사유와 연장을 우리는 실체의 양태로도 간주할 수 있는데, 이는 동일한 하나의 정신이 여러 가지 다양한 사고를 할 수 있고 또 동일한 하나의 물체가 크기(quantitatem, quatitas)를 동일하게 유지한 채 여러 가지 다양한 양태로 연장될 수 있기 때문이다. 지금은 길고 좁고 얇게, 나중에는 넓고 짧게 말이다. 이러한 양태들은 실체와 양태적으로 구분되며, 우리가 그런 양태들을 실체나 혹은 다른 사물들과 분리된 채 존재하는 사물로 보지 않고 이들의 양태로 보는 한 우리는 그것들을 실체와 마찬가지로 명석판명하게 인식할 수 있다. 왜냐하면 우리가 양태를 그것이 양태로서 내재해 있는 실체에서 고찰함으로써 우리는 그것과 실체를 구분하고 실제로 어떠한 것인지를 인식하기 때문이다. 그러나 만일 양태를 그것이 내재하고 있는 실체 없이 고찰하고자 한다면 우리는 그것을 실체로서 고찰하게 되는 것이며 따라서 양태와 실체 관념을 뒤섞게 되는 것이다.

이 텍스트에 관하여 길고 밀도 있는 논쟁이 벌어진다. 동일한 텍스트에 대해 두 전문가가 다른 해석을 제시하기 때문에 논쟁은 끝나지 않는다. 알키에는 실체와 핵심적 속성을 구분해야 한다고 말하고, 게루는 그 구분이 이성의 구분일 뿐이라고 말한다. 여기서 '이성의 구분'은 두 사물이 분리되어 구분되는 것이 아니라 하나의 사물을 우리의 사유를 통해 구분 지어 규정하는 것을 말한다. 이 점에서 게루는 다시 한 번 스피노자적인 해석을 제시하고 있다. 앞서 언급했듯이 스피노자는 데카르트의 실체, 속성 개념을 쇄신함으로써 데카르트를 넘어서고 자신만의 체계를 구축하고자 했다. 스피노자에게 실체는 서로 구분되는 무한히 많은 속성들로 구성되지만 속성과 실체의 구분은 실재적인 구분이 아니라 이성의 구분이다.

게루는 양자택일을 제시한다. 연장 실체가 실체일 뿐이거나, 아니면 더 근본적인 기체(support)가 있거나 둘 중 하나라는 것이다. 사유와 관련해서도 마찬가지다. 물질의 근본은 연장이고 사유의 근본은 지성이다. 물질의 '존재'는 삼차원의 연장 자체이고 사유의 '존재'는 지성이라는 것이다. 즉 게루는 단호하게 실체와 핵심적 속성을 동일시한다. 이 때 알키에는 64절의 마지막 문장을 어떻게 설명할 것인지 묻는다. 그러나 이 텍스트에 대한 두 사람의 해석은 다르다. 게루는 계속해서 데카르트에게 물체(육체)의 실체는 연장 자체이고 영혼의 실체는 사유 자체라고 주장하는 반면, 알키에는 데카르트에서 연장이나 사유는 실체 자체를 구성하는 것이 아니라 실체의 본성을 구성한다고 주장한다. 게루에게 사유는 실체 자체인 반면, 알키에에게 사유는 '나'라는 실체의 본성 또는 핵심 속성일 뿐이다. 그래서 알키에는 말한다.

알키에 실체의 본성은 실체의 존재가 아닙니다. 여기서 우리는 본질로서의 존재와 실존으로서의 존재의 차이를 다시 발견하게 됩니다.D. p. 35

서양철학의 형이상학 전통에서 중요한 구분인 본질(essence)과 실존(existence)의 구분이 데카르트에게서 다시 발견된다는 것이 알키에의 주장이다. 사유는 본질이고 사유하는 존재는 실존이다. 게루 역시 본질과 실존의 구분이 매우 중요함을 인정하지만, 그는 이 구분을 알키에와 다른 방식으로 해석한다. 즉, 한 사물에 대해 내가 파악하는 것이 그 사물의 실재와 일치하는지 여부를 확신하지 못할 때 나는 본성(또는 본질)만을 말할 수 있다. 그러나 그 사물에 속하는 것으로서 내가 파악한 것이 실제로 그 사물 자체라는 점을 알게 될 때 나는 명석판명하게 파악된 요소가 실체 자체라고 말할 수 있다는 것이다. 달리 말하면, 게루는 확실성의 인식론적 차원과 존재론적 차원을 구분하고 있다. 또는 주관적 차원의 확실성이 나타나고 이런 확실성은 객관적으로, 즉 존재의 차원에서 근거를 필요로 한다는 것이다. 그러나 게루에 따르면 궁극적으로 사유와 존재는 일치하는 것이다. 본질과 실존의 구분을 강조한 알키에는 게루의 설명을 받아들이지만, 다른 의미에서 이 구분을 규정한다. 그는 존재가 본질에 첨가되는 것이라는 주장을 굽히지 않는다. 실재하지 않는 사유 또는 연장을 파악할 수 있다면, 그것들이 실존한다고 인정할 때는 그들의 순수한 본질에 어떤 것을 첨가하는 것이다. 그 존재가 바로 알키에가 말하는 직접적인 체험의 대상이다. 존재의 체험은 근거 없이 주어지는 신비다.

당연히 게루는 사유하는 존재이면서 사유와는 다른 그것이 무엇인지 반문한다. 그는 그런 것이 있다면 그것은 데카르트가 그토록 배격했던 미지의 성질 가운데서도 가장 미지의 성질일 것이며, 이는 데카르트를 데카르트로 보지 않는 것이라며 일축한다. 실체와 핵심 속성의 구분은 이성의 구분일 뿐이며 결국 '나'라는 존재는 사유로서 온전히 포착된다. 무의식도 신비도 없다.

게루　　저는 데카르트가 어떤 바탕을, 미지의 성질을, 사유가 아니기 때문에 사유에 의해 포착될 수 없는 존재를 내세우는 텍스트를 본 적이 전혀 없습니다. 이 경우 우리는 우리의 근저에 우리를 벗어나는 불투명한 존재를 갖게 되고, 결과적으로는 우리 안에 아무런 무의식도 없다고, 즉 우리가 원할 경우 의식적인 것으로 만들 수 없는 것은 우리 안에 아무것도 없다고 말하는 데카르트의 원리가 철회되어야 합니다. 왜냐하면 우리가 사유에 이르도록 할 수 없는 것이 있고, 그것은 사유가 아닌 지성 바깥의 알려지지 않은 그리고 알 수 없는 바탕이기 때문입니다.D. p. 39

알키에가 데카르트의 형이상학을 통해 불투명의 철학을 제안한다면 게루는 이에 대해 투명성의 철학, 전체적인 합리성의 철학을 내세우는 것이다. 마슈레의 표현대로 말하자면, 이 지점에서 게루와 알키에는 마치 테니스 경기에서 공방을 벌이듯이 질문과 답변을 주고받는다.

게루　데카르트에게 사유되지 않는 사유하는 존재는 없습니다.

알키에　저는 사유하는 존재가 사유하지 않는다고 결코 말한 적이 없습니다. 사유하는 존재가 사유가 아니라고 말했지요.

게루　사유되지 않는 사유하는 존재, 사유와 다른 사유하는 존재, 그건 도대체 무엇일까요?

알키에　저는 사유하는 존재가 사유와 '다른 것'이라고 말하지 않았습니다. 존재와 사유는 두 개의 것이 아닙니다. 그러나 존재는 사유하되 사유는 아닙니다. 더 이상 어떻게 제가 더 잘 대답하기를 바라십니까? 데카르트는 사유를 사유하는 존재, 사유하는 나, 레스 코기탄스(res cogitans)와 결부시킵니다.

게루   데카르트에게 사유되지 않는 사유하는 존재가 무엇입니까?

알키에 제 모든 테제는 존재가 개념으로 환원될 수 없다는 점을 주장하는 데 있습니다. 그런데 선생님께서 제게 제기하시는 문제는 이렇습니다. "하지만 개념으로 환원될 수 없는 그 존재는 무엇인가?" 정의상으로 저는 개념들을 통해서만 설명할 수 있을 것이기에 저는 선생님께 대답할 수가 없습니다. 그러나 이런 점이 제가 잘못 생각했다는 증거가 될 수는 없습니다. 개념들의 차원에서 존재가 무엇이냐고 물으신다면, 따라서 저는 선생님께 그것을 말할 수 없습니다. 존재와 일치하는 '속성'을 선생님께 제공할 수 없는 것이지요. 존재, 실존은 친숙하지만 표현될 수 없는 경험 속에서만 사유에 드러난다고 저는 생각합니다. 존재함(sum)의 명증성은 일차적이며 사유의 관념을 넘어섭니다. (……) 존재에는 생각한다는 사실 이상이 있습니다.D. p. 43

잠시 후 다른 교수[3]가 개입하여 이성의 구분을 옹호하는 입장을 표명하며 게루에 동의하는 모습을 보인다. 그래서 게루는 간략하게 자신의 입장을 다시 설명한다.

게루   여기 책이 있습니다. 나는 책의 사물과 책을 구분할 수 있습니다. 그러나 이는 책이 존재하고, 책과 구분되는 다른 것이 실재한다는 의미가 아닙니다. 이는 순수한 사유의 구분입니다. 순수한 추상 작용입니다.D. p. 45

---

3 레슬리 벡(Leslie Beck), 영어권의 데카르트 철학 연구가.

이때 알키에는 짜증 섞인 어투로 자신의 입장을 밝힌다.

알키에 제가 말하고자 한 것이 정말로 이해되고 있지 않다는 생각이 드는군요. 연장된 책과 실재적인 책이 서로 구분되는 두 개의 책이라고 저는 말한 적이 전혀 없습니다. 따라서 실체와 그 속성 사이에는 실재적 구분이 없습니다. 당연하지요, 실재적 구분은 두 실체들을 분리하니까요. 속성은 또 다른 하나의 실체가 아닙니다. 그러나 속성은 실체도 아닙니다. 왜 그러한지는 이미 말했습니다. 계속 우리가 같은 이야기를 반복하고 있으니 논쟁을 이어가는 것이 유용하다고 생각되지 않습니다. 연장과 연장된 사물의 구분, 사유와 사유하는 사물의 구분이 이성의 구분이라는 점, 저는 인정합니다. 그러나 이것이 의미하는 바는, 그리고 데카르트가 말하고자 하는 바는 사유하는 사물 없이는 사유가 없다는 것입니다. 사유하는 사물은 사유합니다. 그런데 사유하는 사물이 없으면 사유도 없습니다. 따라서 사유하는 두 사물이 구분되는 것과 같은 실재적 구분이 아닌 것입니다. 이 점에 대해서 우리는 동의하지요. 다만⋯⋯.D. p. 45

여기서 알키에의 말이 끊긴 것은 게루가 개입했기 때문이다. 게루는 알키에가 이어갈 듯한 주장을 곧바로 부정하며 치고 들어온다. 서로의 주장을 너무 잘 알고 있고 어느 지점에서 자신의 입장이 공격당할지 훤히 보고 있기 때문에 가차 없이 치고 들어온 것이다. "그러나 사유하는 존재에 사유 이상의 어떤 것이 있다는 의미는 아닙니다."D. p. 45 그리고 게루는 다시금 『철학의 원리』 64절을 인용하며 이성의 구분을 강조한다.

사유와 연장을 우리는 실체의 양태로도 간주할 수 있는데, 이는 동일한 하나의 정신이 여러 가지 다양한 사고를 할 수 있고 또 동일한 하나의 물체가 크기(quantitatem, quatitas)를 동일하게 유지한 채 여러 가지 다양한 양태로 연장될 수 있기 때문이다. 지금은 길고 좁고 얇게, 나중에는 넓고 짧게 말이다. 이러한 양태들은 실체와 양태적으로 구분되며, 우리가 그런 양태들을 실체나 혹은 다른 사물들과 분리된 채 존재하는 사물로 보지 않고 이들의 양태로 보는 한 우리는 그것들을 실체와 마찬가지로 명석판명하게 인식할 수 있다.

실체의 다양한 존재 방식(양태)을 분리해 그 자체로 존재하는 것으로서 고찰하지 않고 실체와 관련시킨다면 우리는 그것들을 명석판명하게 파악할 수 있다는 것이다. 특이하게도 이 지점에서 다시 한 번 게루는 스피노자를 상기하는 논리로 데카르트 철학의 난점을 설명한다. 연장 실체와 관련해서는 아무 난점이 없지만, 사유 실체와 관련해서는 평행론을 말하기가 어렵다는 것이다. 연장 실체는 여러 방식(넓이, 깊이, 길이 등)으로 변용되지만 연장 실체 자체는 기하학적 불변 요소로, 연장 실체에 그 변용들이 부분들로서 참여한다. 반면 사유와 관련해서는 보편 사유가 있고 그것에 여러 다양한 사유들이 참여한다고 말하기는 어렵다. 데카르트에 따르면 개인들이 존재하는 만큼 사유 실체들이 존재하기 때문이다. 이런 평행론이 실현되지 않는다는 점에 실제적인 난점이 있다고 게루는 말하는 것이다. 여기서도 게루가 데카르트를 은연중에 스피노자의 관점에서 바라본다는 점이 드러난다.

알키에는 이런 점이 정확히 자신이 말하는 바라고 강조한다. 이런 난점이 바로 자아에는 사유 일반 또는 보편 사유 이상의 어떤 것이 존재한 다는 것을 입증해준다. '나'는 어떤 본질, 본성, 능력, 사유가 아니라 실 체, 즉 생각하는 존재다. 이런 존재가 우선 발견된 것이다. 그리고 이런 존재가 에고(ego), 즉 '나'다. 나는 개념화할 수 없는 경험에 의해 '나'를 파악한다. 나는 왜 '나'가 존재하는지 이해하지 못한다. 그것은 논리적 연역에서 벗어난 순수한 경험이다. 나는 '나'를 발견하고 확인할 뿐이다. 과학의 대상인 관념들의 영역이 있는 반면, 경험과 확인의 대상인 존재 들의 영역이 있는 것이다. 존재들은 정의되는 것이 아니라 드러나는 것 이다. 이는 각자가 직관하는 것일 뿐이다. 따라서 에고는 개념으로 환원 될 수 없고 오직 경험의 대상이다.

이처럼 알키에가 자신의 처음 주장으로 되돌아온 만큼, 게루 역시 데 카르트의 문제의식은 '나'나 무상의 존재론적 경험 같은 것이 아니라 확 실성의 확보라고 강조한다. 확실성을 획득하고 또 획득된 확실성에서 다른 확실성으로 전진해나가는 것이 데카르트 철학의 관건이라는 것이 다. 내가 확실하게 인정할 수 있는 것은 내가 존재한다는 점이다. 그리 고 나는 오직 내가 생각하는 한에 있어서만, 내가 지성인 한에 있어서만 나를 현존하는 것으로서 인정할 수 있다. 유일하게 나로부터 분리할 수 없는 것이 지성이다. 지성은 나를 구성하기 때문이다. 그러나 알키에는 당연히 질문을 던진다. "확실성이라는 단어를 강조하셔서 그런데, 데카 르트는 사유하는 이 존재가 자기 자신이라는 것을 어떻게 확실하게 알 까요?"ᴰ·ᵖ·⁴⁹ 이 질문에 대해 냉소적인 짧은 대화가 이루어진다.

게루 그건 데카르트에게 물어보셔야지요.

알키에 제게 비슷한 질문을 하셨으니까요.

여하튼 게루는 이미 여러 차례 주장했듯이 데카르트에게 사유보다 더 근원적인 어떤 것은 없다고 본다. 무엇이 되었든 그것은 데카르트가 그토록 배척했던 미지의 성질일 테니 말이다. 알키에 역시 자신의 주장을 굽히지 않음은 물론이다. 존재와 개념은 다르다. '나', '신' 등은 경험, 존재론적 자명성이지 개념적 자명성이 아니다.

이때 잠시 장 발을 비롯한 다른 몇몇 교수가 개입한다. 데리다의 선생 중 한 명이기도 한 장 발은 알키에의 입장을 한 문장으로 축약하고 알키에의 동의를 받는다. 내 안에 사유가 있는 것은 오직 속성으로서의 사유와는 다른 사유하는 존재가 있기 때문인가라는 질문에 알키에는 그렇다고 답한다. 이 존재의 경험에 대해 알키에는 제3성찰의 논의를 압축적으로 설명한다. 이에 게루가 개입하고 논쟁은 계속된다. 알키에가 설명하는 제3성찰의 과정은 이렇다. '나'는 나의 유한성에 대한 경험을 통해 내가 신 관념의 원인일 수 없다는 것을 입증한다. 즉 신에 대한 경험은 나의 유한성, 즉 존재와 무 사이에 존재하는 나의 유한성에 대한 경험과 결부되어 있다. 그렇기 때문에 나의 사유는 일반적 사유, 보편적 사유, 개념적 사유가 아닌 것이다.

논쟁이 절반 정도 진행되어가는 시점에 둘 사이에 잠정적인 동의가 이루어지는데, 말 그대로 잠정적일 뿐이다. 게루는 처음처럼 데카르트의 문제의식은 확실성이라는 점을 강조한다. 이는 곧 존재론적 경험 같은 무상성, 신비 같은 것이 아니라 우리가 과학, 형이상학 등에 대해 가진 확실성이 잘못된 확실성이 아니라는 점을 아는 데 있다. 그래서 유독 데카르트에게만 심술궂은 악령의 가설이 있는 것이다. 스피노자에게도, 라이프니츠에게도, 말브랑슈에게도 그런 가설은 없다. 알키에 역시 데카르트에게 확실성의 문제가 핵심이라는 점을 인정하지만 그는 확실성은 이중적이라는 점을 강조한다. 즉 한편으로는 존재와 무관하게 본질들의 논리적 연결에 관한 가설적·연역적 확실성이 있고, 다른 한편으로는 이 본질들이 실재와 일치하는지 여부에 관한 확실성의 문제가 있다. 본질의 문제와 존재의 문제는 구분된다. 이 점에 대해 게루와 알키에는 잠정적으로 합의에 이르는 것처럼 보인다.

> **게루**　지식의 조건들에 대한 문제가 있고 이 지식의 객관적 가치의 조건들의 문제가 있는 것이지요.
>
> **알키에**　그렇습니다. 다만 저는 객관적 가치보다는 존재론적 가치라고 말하겠습니다. 선생님께서 이 단어를 수용하신다면, 저희는 동의하는 것입니다.D. p. 57

이후 장 발의 개입과 함께 코기토에 관한 논의가 이어진다. 잠시 또 다른 데카르트 전문가인 로디스 르위스[4]가 다소 길게 자신의 생각을 피력하긴 하지만, 역시 게루가 분위기를 압도한다. 한동안 알키에는 전혀 개입하지 않고 듣고만 있다. 게루는 지금까지 알키에와의 논쟁에서 얻

4　Geneviève Rodis-Lewis, 1918~2004. 소르본 대학의 교수로서 다수의 중요한 데카르트 관련 연구를 발표했다.

은 것은 아무것도 없다는 듯이 자신의 입장을 계속 강조한다. 즉 사유는 핵심 속성과 분리되지 않는 실체라는 것, 그리고 사유 실체의 본질은 지성이라는 것 말이다. 상상, 의지, 느낌 등은 사유의 양태일 뿐이다. 물론 난점은 존재한다. 유한한 지성의 양태에 무한한 의지가 속한다고 데카르트가 말하기 때문이다. 그러나 게루는 이런 난점을 깊이 탐구하는 것은 좋지만, 항상 데카르트 스스로 인정한 것을 바탕으로 논리를 만들어 나가야 한다고 강조한다. 마지막으로 알키에를 겨냥한 듯, "심리적인 것"들을 뒤섞어서는 안 된다고 말한다. "그런 난점들을 뒤섞으면서 논의를 시작하면 아무것도 해결할 수 없습니다. 저자가 말한 것과 그가 말하고자 했을 수도 있는 것을 혼동하면, 다 끝입니다."D. p. 64

이 정도 되면 알키에가 나서지 않을 수 없다. 게루에 따르면 알키에는 마치 데카르트가 말하지 않은 것을 토대로 무상으로 꾸며대는 시인과 같아지기 때문이다. 다시 한 번 알키에는 다소 짜증 섞인 어투로 항변한다. "제발 이 논쟁이 끝났으면 좋겠군요. 오늘 우리는 서로가 서로를 이해하고 있다는 생각이 전혀 들지 않습니다. 제게 큰 기쁨과 성과를 제공해준, 선생님과 저 사이의 아주 많은 대화가 저를 납득시키지 못했고 또 저도 선생님을 납득시키지 못했으니 말입니다."D. p. 64 알키에는 몇몇 질문을 던지면서 명료하게 게루와의 해석 차이를 설명한다. 게루에게 사유의 핵심 속성은 지성이고 나머지 모든 것은 양태다. 그러나 만일 그렇다면 왜 데카르트는 『철학의 원리』 1부 6절에서 '나는 생각한다'를 의지로서 도입하는가? 그리고 왜 그는 53절에서 지성이 사유하는 실체의 본성을 구성한다고 말하지 않는가? 『철학의 원리』 1부 6절과 53절은 다음과 같다.

6. 우리는 의심스러운 것들에 대해 동의하지 않을 수 있는 자유의지를, 따라서 오류를 피할 수 있는 자유의지를 가지고 있다.

그러나 그 무엇에 의해 우리가 창조되었든, 그리고 우리의 창조자가 얼마나 큰 힘을 가졌든, 또 그가 어떤 속임수를 쓰든, 언제나 우리는 완전히 확실하지 않은 것들에 대해 동의하지 않을 수 있는 자유를 가지고 있다는 것을, 따라서 오류를 방지할 수 있다는 것을 경험을 통해 알고 있다.

53. 실체는 저마다 하나의 주된 속성을 가지고 있다. 정신의 속성은 사유이며, 물체의 속성은 연장이다.

실체는 당연히 임의의 속성으로부터 인식된다. 그럼에도 불구하고 실체는 저마다 하나의 주된 고유한 성질을 가지고 있는데, 이것은 실체의 본성과 본질을 이루며 다른 모든 성질들은 그것에 연관되어 있다. 길이, 너비, 깊이로의 연장은 물체의 본성을 이루며, 사유는 사유 실체의 본성을 이룬다. 물체에 속할 수 있는 다른 모든 것은 연장을 전제로 하며, 연장 실체의 양태에 불과하다. 이는 정신에서 발견되는 모든 것들이 사유의 다양한 양태에 불과한 것과 마찬가지다. 그래서 예를 들자면 모양은 단지 연장 실체에서만, 운동은 단지 연장된 공간에서만 생각될 수 있다. 그리고 상상력, 느낌 그리고 의지는 사유하는 존재 없이는 우리가 그것들을 파악할 수 없을 정도로 그 존재에 의존되어 있다. 반대로 우리는 모양이나 운동 없이 연장을 파악할 수 있다. 그리고 우리는 상상이나 느낌 없이 사유하는 존재를 파악할 수 있다. 나머지 것도 마찬가지다.

이제 알키에는 사유와 지성의 차이를 제시한다. 의지가 양태인 것은 맞지만, 사유(cogitatio)의 양태이지 지성의 양태가 아니다.『철학의 원리』 1부 65절에서 데카르트는 지성이 양태라는 점을 명시적으로 말한다. 앞서 인용한 63, 64절과 함께 65절을 읽어야 할 것이다. 65절은 다음과 같다.

65. 어떻게 실체의 양태들을 인식해야 하는지.
같은 방식으로 우리가 이성이나 상상이나 기억이나 의지 같은 사유의 양태들을, 그리고 부분들의 모양이나 위치나 운동같이 연장에 속하는 다양한 양태들을 단지 그것들이 내재해 있는 것의 양태로 고찰한다면 우리는 그것들을 가장 잘 지각하게 된다. 운동과 관련해서도 우리가 만일 단지 장소 운동만을 생각하고 그것을 야기한 힘을 탐구하지 않는다면, 우리는 그것을 가장 잘 지각하게 된다.

이제 알키에는 게루가 자신에게 가한 비판, 즉 텍스트에 충실하지 않다는 비판을 떠올리듯, 공격적으로 응수한다. "의지가 지성의 양태라고 쓰신 선생님께서 어떻게 데카르트가 의지가 지성의 양태라고 말하는 텍스트를 단 하나도 인용하지 않을 수 있습니까? 제 생각엔 그런 텍스트가 없기 때문입니다. 데카르트는 한 번이라도 그렇게 쓸 수 있었을 텐데 전혀 그렇게 쓴 적이 없습니다. 매번 이 점을 말할 때 데카르트는 사유(cogitatio)라고 했지 지성(intellectus)이라고 하지 않았습니다." 알키에는 다시 6절을 인용하고는 결론짓는다. "'나는 생각한다'를 확립하는 것은 따라서 자유이지 지성이 아닙니다."D. p. 64~65 물론 장 발이 곧바로 지적하듯이 이 텍스트가 '나는 생각한다'를 정확히 의지라고 말하는 것은 아니지만, 이 텍스트에 의거하여 알키에는 그의 중심 테제 중 하나인 자유를 강조한다. 의심의 최종 근거는 자유인 것이다.

논쟁의 막바지에 와서 게루와 알키에는 한 텍스트를 두고 다시 한 번 공방을 벌인다. 6절 이외에 또 어떤 텍스트가 있느냐고 게루가 물었고 알키에는 53절 첫 문장을 인용한다. "그럼에도 불구하고 실체는 저마다 하나의 주된 고유한 성질을 가지고 있는데, 이것은 실체의 본성과 본질을 이루며 다른 모든 성질들은 그것에 연관되어 있다."

게루 결과적으로 지성이 사유의 본성 또는 본질을 구성한다고 가정해봅시다.

알키에 저는 그렇게 가정 안 합니다.

게루 저는 해요. 지성이 실체의 본성 또는 본질을 구성한다고 가정하면, 우리는 실체의 본질을 구성하지 않는 다른 속성들 가운데에 지성이 나타나는 것을 볼 것입니다. 그러나 이 속성들 중 본성과 본질을 구성하는 속성이 있고 이것은 나머지 모든 속성들이 의존하고 있는 속성입니다. (……) 제가 인용문을 이어가지요. "길이, 너비, 깊이로의 연장은 물체의 본성을 이루며, 사유는 사유 실체의 본성을 이룬다."

알키에 하지만 데카르트는 지성을 말하지 않고 사유를 말합니다.

게루 "물체에 속할 수 있는 다른 모든 것은 연장을 전제로 하며, 연장 실체의 양태에 불과하다. 이는 정신에서 발견되는 모든 것들이 사유의 다양한 양태에 불과한 것과 마찬가지다. 그래서 예를 들자면 모양은 단지 연장 실체에서만, 운동은 단지 연장된 공간에서만 생각될 수 있다. 그리고 상상력,

느낌 그리고 의지는 사유하는 존재 없이는 우리가 그것들을 파악할 수 없을 정도로 그 존재에 의존되어 있다." 따라서 상상, 느낌, 의지, 이것들이 바로 사유의 가능한 세 가지 양태들입니다. 다른 것이 뭐가 있지요?

알키에 지성이 있지요.

게루 데카르트는 이 양태들 중에 지성을 인용하지 않습니다.

알키에 하지만 65절에서 그것을 인용합니다.

게루 "상상력, 느낌, 그리고 의지는 사유하는 존재 없이는 우리가 그것들을 파악할 수 없을 정도로 그 존재에 의존되어 있다. 반대로 우리는 모양이나 운동 없이 연장을 파악할 수 있다. 그리고 우리는 상상이나 느낌 없이 사유하는 존재를 파악할 수 있다. 나머지 것도 마찬가지다." 이제 데카르트가 무엇을 열거했지요? 상상, 느낌, 의지입니다. '나머지 것', 이것은 의지겠지요.

알키에 그 점에 대해서는 동의합니다. 최소한 이 점은 인정할 수 있겠지요.

게루 따라서 상상, 느낌, 의지가 양태들인 실체는 사유하는 존재입니다.

알키에 역시 당연히 동의합니다.

게루 사유하는 이 존재는 느낌도 상상도 의지도 아닙니다. 그러면 그건 무엇이겠습니까?

알키에 제 생각에 그것은 지성도 아닙니다. 그것은 의식입니다. 그리고 지성과 의지는 의식의 양태들입니다.

게루 그 의식은 무엇입니까? 만일 이 의식이 지성이 아니라면, 지성이 양태들에 속하지 않는 것은 어찌된 일일까요? 그리고 의식이 지성이 아니라면, 지성이 명석판명한 관념들의 능력인바, 이 의식은 명석판명한 사유가 아닌 것이 됩니다. 선생님께서는 데카르트가 생각하는 존재(res cogitans)라고 말하지 실체, 지성적 실체(res intelligens substantia)라고 말하지 않는다는 사실로부터 논변을 끌어냅니다. 그러면 제6성찰 앞부분을 읽어보세요. 거기서 데카르트는 사유 실체와 연장 실체를 대립시킵니다. 제가 텍스트를 읽겠습니다. 이 텍스트가 오직 지성적 실체(substantia intelligens)를 다룬다는 점을 확인하시게 될 것입니다.

이제 게루는 길게 제6성찰을 인용하면서 실체가 지성이라는 점을 강조한다. 물론 알키에가 이 텍스트를 모를 리 없다. 그래서 게루가 읽고 설명하기 전에 말한다. "제6성찰과 관련해서는 선생님과 동의합니다. 그러나 문제가 다르지요. 육체를 입증해야 하는 문제입니다."D, p. 68

이것이 이 논쟁에서 알키에의 마지막 발언이다. 게루의 설명에 이어서 앙리 구이에의 짧은 질문이 있고 게루가 답변하는 것이 이 논쟁의 마지막이다. 물론 게루의 인용을 읽고 설명을 들으면 게루에게 동의할 수 있겠지만, 알키에는 역시 문제의 차원이 다르다고 설명할 것이다. 따라서 게루가 언급한 제6성찰의 관련 부분을 그대로 제시함으로써 첫 번째 논쟁에 대한 소개를 마무리하려 한다. 읽고 판단하는 것은 각자의 몫이다.

게루　데카르트는 제2성찰에서 그가 말한 것, 즉 느낌과 상상을 양태로 갖는 지성적 실체가 존재하며, 지성적 실체는 형태와 운동을 양태로 갖는 연장 실체와 평행 관계에 있다는 것을 정확히 다시 말합니다. (……) 텍스트는 다음과 같습니다.

　　　"첫째, 내가 명석판명하게 인식하는 것은 모두 내가 이것을 인식하는 대로 신에 의해 만들어질 수 있음을 알고 있기 때문에, 어떤 것을 다른 어떤 것 없이 명석판명하게 인식하기만 하면, 어떤 것이 다른 것과 상이하다고 충분히 확신할 수 있다. 왜냐하면 적어도 신은 이 양자를 서로 분리해놓을 수 있기 때문이다. 또 어떤 힘이 이 양자를 서로 분리해서 다른 것으로 간주되게 하는지는 문제되지 않는다. 그러므로 내가 현존한다는 것을 알고 있다는 것, 더구나 사유하는 것만이 내 본성 혹은 본질에 속하고 있음을 깨닫고 있다는 사실로부터 내 본질이 오직 사유하는 것임을 정당하게 결론지을 수 있다. 그리고 내가 아마―아니 확실히, 이것에 대해서는 나중에 설명될 것이다―나와 밀접하게 결합되어 있는 신체를 갖고 있을지라도, 한편으로 내가 오직 사유하는 것이고 연장된 것이 아닌 한에서 나는 나 자신에 대한 명석판명한 관념을 갖고 있고, 다른 한편으로 물체가 오직 연장된 것이며 사유하는 것이 아닌 한에서 물체에 대한 명석판명한 관념을 갖고 있으므로, 나는 내 신체와는 실제로 다르고, 신체 없이 현존할 수 있다고 단언하게 되는 것이다.''

게루가 부연 설명한다. "자, 이제 두 실체가 제시됩니다. 그중 하나는 연장 실체로서, 그리고 다른 하나는 사유하는 실체, 즉 정신의 나머지 모든 능력을 양태로 갖는 사유하는 실체로서 제시됩니다."D. p. 68 곧바로 게루는 제6성찰의 인용을 이어간다.

이 외에도 나는 특수한 사유 능력, 즉 상상 능력과 감각 능력을 내 안에서 발견하고 있는데, 이런 것 없이도 나는 내 전체를 명석판명하게 인식할 수 있지만, 반대로 이런 능력들은 나 없이는, 즉 그것들이 결부되어 있는 지성적 실체 없이는 명석판명하게 인식될 수 없다. 이런 능력들은 그 형상적 개념 속에(in suo formali conceptu) 지성 작용을 내포하고 있으며, 이때 그것들은 마치 양태가 사물과 구별되듯이, 나와 구별된다.

게루는 다시 한 번, 지성적 실체와 연장 실체가 각각 그 자체로 이해된다는 점을 강조하고서는 데카르트의 인용을 이어간다.

나는 또 다른 능력들을 인식하고 있는데, 이를테면 장소를 바꾸는 능력, 다양한 형태를 취하는 능력 등이 그것이다. 이런 능력들도 위에서 말한 것과 마찬가지로, 그것들이 결부되어 있는 어떤 실체 없이는 인식될 수 없으며, 따라서 실체 없이는 현존할 수 없다. 그러나 분명한 것은, 이런 능력들이 존재한다면, 그것들은 지성적 실체가 아니라 물질적 혹은 연장 실체 속에 내재해야 한다는 점이다. 이런 능력들의 명석판명한 개념 속에는 연장이 포함되어 있을 뿐, 지성은 전혀 포함되어 있지 않기 때문이다.

알키에에 대한 마지막 발언으로서 게루는 쐐기를 박듯이 말한다.

게루 선생님께서는 텍스트를 매우 존중하시지요. 그러나 제게 있어 한 철학에서 결정적인 것은 단지 텍스트의 자의(字意)만이 아닙니다. '지성적 실체'라는 텍스트가 없다고 해도, 제 확신은 확고할 것입니다. 왜냐하면 제 확신은 데카르트적 논리 구조의 내적 필연성들로부터 도출되기 때문이지요. 이런 점은 우리가 그냥 그대로 받아들일 수밖에 없는 것입니다.

당연히 알키에는 제6성찰을 숙지하고 있기 때문에, 게루가 위와 같은 논변을 펼칠 것이라는 점을 알고 있었다. 그래서 그는 이미 논쟁 초반에 말했었다. "제 생각에 이 대화가 끝나기 전에, 사유가 본질적으로 지성적인지에 관한 문제가 논쟁점이 되겠군요. 저는 사유가 본질적으로 지성적이지 않다고 생각합니다만, 데카르트에게 사유가 지성인지에 대해서는 오늘 저녁에 논의하고 싶지 않습니다."D. p. 40 그래서 그는 게루의 긴 인용 전에 그들이 다루는 주제와 차원이 다른 문제라고 미리 이야기했던 것이다.

6. 광기에 대하여
— 미셸 푸코와 자크 데리다의 논쟁

1. 푸코와 데카르트

우선 『광기의 역사』에서 푸코가 데카르트를 다룬 부분을 보자.

> 르네상스는 광기의 소리를 갓 해방시켰지만 광기의 폭력성은 이미 제어했다. 고전주의 시대는 이상한 강권을 통해 이런 광기를 침묵으로 환원해버리게 된다.
>
> 의심의 진행 과정에서 데카르트는 꿈과 온갖 형태의 오류 곁에 있는 광기와 마주친다. 외부 세계가 오류 속에서 사라지거나 의식이 꿈속에서 잠들 수 있듯이, 미칠 가능성은 데카르트에게서 그의 몸을 박탈할 위험이 있지 않은가? "그러나 이 두 손이 그리고 이 몸통이 내 것이라는 것을 어떻게 부인할 수 있는가? 이것을 부인하는 것은 미치광이의 짓과 다름없을 것이기에 말이다. 미치광이는 검은 담즙에서 생기는 나쁜 증기로 인해 두뇌가 아주 혼란

되어 있기에 알거지이면서도 왕이라고, 벌거벗고 있으면서도 붉은 비단옷을 입고 있다고, 머리가 진흙으로 만들어졌다고, 몸이 호박이나 유리로 되어 있다고 우겨댄다." 그러나 데카르트는 꿈이나 오류의 우발적 사태를 복잡하게 피해 가는 것과 마찬가지 방식으로 광기의 위험을 피하지 않는다. 실제로 감각은 착각을 일으키기는 하지만, 그래도 "아주 작은 것과 멀리 떨어진 것"만을 왜곡할 수 있을 뿐이다. 감각이 일으키는 착각의 힘은 계속해서 진리의 찌꺼기를 남겨둔다. "지금 내가 여기 있다는 것, 실내 가운을 입고 난롯가에 있다는 것"과 같은 진리의 찌꺼기 말이다. 꿈에 대해 말하자면 꿈은 화가들의 상상처럼 "기이하고 괴상한 모양으로 사이렌이나 사티로스"를 나타낼 수 있다. 그러나 꿈은 "더 단순하고 보편적인 것들", 즉 그 배치를 통해 환상적인 이미지들을 만들어낼 수 있는 그런 더 단순하고 보편적인 것들을 스스로 창조할 수도 없고 조합할 수도 없다. "그런 것들에 속하는 것은 물질적 본성 일반 및 그 연장이다." 이런 것들은 허구적인 면이 극히 적어서 꿈속 모습의 진실성 같은 것을 보장할 정도다. 이는 꿈이 위태롭게 하지 못하는 진리의 불가피한 표시다. 이미지들로 가득한 잠도 감각이 속고 있다는 명료한 의식도, 의심을 그 보편성의 극점까지 몰고 갈 수 없다. 눈이 우리를 속인다고 인정하자. "우리는 지금 꿈을 꾸고 있다고 치자." 그렇다고 해도 진리가 어둠 속으로 완전히 사라지지는 않을 것이다.

광기와 관련해서는 사정이 다르다. 광기의 위험이 (사유 또는 의심) 과정을 위태롭게 하지도 않고 그 과정이 포함하는 진리의 골자를 위태롭게 하지도 않는다고 할 때, 이는 광인의 사유 속에서조차 특정한 것이 거짓일 수 없기 때문이 아니다. 그것은 사유하는 나, 내가 미칠 수 없기 때문이다. 내가 육체를 갖고 있다고 믿을 때 나는 유리로 된 육체를 가지고 있다고 상상하는 사랍보다 더 확고한 진리를 지니고 있다고 확신할 수 있는가? 당연히 그렇다. 왜냐하면 "이들은 한갓 미치광이일 뿐이고, 내가 그들을 흉내 낸다면 나 역시도 미치광이로 보일 것"이기 때문이다. 진리의 영속성 덕분에 사유가 오류에서 벗어나거나 꿈에서 빠져나올 수 있었던 것과 달리, 광기로부터 사유를 보호하는 것은 진리의 영속성이 아니라 미칠 가능성의 부정이다. 광기의 불가능성은 사유의 대상이 아닌 사유하는 주체에게 본질적인 것이다. 우리는 '의심의 어떤 근거'를 찾기 위해 꿈꾸고 있다고 가정할 수 있고 우리 자신을 꿈꾸는 주체와 동일시할 수도 있다. 그래도 진리는 계속해서 꿈의 가능 조건으로서 나타난다. 이와 반대로 우리는 사유에 의해서조차도 우리 자신이 미쳤다고 가정할 수는 없다. 왜냐하면 광기는 사유의 불가능성의 조건 자체이기 때문이다. "나 역시도 미치광이로 보일 것이다……."

의심의 원리에서 한편의 광기와 다른 한편의 꿈과 오류 사이에 근본적인 불균형이 있다. 양편의 상황은 진리와 관련하여, 그리고 진리를 찾는 자와 관련하여 다르다. 즉 꿈이나 착각은 진리의 구조 자체 속에서 극복된다. 반면 광기는 의심하는 주체에 의해 배제된다. 의심하는 주체가 사유하지 않고 현존하지 않는다는 사실이 곧 배제될 것처럼 말이다. 『수상록』이후로 일종의 결정이 내려진 것이다. 몽테뉴가 타소를 만났을 때, 모든 사유가 비이성에 사로잡히지 않는다는 것을 그는 어떤 것에서도 확신할 수 없었다. 그러면 대중은 어떤가? "이러한 광증에 시달리는 가련한 대중은?" 사유하는 인간은 광기의 괴상한 언동에서 벗어나 있는가? 그도 역시 최소한 스스로를 가련하게 여겨야 한다. 그렇다면 무슨 근거로 사유하는 인간을 광기의 심판자로 여길 수 있단 말인가? "이성이 내게 가르쳐준 바는 다음과 같다. 즉 한 사태를 그릇되고 불가능하다고 그토록 단호하게 단정하는 것은 신의 의지와 우리들의 자모(慈母)인 대자연의 힘에 한계와 제약이 있다는 생각으로 자신에게 우위를 부여하는 것이지만, 신의 의지와 대자연의 힘을 우리 자신의 능력과 자족성의 수준에 맞추는 것보다 더 두드러진 광기도 없다." 착각의 다른 모든 형태들 가운데 광기는 16세기에 가장 빈번하게 사용된 의심의 방법들 중 하나를 나타낸다. 우리는 꿈꾸고 있지 않다고 언제나 자신할 수는 없거니와 나아가 미치지 않는다고는 절대로 확신할 수 없었다. "우리의 판단 자체에서 우리가 얼마나 많은 모순을 감지하는지 어째서 기억하지 못하는가?"

그런데 이런 확실성을 이제 데카르트는 획득하여 확고하게 잡고 있다. 광기는 더 이상 그와 관련을 가질 수도 없다. 자신이 미쳤다고 가정하는 것은 미친 짓일 것이다. 사유의 경험으로서 광기는 그 자체로 위태로워지며 따라서 기획에서 배제된다. 그러므로 광기의 위험은 이성의 사용 자체에서 사라져 버렸다. 이성은 자신의 충만한 소유를 방패 삼아 그곳에서 오류 이외의 다른 덫, 착각 이외의 다른 위험을 마주치지 않는다. 데카르트의 의심은 참된 사물들의 빛에 인도되어 감각의 마법을 풀고 꿈의 풍경을 가로지른다. 그러나 데카르트의 의심은 의심하는 자, 사유하지 않고 존재하지 않는 것 이상으로 이성이 마비될 수 없는 자의 이름으로 광기를 추방한다.

광기에 대한 문제의식, 즉 몽테뉴의 문제의식은 이렇게 변형된다. 필경 거의 감지될 수 없지만 결정적인 방식으로 말이다. 이제 광기는 배제의 영역에 놓였고, 『정신현상학』에 와서야 부분적으로나마 해방된다. 16세기의 비이성은 일종의 열린 위험을 형성했고 그것의 위협은 적어도 이론적으로는 주체성과 진리의 관계를 항상 위태롭게 할 수 있었다. 데카르트적 의심의 전개 과정은 17세기에 위험이 제거되었고 광기는 주체가 진리에 대한 자기의 권리를 보유한 소유 영역 밖에 놓였다는 점을 증언하고 있는 것으로 보인다. 이 소유 영역은 고전 시기 사유에게 이성 자체이다. 이제 광기는 유배되었다. 인간이 미친다는 것은 항상 가능하지만, 참된 것을 지각해야 하는 주체의 주권의 행사로서 사유는 미칠 수가 없다. 르네상스 시대에 그토록 친숙했던 비이성적 이성, 이성적인 비이성의 경험을 곧 불가능한 것으로 만들 분할선이 그어진 것이다. 몽테뉴와 데카르트 사이에 한 사건이 발생했다. 이성(ratio)의 도래와 관계된 어떤 일이 발생한 것이다. 그러나 서구 세계의 역사와 같은 이성의 역사가 '이성주의'의 진보에서 끝날 리가 없다. 이성의 역사는 매우 큰 부분에 있어서는 비록 비밀스럽기는 해도 비이성을 우리의 땅속에 파묻은 운동으로 구성되었다. 이 운동으로 인해 비이성은 땅속에 파묻혀 사라지긴 했지만 거기에 뿌리를 내렸다.

이제부터 드러내야 할 것은 고전주의 시대에 발생한 사건의 이런 다른 측면이다.[5]

---

5 국역본들의 몇 가지 오역을 극복하기 위해 직접 번역한 것이다. 예를 들면 "그러나 데카르트는 꿈이나 오류의 우발적 사태를 복잡하게 피해가는 것과 마찬가지 방식으로 광기의 위험을 피하지 않는다."는 다음과 같은 두 가지 번역으로 소개되고 있다.

"그러나 데카르트는 광기의 위험을 무릅쓰고, 꿈과 오류의 우발성을 피해 간다." 「시칠리아의 암소」, 김현 옮김, 195쪽
"그러나 데카르트는 꿈이나 오류의 가능성을 교묘히 회피하는 것과는 달리 광기의 위험을 피해 가지 못한다." 「광기의 역사」, 이규현 옮김, 114쪽

두 번역 모두 데카르트가 광기의 위험을 피하지 않는다는 의미로 옮겼다는 공통점이 있는데, 바로 그 점이 오역이다. 이 구절이 프랑스어 어법상 여러 의미로 옮겨질 가능성이 없는 것은 아니지만, 자연스럽게 읽어보면 의미는 분명하다. 이 구절에서 푸코가 강조하는 것은 꿈, 오류와 광기에 대한 데카르트의 태도 차이다. 데카르트는 꿈과 오류를 피하고 광기도 피하지만, 그것들을 피하는 방식이 다르다는 것이다. 위에 옮긴 인용문에서도 나타나듯 푸코는 이를 분명히 강조한다. "꿈이나 착각은 진리의 구조 자체 속에서 극복된다. 반면 광기는 의심하는 주체에 의해 배제된다." 달리 말하면, 꿈이나 감각

데카르트가 광기를 처리하는 방식을 푸코가 어떻게 해석하는지 살펴보자. 푸코에게 광기는 자연적인 사태가 아니다. 즉 정신의학에서 규정하는 생리적 질환이 아니다. 푸코의 기본적 태도는 광기가 자연적이고 객관적인 사태가 아니라 역사적 해석 대상으로서 특정 문명과 문화의 산물이라는 것이다. 제도 없이는 광기도 없다. 따라서 중요한 것은 광기에 대한 시선을 통해 광기를 설명하는 것이다. 그런데 푸코에 따르면 광기가 중요한 처리 대상으로 자리 잡기 시작한 것은 서구 역사에서 고전주의 시대의 합리성이 구축되던 시기와 일치한다. 광기에 대한 시선은 배제의 시선이고, 광인들이 감금된 일반 병원은 이성의 질서가 구체적으로 실현된 물리적 장치다. 보편적 이성은 일반 병원이라는 특수한 차원을 통해 역사적으로 형성된 것이다. 달리 말하면 이성의 역사적 형성은 이성의 타자, 즉 비이성 또는 광기에 맞서 이루어진다. 이성은 광기를 제도적으로 배제하면서 형성된 것이다. 위에 길게 인용한 푸코의 구절이 바로 '대감금' 또는 '대감호'라는 제목의 장을 시작하는 구절이다. 광기에 대한 데카르트의 태도는 광기의 배제를 나타내는 사유 운동이라는 것이다.

푸코의 글이 워낙 압축적이기에 데카르트에 대한 보충 설명이 필요할 것 같다. 앞선 델보스의 글을 통해 데카르트의 목적이 확실한 학을 수립하는 것이고 이를 위한 방법이 의심이라는 점을 알 수 있었다. 실제로

의 착각은 그 자체로 진리를 계속 내포하고 있기 때문에 데카르트는 그것들에 막혔다가도 다시 돌아서 가는 반면, 또는 감각의 마법을 풀고 꿈의 풍경을 가로질러 가는 반면, 광기는 전적으로 배제한다는 점에서 꿈, 착각, 광기를 피하는 방식이 다른 것이다.

푸코가 다루고 있는 제1성찰의 제목은 단순히 「의심할 수 있는 것들에 관하여」다. 무척 막연하다. 『성찰』의 앞부분에 데카르트가 제시한 「요약」은 몇몇 보충 정보를 제공해준다. "제1성찰에서는, 우리가 학문에 있어 지금까지 갖고 있는 것 외의 그 어떤 토대도 갖고 있지 않는 한, 모든 것을, 특히 물질적인 것을 의심할 수 있는 이유가 제시되고 있다."

잠시 제1성찰의 흐름을 살펴보자. 의심은 데카르트 철학의 출발점이다. 데카르트는 난로 앞에 앉아 있다. 그는 자기를 둘러싼 모든 것들로부터, 심지어는 자신의 육체로부터도 자신을 분리해내고 혼자서 자신의 사유 속에 있다. 사유는 오직 내면의 법칙을 따라서 자기 자신에게 하는 일종의 기도일 수도 있다. 준비된 평화가 주위에 퍼져 있고 방 안의 낯익은 물건들은 제자리를 지키고 있다. 평온이 준비되어 있다는 것은 의미가 있다. "다행히 오늘 내 정신은 모든 근심에서 벗어나 있고, 은은한 적막 속에서 평온한 휴식을 취하고 있으므로, 내가 지금까지 갖고 있던 모든 의견을 진지하고 자유롭게 전복해볼 참이다." 극도의 불행, 큰 소란, 또는 커다란 자연재해 같은 것이 발생할 경우에 의심은 있을 수 없다. 그런 경우 데카르트는 오히려 행동가가 될 것이다. 우리는 데카르트가 자신을 해하려던 사공들을 향해 칼을 뽑은 사건을 알고 있다. 그에게 우유부단이야말로 악 중의 악이기 때문이다. 그러나 데카르트가 성찰하고 있는 지금 그를 지배하는 것은 실제적인 근심이 아니다. 무언가 결정해야 할 전환점에 있는 것도 아니다. 모든 흥분은 가라앉은 상태다. 데카르트는 이 궁극적 또는 과장적(hyperbolique) 회의를 위해 모든 것으로부터 안전한 시간을 선택한 것이다. 즉, 의심하기를 원하기 때문에 의심하는 것이다. 이런 의심의 과정에서 데카르트는 감각의 오류, 광기,

꿈, 교활한 악령 또는 심술궂은 악마를 마주친다. 모든 것을 의심의 대상으로 간주한 후 데카르트는 자기가 문제 삼고 있는 것은 행위가 아니라 전적으로 인식에 관한 것이므로 아무리 불신해도 상관이 없다고 천명한다. "그래서 나는 이제 진리의 원천인 전능한 신이 아니라, 유능하고 교활한 악령이 온 힘을 다해 나를 속이려 하고 있다고 가정하겠다. 또 하늘, 공기, 땅, 빛깔, 소리 및 모든 외적인 것은 섣불리 믿어버리는 내 마음을 농락하기 위해 악마가 사용하는 꿈의 환상일 뿐이라고 가정하겠다. 나는 또 손, 눈, 살, 피, 어떠한 감관도 없으며 단지 이런 것을 갖고 있다고 잘못 믿고 있을 뿐이라고 생각하겠다. 나는 집요하게 이런 성찰을 견지하겠다. 이렇게 하면 비록 어떤 참된 것을 인식할 수는 없을지라도, 거짓된 것에 동의하지 않는 것, 또 저 기만자가 아무리 유능하고 교활하더라도 내가 속임을 당하지 않도록 조심하는 것은 적어도 내가 확실히 할 수 있는 일이다." 이처럼 의심을 강화하겠다는 굳은 결단으로 제1성찰은 마무리된다.

 그러면 데카르트가 의심의 과정에서 마주치는 세부적인 대상들은 무엇인가? 데카르트의 목적은 확실한 지식의 수립이고 이를 위한 방법은 의심이다. 데카르트는 『성찰』 도입부에서 그의 목표를 설정한다. "학문에 있어 확고하고 불변하는 것을 세우려"는 것, 즉 "잘못 확립된 토대들 위에" 세워져 "의심스럽고 불확실한 것"만을 제공하는 "거짓된 의견들"과 대립되는 확실한 학의 토대를 확보하려는 것이 데카르트의 계획이다. 유년기부터 거짓된 것을 참된 것으로 간주한 지식, 즉 편견들로부터 벗어나 모든 것을 근원적으로 고찰하며 다시 시작할 필요가 있다. 의심을 통한 파괴 또는 전복 작업이 이런 계획을 실현하기 위한 방법이다.

우선 의심은 지금껏 받아온 "모든" 견해들에 적용되기 때문에 "일반적 혹은 보편적"이다. 또한 의심은 일말의 주저함을 야기하는 것이면 전적으로 버리겠다는 과장이 포함되어 있기 때문에 "궁극적", "과장적"이다. 또한 의심은 의견들의 원리를 공격하여 그 결과를 무너뜨리기 때문에 "근원적"이다. 이 의심의 세 가지 특징에 「요약」에서 말한 네 번째 특징이 덧붙여진다. 그것은 의심이 "방법적"이지 "회의론적"은 아니라는 것이다. 즉 의심은 의지적이고 일시적인 판단 중지이기 때문에 진리에 도달할 가능성을 문제 삼지는 않는다. 달리 말하면, 탐구의 목적은 탐구를 가능케 한 의심을 제거하는 데에 있다.

의심의 방법은 감각과 관련된 지식에 적용된다. "내가 지금까지 아주 참된 것으로 간주해온 것은 모두 감각으로부터 혹은 감각을 통해서 받아들인 것이다. 그런데 감각은 종종 우리를 속인다는 것을 이제 경험하고 있으며, 한 번이라도 우리를 속인 것에 대해서는 전적으로 신뢰하지 않는 편이 현명한 일이다." 제1성찰에서 우리가 만나는 '나'는 모든 지식이 직간접적으로 감각적 인식에 의거한다고 자연스럽게 믿고 있는 사람이다. '나'는 감각에 근거한 자신의 지식을 고수하려다가 의심에 직면하고 감각적 인식을 통해 얻은 확실성의 영역을 점차적으로 줄여가게 된다. 이 과정에서 데카르트가 마주치는 것이 멀리 떨어진 것들과 가까이 있는 것들에 대한 의심, 광기, 꿈을 통한 의심, 심술궂은 악령 등이다. 그런데 여기서 제1성찰에 대한 해석을 잠시 보류할 필요가 있다. 푸코와 데리다의 논쟁은 『성찰』의 해석 자체와 관련이 있기 때문에 중립을 유지하며 이들의 논쟁을 추적해야 한다.

푸코의 관점은 데카르트가 유독 광기에 대해서는 다른 태도를 갖는다는 것이다. 데카르트는 이성이 스스로를 확실하게 지배한다고 믿던 시기를 살았기 때문에 단지 편견으로 광기의 논거를 배제했다는 것이다. 제1성찰의 주인공은 멀리 떨어져 있는 감각적인 것들이 의심스럽다는 것을 인정하지만 가까이 있는 것들에 대한 확실성은 간직하려 시도하는데, 이때 광기와 마주친다. 푸코가 인용한 구절을 기억하자.

그러나 이 두 손이 그리고 이 몸통이 내 것이라는 것을 어떻게 부인할 수 있는가? 이것을 부인하는 것은 미치광이의 짓과 다름없을 것이기에 말이다. 미치광이는 검은 담즙에서 생기는 나쁜 증기로 인해 두뇌가 아주 혼란되어 있기 때문에 알거지이면서도 왕이라고, 벌거벗고 있으면서도 붉은 비단옷을 입고 있다고, 머리가 진흙으로 만들어졌다고, 몸이 호박이나 유리로 되어 있다고 우겨댄다.

데카르트는 이 구절을 다음처럼 마무리하고 꿈의 논거로 넘어간다.

그렇지만 이들은 한갓 미치광이일 뿐이다. 그래서 내가 이들의 언행 가운데 몇 가지만이라도 흉내 낸다면 나 역시도 미치광이로 보일 것이다.

가까이 있는 것들(손, 종이, 몸 등등)에 대한 의심에서 데카르트는 광기를 마주친다. 푸코의 말처럼 "의심의 진행 과정에서 데카르트는 꿈과 온갖 형태의 오류 곁에 있는 광기와 마주친다." 그런데 왜 데카르트는 광기를 언급하면서도, 가까이 있는 것들을 의심할 논거로 광기에 의거하지 않고 꿈으로 넘어가는가? 실제로 데카르트는 자신이 미치광이를 흉내 내면 자신도 미치광이로 보일 것이라고 말하고는 곧바로 꿈에 의거하기 시작한다.

그렇지만 나도 한 인간이다. 밤에는 으레 잠을 자고, 꿈속에서는 미치광이가 깨어 있을 때 하는 짓과 똑같은 것을, 아니 종종 더 괴상한 것을 그려낸다.

푸코와 데리다 논쟁의 핵심이 바로 여기에 있다. 푸코는 데카르트가 시대적 편견에 사로잡혀 광기를 문자 그대로 배제했다고 주장하고, 데리다는 데카르트가 광기의 논거를 사용하지 않은 것은 광기의 논거가 꿈의 논거보다 덜 타당하다고 생각했기 때문이라고 반박한다. 데리다에 따르면, 꿈은 감각적인 모든 근거들(기초들)을 의심에 넣을 수 있으며 따라서 광기의 논거보다 더 과장적인 가설이다. 나아가 데리다는 푸코가 언급도 하지 않은 심술궂은 악령의 가설을 매우 중요하게 간주하는데, 이 점도 푸코와 데리다의 작업 자체가 근원적으로 갈라지는 부분이 된다.

감각적 오류든, 꿈이든, 광기든 이 모든 장애물들은 이성의 지배력을 위해서는 모두 넘어서야 할 것들이다. 그런데 푸코에 따르면, 광기는 "검은 담즙에서 생기는 나쁜 증기로 인해 두뇌가 아주 혼란되어 있기 때문에" 물리적 원인에 의한 현상이고, 미치광이는 말 그대로 이성을 상실한 자다. 완벽하게 이성의 바깥에 있는 자가 미치광이다. 그렇기 때문에 데카르트에게 광기는 감각으로 인한 오류나 꿈과 다르다. 감각으로 인한 판단은 잘못될 수 있으나 더 자세히 들여다보면 관찰 대상의 실상이 드러나기 시작할 것이고, 꿈속의 다양한 환상적 이미지들도 실제로는 단순한 요소들이 여러 방식으로 조합된 결과물이기 때문에, 감각으로 인한 오류와 꿈은 "진리의 찌꺼기"를 남긴다. 즉 "꿈이나 착각은 진리의 구조 자체 속에서 극복된다". 달리 말하면 꿈이나 감각으로 인한 착각은 진리를 내포하고 있기 때문에 스스로 극복되며 따라서 의심의 도구 또는 근거로 사용될 수 있다. "반면 광기는 의심하는 주체에 의해 배제된다." 감각으로 인한 오류나 꿈은 이성의 원리 자체를 손상하지 못하고 단지 이성의 기능을 잠정적으로 마비시킬 뿐이다. 내가 꿈을 꾸고 있건 깨어 있건, 또는 감각이 내게 나타내는 것에 대해 주의를 기울이건 기울이지 않건 간에, 어찌됐든 나는 사유하는 존재다. 나는 관념과 관념 대상 사이의 확실한 관계를 확립해주는 수단이 없을 경우 제대로 사유하지 못할 수는 있지만, 그래도 그런 수단이 주어진다면 제대로 사유할 수 있는 존재인 것이다. 그러나 광기는 사정이 다르다. 광기는 사유 자체를 위험에 빠뜨린다. 광기는 이성의 타자이고 이성의 바깥이다. 그렇기 때문에 광기는 감각으로 인한 오류나 꿈처럼 돌아서 또는 기술적으로 피해 가야 할 것이 아니라 단번에 배제해야 한다. 미치광이는 잘못 생각하는 자가 아니라 아예 사유 기능이 멈춘 자다. 광기는 이성의 힘이 전적으로 폐기된 비이성 자체다. 광기라는 비이성은 오직 육체의 법칙에 팽개쳐진 물리적 작동일 뿐이다. 이런 관점에서 푸코는 데카르트가 "꿈이나 오류의 우발적 사태를 복잡하게 피해 가는 것과 마찬가지 방식으로 광기의 위험을 피하지 않는다"라고 말한 것이다.

　푸코의 관점에서 데카르트가 감각의 오류와 꿈의 논거, 즉 우리가 꿈을 꾸고 있다는 가설을 채택할 수 있는 이유는 좀 더 자세히 살펴볼 필요가 있다.

실제로 감각은 착각을 일으키기는 하지만, 그래도 "아주 작은 것과 멀리 떨어진 것"만을 왜곡할 수 있을 뿐이다. 감각이 일으키는 착각의 힘은 계속해서 진리의 찌꺼기를 남겨둔다. "지금 내가 여기 있다는 것, 실내 가운을 입고 난롯가에 있다는 것"과 같은 진리의 찌꺼기 말이다. 꿈에 대해 말하자면 꿈은 화가들의 상상처럼 "기이하고 괴상한 모양으로 사이렌이나 사티로스"를 나타낼 수 있다. 그러나 꿈은 "더 단순하고 보편적인 것들", 즉 그 배치를 통해 환상적인 이미지들을 만들어낼 수 있는 그런 더 단순하고 보편적인 것들을 스스로 창조할 수도 없고 조합할 수도 없다. "그런 것들에 속하는 것은 물질적 본성 일반 및 그 연장이다." 이런 것들은 허구적인 면이 극히 적어서 꿈 속 모습의 진실성 같은 것을 보장할 정도이다. 이는 꿈이 위태롭게 하지 못하는 진리의 불가피한 표시이다. 이미지들로 가득한 잠도, 감각이 속고 있다는 명료한 의식도 의심을 그 보편성의 극점까지 몰고 갈 수 없다. 눈이 우리를 속인다고 인정하자, "우리는 지금 꿈을 꾸고 있다고 치자", 그렇다고 해도 진리가 어둠 속으로 완전히 사라지지는 않을 것이다.

푸코의 이 구절은 제1성찰에서 데카르트가 전개한 감각의 오류, 그리고 유명한 꿈의 논거에 대한 그의 해석이다. 제1성찰에서 데카르트는 멀리 떨어진 것들에 대해 감각이 저지르는 오류의 예를 전혀 들지 않는다. 제6성찰에서 그는 이 문제를 다시 거론하고 몇몇 환상을 지적한다. "일련의 경험이 감각에 대한 신뢰를 차츰 무너뜨렸다. 멀리서 둥글게 보이던 탑이 가까이 가보니 사각형이었던 일, 이 탑 위에 세워진 거대한 조각물이 땅 위에서는 작게 보였던 일이 자주 있었기 때문이다." 멀리서 볼 때는 둥글어 보이는 각진 탑들, 이 탑들의 꼭대기에서 작게 보이는 조각 등이 "아주 작은 것과 멀리 떨어진 것"에 해당한다. 그러나 이들 멀리 떨어진 것에 대한 착각은 가까이 있는 것들, 즉 "지금 내가 여기 있다는 것, 실내 가운을 입고 난롯가에 있다는 것"과 같은 진리의 찌꺼기를 남겨둔다. 그러나 이 가까이 있는 것들을 의심하기 위해 데카르트는 광기를 소환하지만 곧바로 광기를 배척하고 꿈으로 넘어간다는 것이 푸코의 주장이다. 그렇다면 데카르트의 꿈에 관한 논의를 보자. 추후에 데리다와의 논쟁을 살펴보려면 여러 번 다시 상기해야 할 구절이다.

그렇지만 나도 한 인간이다. 밤에는 으레 잠을 자고, 꿈속에서는 미치광이가 깨어 있을 때 하는 짓과 똑같은 것을, 아니 종종 더 괴상한 것을 그려낸다. 옷을 벗고 침대에 누워 있건만, 평소처럼 내가 여기 있다고, 겨울 외투를 입고 난롯가에 앉아 있다고 잠 속에서 그려낸 적이 어디 한두 번이었던가? 그러나 나는 지금 두 눈을 부릅뜨고 이 종이를 보고 있다. 내가 이리저리 움직여 보는 이 머리는 잠 속에 있지 않다. 나는 의도적으로 손을 뻗어보고, 또 느끼고 있다. 내가 잠자고 있을 때 이런 것은 이처럼 판명하지 않았던 것 같다. 그러나 꿈속에서도 이와 비슷한 생각을 하면서 속은 적이 어디 한두 번이던가. 이런 점을 곰곰이 생각해보면, 깨어 있다는 것과 꿈을 꾸고 있다는 것을 확실히 구별해줄 어떤 징표도 없다는 사실에 소스라치게 놀라게 된다. 이런 놀라움으로 인해 내가 지금도 꿈을 꾸고 있는 것은 아닌가 하는 생각에 빠져 들게 된다.

그래, 좋다. 지금 꿈을 꾸고 있다고 치자. 그래서 눈을 뜨고 있다는 것, 머리를 움직여본다는 것, 두 손을 뻗어본다는 것과 같은 개별적인 것은 사실이 아니라고 하자. 아니 어쩌면 그런 손이나 몸통조차도 지니고 있지 않다고 하자. 그렇더라도 잠들어 있을 때 보이는 것은 일종의 상(像, imagnes)과 같은 것이며, 이것은 참된 것의 견본대로만 그려질 수 있는 것이다. 그래서 눈, 머리, 손 및 몸통 등과 같은 일반적인 것만은 적어도 단순히 공상적인 것이 아니라 참으로 현존하는 것임을 인정해야 한다. 왜냐하면 사실 화가들이 사이렌이나 사티로스를 아주 기이한 모양으로 나타내려고 해보았자, 그들은 아주 새로운 본성을 그것에 부여할 수는 없으며, 다만 다양한 동물의 지체들을 이리저리 뒤섞어놓을 뿐이다. 그렇지만 혹시 그들이 이와 유사한 것을 전혀 본 적도 없는, 그래서 극히 허구적이고 거짓된 어떤 새로운 것을 고안해낸다고 하더라도, 이것을 구성하고 있는 색깔만은 적어도 참된 것이어야 하지 않겠는가. 이런 이유에서 눈, 머리, 손 등과 같은 일반적인 것이 공상적인 것이라 하더라도, 이것과는 다른 것, 즉 더 단순하고 보편적인 것이 실제로 존재함을 인정해야 할 것이다. 화가들이 기이하게 만들어낸 것을 구성하고 있는 것이 참된 색깔인 것처럼, 우리 사유 속에 있는 사물의 상들은 모두, 참된 것이든 거짓된 것이든 간에, 이 단순하고 보편적인 것이 뒤섞여 만들어진 것이다.

데카르트는 깨어 있는 상태와 꿈꾸고 있는 상태를 명확히 구분할 기준이 없다는 점을 이용하여, 가까이 있는 것들 또는 우리가 겪는 모든 개별적인 사태들을 환상으로 간주한다. 그러나 꿈을 꾸고 있다는 가정은 감각적 확실성의 한 부분을 고수하려는 시도를 야기한다. 즉 우리가 즉각적으로 느끼는 모든 "개별적인 사태들"(눈을 뜨고 있다는 것, 머리를 움직여본다는 것, 두 손을 뻗어본다는 것, 몸을 가지고 있다는 것)이 거짓이고 환상일지라도, 그런 사태들을 구성하고 있는 "일반적인 것들"(눈, 머리, 손,

그리고 육체의 나머지 부분들)은 실재하는 참된 것들이 아니겠는가? 이처럼 새로운 대립이 나타나는데 그것은 개별적인 사태들과 일반적인 것들 사이의 대립이다. 이런 대립과 함께 상상의 문제가 제기된다. 상상은 일반적 혹은 공통적인 요소들을 조합하여 개별적인 모양을 산출해내는 것을 의미한다. 실제로 데카르트는 화가들의 작품을 통해 상상의 개념을 예증한다. 화가들은 기상천외한 형태들(사이렌, 사티로스)을 표현하기 위해 그들의 온갖 기술을 사용하지만, 인체와 동물을 섞는 등 언제나 이미 알려진 형태들로부터 표현할 뿐이다.

그러나 데카르트는 이런 일반적인 것들을 더욱더 세분화하는 방향으로 논의를 전개한다. 가령 완전히 알아볼 수 없는 부분들을 조합해서 화가들이 완전히 미지의 어떤 것을 발명해낸다고 가정해보자. 그래도 그들은 색깔 같은 더 근본적인, 즉 의심의 여지 없이 실재하는 재료를 사용해야 할 것이다. 달리 말하면, 일반적인 것들("눈, 머리, 손 등")이 상상의 산물("공상적")이라고 인정한다고 해도, 적어도 "이것과는 다른 것, 즉 더 단순하고 보편적인 것이 실제로 존재함을 인정해야 할 것이다". 그리고 진짜 색깔들 같은 단순하고 보편적인 것들로부터 우리의 사유 속에 있는 사물들의 이미지들이 형성된 것이다. 이 지점에서 데카르트는 단순하고 보편적인 것들을 예시하기 위해 물리학의 요소들을 언급하고 꿈의 논거를 마무리한다.

이런 것에 속한다고 생각되는 것은, 물질적 본성 일반 및 그 연장, 그리고 연장적 사물의 형태, 그것의 양, 즉 그것의 크기와 수, 그것이 존재하는 장소, 그것이 지속하는 시간 등이다.

이제 다음과 같은 것이 정당하게 귀결된다. 즉 자연학, 천문학, 의학 및 이밖에 복합적인 것을 고찰하는 모든 학문은 의심스러운 것인 반면에, 대수학, 기하학 및 극히 단순하고 일반적인 것을 다루는 학문들은 의심할 수 없는 확실성을 담지하고 있다는 것이다. 왜냐하면 내가 깨어 있든 잠들어 있든 간에 둘에 셋을 더하면 언제나 다섯이고, 사각형은 네 변밖에 가지지 못하므로, 이렇게 분명한 진리들이 거짓일 수 있다는 의혹을 받는 일은 있을 수 없는 것으로 생각되기 때문이다.

이 구절에서 데카르트는 자신의 물리학에서 사용된 개념들을 쏟아내고 있다. 과연 데카르트가 이 지점에서 자신의 과학 개념을 설명하고 있는 것인지 여부는 또 다른 논쟁의 대상이다. 실제로 첫 번째 논쟁의 주인공인 게루와 알키에는 이 부분에서도 충돌한 바 있다.[6]

이 정도면 푸코가 말하는 "진리의 찌꺼기", "꿈이 위태롭게 하지 못하는 진리의 불가피한 표시"가 무엇인지는 밝혀졌으리라고 본다. 푸코에 따르면 꿈의 논거는 이처럼 진리의 부분을 담지하고 있기 때문에 의심의 진행 과정을 중단시키지 못한다. 그렇기 때문에 내가 꿈을 꾸고 있다는 가설은 의심의 수단 또는 근거로 사용될 수 있는 것이다. "데카르트

---

6 간략히 논쟁을 정리하면 다음과 같다. 게루에 의하면, 꿈의 논거로 나타난 "자연적 의심"은 물리학의 기초에 존재하는 "단순한 본성들" 앞에서 끝난다. 그리고 속임수 신의 가설로 발전하는 "형이상학적 의심"은 이러한 단순한 기초들을 파악하는 정신의 능력에만 관계한다. 이는 달리 말하면 데카르트가 여기서 과학에 대한 자신의 고유한 개념을 개진함은 물론 그 개념을 전혀 문제 삼지 않고 있다는 것을 뜻하게 된다. 게루에 반대하여, 알키에는 데카르트가 물리학 같은 복잡한 것에 대한 과학들에는 의심을 던지며, 그가 수학을 그대로 놔두는 이유는 수학은 수학이 다루는 대상들이 실제로 존재하는지 여부는 따지지 않는바, 존재론적 의미를 가지지 않기 때문이라고 주장한다.

의 의심은 참된 사물들의 빛에 인도되어 감각의 마법을 풀고 꿈의 풍경을 가로지른다."

그러나 광기는 어떠한가? 의심하는 나는 미치광이의 언행을 흉내라도 내서는 안 된다. 그 경우 나도 미치광이로 보일 것이고 참된 지식의 탐구도 끝나버린다. 광기는 사유와 이성의 현존 자체를 근원적으로 위태롭게 하므로 배제되어야 한다. 즉 내가 미쳤다는 가설은 전적으로 인정할 수 없는 일이다. 광기의 가설은 사유 능력의 수준에 관계되는 것이 아니라 사유의 영역에서 아예 추방되어야 할 뿐이다. 광기는 감각으로 인한 오류나 이성의 결함 차원이 아니라, "사유의 불가능성의 조건" 자체다. 푸코의 구절을 다시 음미해보자.

광기와 관련해서는 사정이 다르다. 광기의 위험이 (사유 또는 의심) 과정을 위태롭게 하지도 않고 그 과정이 포함하는 진리의 골자를 위태롭게 하지도 않는다고 할 때, 이는 광인의 사유 속에서조차 **특정한 것**은 거짓일 수 없기 때문이 아니다. 그것은 사유하는 **나**, 내가 미칠 수 없기 때문이다. 내가 육체를 갖고 있다고 믿을 때 나는 유리로 된 육체를 가지고 있다고 상상하는 사람보다 더 확고한 진리를 지니고 있다고 확신할 수 있는가? 당연히 그렇다. 왜냐하면 "이들은 한갓 미치광이일 뿐이고, 내가 그들을 흉내 낸다면 나 역시도 미치광이로 보일 것"이기 때문이다. 진리의 영속성 덕분으로 사유가 오류에서 벗어나거나 꿈에서 빠져 나올 수 있었던 것과 달리, 광기로부터 사유를 보호하는 것은 진리의 영속성이 아니라, 미칠 가능성의 부정이다. 광기의 불가능성은 사유의 대상이 아닌 사유하는 주체에게 본질적인 것이다. 우리는 "의심의 어떤 근거"를 찾기 위해 꿈꾸고 있다고 가정할 수 있고 우리 자신을 꿈꾸는 주체와 동일시할 수도 있다. 그래도 진리는 계속해서 꿈의 가능 조건으로서 나타난다. 이와 반대로 우리는 사유에 의해서조차도 자신이 미쳤다고 가정할 수는 없다. 왜냐하면 광기는 사유의 불가능성의 조건 자체이기 때문이다. "나 역시도 미치광으로 보일 것이다……."

꿈을 꾸는 것 역시 오류를 범하는 것이지만, 미친다는 것은 그야말로 이성의 영역에서 완전히 추방당하는 것이며 사유의 모든 수단을 박탈당하는 것이다. 감각으로 인한 오류나 꿈은 제대로 생각하지 못하는 것이고 참된 사유에서 멀어진 것이지만, 광기는 아예 사유가 아니다. 꿈에서는 깨어날 수 있지만 광기로부터는 탈출할 수 없다. 그렇다면 광기는 어떻게 처리해야 하는가? 광기에 갇히면 탈출할 수 없으니 오히려 광기를 가둬버려야 한다. 광기를 배제하고 활동할 수 없도록 가두려면 모종의 강제력과 결단이 필요하다. 그래서 고전주의 시대에 특별한 강권을 통해 광기를 침묵시키는 "일종의 결정이 내려진 것이다".

결국 이성은 광기 또는 비이성과 분리될 때 비로소 자신을 확립할 수 있다. 고전주의 시대의 이성은 무언가를 깊이 숨기면서, 그것과 자신을 분리하면서 구성되었다. 이런 은폐를 위해서 필요한 것이 바로 감옥을 짓는 일이었다. 그런데 이성의 타자인 광기를 묻었으나 광기는 뿌리가 되었다. 그 뿌리를 둘러싼 역사가 바로 **광기의 역사**다.

그러나 서구 세계의 역사와 같은 이성의 역사가 '이성주의'의 진보에서 끝날 리가 없다. 이성의 역사는 매우 큰 부분에 있어서는 비록 비밀스럽기는 해도 비이성을 우리의 땅속에 파묻은 운동으로 구성되었다. 이 운동으로 인해 비이성은 땅속에 파묻혀 사라지긴 했지만 거기에 뿌리를 내렸다.

서구 이성의 역사에서 광기를 은폐한 운동의 이면을 파헤치는 것이 푸코의 작업이다. 한 문화가 자기의 일부분을 배제하는 방식의 역사를 파헤치는 것이다. 고전주의 시대에 광기는 도덕적 감금 상태에 버려진다. 그래서 푸코는 서구 사회가 중세 시대부터 프로이트에 이르기까지 광기를 처리한 담론을 역사적으로 고찰하는 작업을 수행한다. 프로이트는 근대서구 사상을 구성한 이성과 비이성의 경계를 무너뜨리고 양자 간의 대화를 시도하면서 광인들에게 발언권을 주고자 한 최초의 인물이다. 그러나 프로이트의 시도조차도 결국 푸코가 보기에는 광기를 엄격한 치료 절차에 연결함으로써 광기의 고유한 의미를 박탈한다. 광인의 말을 듣고 분석하는 의사가 전능함의 위치를 다시 차지하기 때문이다.

광기의 역사는 동시에 금기와 위반에 대한 철학적·인간학적 고찰이 된다. 이는 서구 사회의 작동과 기능이 자기의 한계와 여백을 통해서 이루어졌다는 것을 이해하는 방식이다. 즉 서구 사회는 "부끄러운 기원"을 숨기면서 구성되었다.

결국 푸코의 문제의식은 정치적 차원과 연결된다. 서구적 근대성은 고전주의 시대에 광인을 제물로 삼음으로써 근원적인 배제 절차를 통해 구성되었다. 광기가 이처럼 문화적 결단에 속한다고 할 때, 서양 근대 계몽철학의 핵을 이루는 이성은 근본적으로 불의한 것이다. 원래 이성의 사명은 개인들과 국민들의 행복 및 자유를 제공해주는 데 있다. 그런데 서구 근대의 이성은 자기 고유의 사명과 정반대되는 형태와 태도를 취했다. 서구 사회의 근대화라는 것은 개인을 대상화하고 그 내면까지 지배하려는 다양한 예속 장치의 구성이다.

고전주의 시대에 광기에 대한 조치(푸코는 이런 다양한 조치들을 **광기에 대한 경험**이라 일컫는다)는 광인들의 대감금이라는 정치적 배제로 제도적 차원에서 표현된다. '일반 병원'이라는 물리적 장치의 구축이 그것이다. 푸코에 따르면 대감금은 새롭게 떠오르는 부르주아사회의 질서 확립에 방해가 되는 모든 이들을 대상으로 삼았다. 무신앙자, 알콜중독자, 유랑자 등과 함께 광인들은 노동을 최고 가치로 건립하고 사회적 공간에서 모든 무위도식을 금지하는 사회의 가치에 부적합한 자들로 평가되었다. 광기에 대한 의학적 대상화 절차는 모든 분야에 전파된다. 과학적(학문적) 지식, 사회경제적 기능, 제도적 조직이 구조화된다. 그 결과는 진리의 작동 방식과 권력 관계가 효력을 발휘하는 영역을 만들어낸다. 사회의 가치에 부합하지 않는 모든 비사회적 인간들은 감금, 감시, 처벌, 교육, 치료의 대상이다. 이것이 서구 근대 문명의 부끄러운 기원이다.

2. 데리다의 공격

『광기의 역사』가 출간된 것이 1961년이다. 2년 뒤인 1963년 4월 3일 자크 데리다는 소르본 대학의 교수 장 발의 제안으로 특강을 할 기회가 있었는데, 이 특강에서 그는 대범하게도 한때 자신의 스승이었던 푸코의 저작을 공격 대상으로 삼았다. 알키에-게루 논쟁에 잠깐 등장하기도 했던 장 발이 『기하학의 기원』으로 이름을 알리기 시작한 젊은 데리다를 자신이 세운 '철학 칼리지(Collège philosophique)'에 연사로 초빙한 것이다. 이 특강이 바로 유명한 〈코기토와 광기의 역사〉로서 푸코와 데리다 논쟁의 주요 내용을 이룬다. 이 특강의 발표문은 『글쓰기와 차이』에 수록되어 출간되었다.[7]

푸코가 데리다의 스승인 것은 맞지만 나이는 네 살밖에 차이 나지 않는다. 데리다가 고등사범대학에 갓 입학했을 때 푸코는 릴 대학의 조교로 근무하면서 매주 월요일 저녁 파리의 고등사범대학에서 심리학 강의를 진행했었다. 이때 두 사람이 고등사범대학에서 우정을 맺은 것이다. 9년 후 논쟁이 불거지기 전 둘 사이의 편지에는 친밀감이 흐른다. 서양인들은 종종 스승과 제자 간에 존대를 안 하는 경우가 있지만, 그래도 기본적으로 서로 끝까지 존대하는 경우가 많다. 일례로 데리다는 레비나스나 리쾨르에게는 깍듯하게 경어를 사용했다. 반면 푸코와의 편지를 보면 친밀한 어법을 사용하고 있다. 선생님이긴 하지만 우리식으로 하면 '선배님'이나 '형님' 정도로 생각한 듯하다. 푸코 또한 데리다를 "친애하는 벗"으로 명명하며 여러 편지를 보냈다. 데리다를 유명하게 만든 『기하학의 기원』은 특히 본문보다 몇 배 더 긴 그의 서론으로 유명한데, 푸코가 이 저작을 읽고 보낸 애정 어린 편지는 다음과 같다.

『기하학의 기원』에 대한 자네의 서론에 감사를 표하기 위해 그것을 다 읽기를, 그리고 다시 읽기를 얌전히 기다렸다네. 이제 자네의 서론을 다 읽었고 또 다시 읽었지. 그저 감탄했다고 단순하게 말할 수밖에 없네. 좀 더 말하자

---

7 「코기토와 광기의 역사」를 인용할 때 『글쓰기와 차이(L'écriture et la différence)』 판본을 사용하고 약어 ED로 표기한다.

면, 자네가 얼마나 후설에 대해 완벽하게 인식하고 있는 사람인지 나는 알고 있었다는 것뿐이지. 자네의 글을 읽으면서, 현상학이 끊임없이 약속해왔던 것 이상의, 그리고 아마도 또한 끊임없이 고갈시켜온 것 이상으로 자네가 철학의 가능성들을 드러냈다는 생각이 들었네. 그런 가능성들은 자네의 손안에 있고 자네의 손안으로 들어왔다는 생각이 들었네. 철학의 첫 번째 행위는 분명 우리에게 그리고 오랫동안, **읽기**가 되겠지. 자네의 읽기는 바로 그런 행위임이 명백하네. 그렇기에 자네의 읽기는 이 같은 대단한 정직성을 지닌 것이라네."1963년 1월 27일자 편지

특강을 준비하면서 데리다 역시 푸코에게 여러 편지를 보냈다. 데리다는 "계속되는 기쁨과 함께" 『광기의 역사』를 읽으며 발표를 준비하고 있음을 알렸고, 동시에 데카르트를 푸코와는 다르게 읽을 것임을 알리는 것도 잊지 않았다.

선생님의 데카르트 읽기가 타당하고 (사안을) 밝게 해준다는 점, 그러나 선생님이 사용하는 텍스트의 수준일 수 없어 보이는 깊이의 수준에서 그렇다는 점을 대략적으로 제시하려고 시도할 것입니다. 그리고 저는 그 텍스트를 아마도 전적으로 선생님과 같은 방식으로 읽지는 않을 것 같습니다.1963년 2월 3일자 편지

실제로 데리다의 특강은 『광기의 역사』에 대한 찬사와 비판이 교차한다. 데리다는 스승을 경탄해온 제자로서 민감한 작업을 수행하고 있음을 밝히며 논쟁이 아닌 대화를 추구할 것이라고 강조한다. 그러나 데리

다의 특강은 아무래도 비판의 색채가 강하다. 스승의 작품에 대한 찬사 후에 곧바로 비판의 칼을 대기 시작한다. 그는 우선 푸코의 데카르트 해석을 다음과 같이 정리한다.

나의 출발점은 취약하고 인위적으로 보일 수도 있다. 미셸 푸코는 673쪽짜리 이 책에서 다섯 쪽(p. 57~61)—그리고 2장의 일종의 서론 부분—을 데카르트의 『제1철학에 관한 성찰』에 할애하는데, 그 구절에서 광기, 비정상적 특성, 착란, 비상식적 언동은 철학적 권위의 영역 밖으로 내쫓기고 배제되며 추방되는 듯하고, 철학적 시민권을 박탈당하고 철학적 고찰의 대상이 될 권리를 박탈당하는 듯하며, 데카르트에 의해 법정에, 즉 본질상 미칠 수 없는 코기토의 최종 심급 앞에 소환되는가 싶더니 금방 기각되어 물리침을 당하고 마는 듯하다—나는 **되는 듯하다**고 분명히 말한다.

데리다가 "되는 듯하다"라고 강조한 것은 자신의 데카르트 해석에 따르면 광기가 배제되지 않는다는 점을 암시한 것이다. 나아가 데리다는 데카르트에 대한 푸코의 해석이 『광기의 역사』의 계획 전체를 집약할 수 있다고 평가한다. 그래서 그는 푸코의 데카르트 해석에 대한 문제 제기를 통해 점차적으로 광기에 대한 푸코의 작업 자체를 무너뜨리려고 한다. 푸코는 데리다의 특강에 참석했고 별다른 거부 반응도 보이지 않았을뿐더러 특강 후에 데리다를 격려하고 칭찬하는 편지까지 보낸다. 푸코는 너그러운 사람인가? 특강 직후 푸코가 데리다에게 보낸 편지를 보자.

자네도 생각하고 있겠지만, 특강 당일에 내가 바라던 바대로 자네에게 고마움을 표시할 수 없었다네. 나의 설명에 대해 자네가 너무도 너그럽게 말한 것에 대해 특히 고마운 것도 아니고 또 그것에 대해서만 고마운 것도 아니라네. 자네가 내게 막대하고도 탁월한 방식으로 주의를 기울여준 점에 대해 고마운 것일세. 내가 행하고자 했을 작업의 근본에까지, 그리고 그것을 넘어서까지 오점 없이 나아간 자네 문제의식의 **공정함**은, 자네가 발표할 당시 내가 말할 수 있었던 것에서 당황하고 또 어설퍼질 정도로 깊은 인상을 주었다네. 코기토와 광기의 관계에 대해 내 박사 논문에서 너무 무성의하게 다룬 것이 사실이네. 바타유와 니체를 통해서 나는 그 관계를 천천히 그리고 수많은 우회를 통해 다루기는 했지만 말일세. 자네는 당당하게 정면으로 그 문제를 다루었네. 내가 왜 자네에게 매우 깊이 감사해야 하는지를 자네는 이해할걸세.

자네가 바라는 시간에 바로 자네를 다시 만나면 아주 기쁠 것이네. 매우 깊고도 충실한 내 우정을 믿어주기를 바라네.

이 편지는 푸코가 나중에 사나운 논쟁을 벌였다는 일이 믿기지 않을 정도로 상냥하고 관대한 푸코의 모습을 보여준다. 게다가 데리다의 특강 원고가 프랑스의 대표적 철학 학술지인 〈형이상학과 도덕(Revue de métaphysique et de morale)〉에 실리기로 결정이 났을 때에도 푸코의 태도는 변함없었다. 약간의 뉘앙스가 감지되기는 해도 말이다. 푸코는 1963년 10월 25일의 편지에서 데리다에게 다음과 같이 말한다. "자네의 텍스트가 출간되기로 한 것은 어쨌든 잘된 일이라고 생각하네(내가 이기적으로 말하는 걸세). 경솔한 사람들만이 자네의 비판이 심했다고 생각할걸세." 또한 편집이 된 원고를 읽고 나서도 푸코는 데리다의 텍스트가 "문제의 근본을 다루며 극히 근원적이고 기술적으로 나아가기 때문에 나를 아포리아에 절대적으로 빠지게 하고 또 내가 생각하지 못한 많은 사유를 내게 열어놓는다는 점을 확신"하게 되었다고 밝힌다.1964년 2월 11일자 편지

9년 후 푸코가 데리다에게 대대적인 반격을 가하는 방식을 살펴보기 전에 우선 데리다가 제시한 논쟁점을 정리할 필요가 있다. 앞서 밝혔듯이 데리다는 푸코의 저작에 대한 찬사와 비판이 엇갈리는 논점을 유지하고 있지만, 그래도 문제의식은 『광기의 역사』의 해체에 있다. 그는 데카르트의 입장이 데카르트 당대의 역사적 상황과 정확한 상관관계가 있는지 검토하고자 한다. 데리다는 데카르트 당대의 역사적 상황을 "역사적 구조", "의미심장한 역사적인 어떤 전체성", "어떤 전체적인 역사적인 의도" 등으로 명명하고 있다. 구체적으로 말하면, 데카르트의 광기 배제와 대감금 사건 사이에 의미 있는 관계가 있는지 검토하려는 것이다. 이런 검토를 위해서 데리다는 우선 푸코가 데카르트의 관점을 정확히 해석하고 있는지 확인하고자 한다. "명백한 언어에서 잠재적 언어로 넘어가고자 할 때면, 우선 명백한 의미를 엄밀하게 확인해야" 하기 때문이다.ED. p. 57 즉 데카르트의 텍스트에 대한 정확한 해석에서 역사적 상황에 대한 판단으로 넘어가려면 우선 데카르트의 텍스트 자체의 의미를 엄정하게 규정해야 한다. 간단히 말하면 데카르트가 과연 광기를 배제했는지 여부를 살펴보겠다는 것이다. 본격적인 논의에 들어가기에 앞서 데리다는 데카르트에 대한 논의에 있어 이성과 광기가 푸코의 주장처럼 명확히

분리된 것도 아니고 이성과 광기의 분할 시도와 그 실패는 고전주의 시대 같은 특정 시기에 이루어진 것도 아니라는 점을 암시한다. 이성의 경험은 광기의 경험보다 덜 모험적이고 덜 위험하며 덜 신비하고 덜 어둡고 덜 비극적인 것이 아니다. 데리다가 볼 때 이성과 광기는 푸코가 생각하듯이 서로 다른 두 적대적 대상처럼 분리되는 것이 아니다. 이성과 광기가 서로 흔적을 남기는 양상이 서구 철학 전체의 모습이다. 이렇게 볼 때 데리다는 푸코의 작업에 정면으로 도전하고 있는 셈이다.

데리다는 푸코의 작업 자체가 불가능에 가깝다고 진단한다. 푸코는 광기를 논하되 광기를 어떤 대상으로 규정한 개념 또는 언어를 사용하기를 피하고자 하는데, 이것이 푸코의 논의를 불편하게 만든다는 것이다. 침묵의 고고학을 수행해야 하지만, 침묵의 역사란 불가능에 가까운 것이기 때문이다. 침묵의 고고학이라고 해도 고고학은 논리를 피할 수 없고 또 광기를 감금해왔다고 하는 유럽 언어를 벗어날 수 없기 때문에 푸코의 논의는 거북함 속에 있을 수밖에 없다. 광기를 포획해온 여러 학문들 가운데 하나인 정신의학의 개념에서 벗어난다고 해서 침묵의 고고학이 실현되는 것은 아니다. 광인들의 대변자가 광기에 대해 말하는 순간 이미 그는 질서에 속하게 되고 곧바로 광인들을 배반하는 적이 되어버린다. 광기의 역사를 쓰기 위해서는 질서 속에서 질서와 싸우는 트로이의 목마가 필요하겠지만 보편 이성의 지배를 피해 가는 트로이의 목마는 없다. 광기의 역사는 혁명이 아닌 작은 소요에 불과하다. 데리다는 푸코를 직접 인용하면서 푸코 스스로 느낀 난점을 표현한다.

(광기의) 고통과 웅얼거림을 야생 상태에서 포착하려는 지각은 그런 고통과

웅얼거림을 이미 포획한 세계에 필연적으로 속해 있다. 광기의 자유는 광기를 감금하고 있는 성채 위에서나 이해될 뿐이다. 그런데 거기서 광기의 자유는 감옥에서의 침울한 신분, 박해받은 자의 소리 없는 경험만을 누릴 뿐이며, 우리로서는 탈옥수의 인상착의만을 알 뿐이다.

그래서 광기는 "야생 상태로 결코 복원될 수 없는" "접근 불가능한 원초적 순수성"이다.

데리다는 끊임없이 묻는다. 보편적 이성을 피해서, 즉 아무 의거할 것도 없이 광기의 역사를 썼다고 하는 푸코는 어떤 언어를 궁극적으로 지주로 삼았는가? 이처럼 표현하기 힘든 광기를 단순히 결정에 의해 배제할 수 있다는 것을 데리다는 받아들이지 않는다. 이성과 광기를 나누는 결정은 둘을 분리하는 동시에 결합한다. 결정은 로고스의 자기 불화를 나타내며 결정의 이런 비순수성은 이미 그리스 철학에서부터 진행된 일이다. 우리는 결정을 감행한다고 해서 결정을 전적으로 지배하지 못한다. 만일 그렇게 믿는다면 이는 순진한 일이다. 즉 데리다가 보기에 푸코는 순진하게도 데카르트가 그런 결정을 통해 광기를 배제했다는 사실을 그대로 따름으로써 로고스를 인정한다.

결정의 역사를, 분리의, 차이의 역사를 쓰고자 할 경우 우리는 분할을 사건으로서 또는 근원적 현전의 통일성에 나타나는 구조로서 구성할 위험을 무릅쓰게 된다. 즉 형이상학이 근본적으로 작동하고 있음을 확증할 위험을 무릅쓰게 되는 것이다.ED. p. 65

우선 중요한 일은 푸코의 데카르트 해석을 검증하는 것이라고 데리다는 생각한다. 그래서 데카르트에 대한 철학적 담론의 명시적 의미를 드러내고자 한다. 푸코가 제1성찰 부분을 읽은 방식을 충실히 옮기고 나서 데리다는 묘하게도 데카르트를 "순진하게" 또는 "소박하게" 다시 읽겠다고 선언한다. 물론 데리다의 이런 태도에는 아이러니가 존재한다. 실제로 푸코의 주장처럼 데카르트가 광기를 배제한다고 결정했음에도 불구하고, 한편으로 그런 결정을 끝까지 통제하지 못한다는 것이 데리다의 관점이기 때문이다. 물론 데카르트가 자신의 주장을 "말"한 것은 아니지만, 여하튼 데리다의 잘 알려진 해체적 관점, 즉 텍스트는 그것이 말하고자 하는 바와 다른 것을 나타낸다는 점이 여기서 드러난다. 우리는 우리가 말하는 것과 다른 것을 할 수 있고, 이런 점은 철학 텍스트 어딘가에 새겨져 있는 간극이다. 그래서 사실 데리다의 '순진한' 독법은 텍스트 전체를 세밀하게 살피는 해체적 독법이다.

　물론 데리다가 제1성찰을 읽는 방식에 여러 문제가 있는 것도 사실이고, 그런 문제가 세밀하게 볼 때는 푸코와의 논쟁 전체와도 연결되겠지만, 여기서는 논의를 너무 복잡하게는 하지 않으려 한다. 일례로 데리다는 감각에서 비롯된 모든 관념이나 의미가 광기와 마찬가지로 진리의 영역에서 배제되었다고 주장함으로써 광기에 대한 푸코의 특혜적 시선을 비판한다. 데리다에 따르면 꿈의 논거가 제거하지 못하는 단순하고 일반적인 것은 지성적인 것이다. 그런데 이런 논의는 데리다가 너무 앞서간 것이다. 그는 너무 일찍 감각적인 것과 지성적인 것을 구분하고 있다. 물론 제5성찰에 가서 보면 기하학 도형들이 감각에 기원을 두지 않고 있음을 인정하고 데카르트 철학의 전반적인 생각도 그런 것이지만,

제1성찰의 주인공은 아직 지성적인 것이 무엇인지 모르고 있다. 즉 제1성찰에서 감각의 범위는 아직 규정되지 않고 있다. 알키에의 제자이자 데카르트의 저명한 연구가인 장 마리 베이사드는 푸코와 데리다 논쟁을 다룬 논문에서 "아마도 데리다는 너무 일찍 맞다는 점에서 틀리다"라고 재치 있게 말한다. 제1성찰의 주인공 '나'가 그렇듯이 독자는 감각적인 것과 지성적인 것의 구분을 아직 모른다.

이런 세밀한 논쟁점은 잠시 접어두고 데리다의 입장을 살펴보자. 데리다는 감각에서 광기로 또 광기에서 꿈으로 데카르트가 자연스럽게 넘어가며, 꿈의 논거를 통해서 결국 지성적인 것만을 남겨둔다고 강조한다. 즉 데카르트는 광기를 특별하게 취급하지 않는다는 것이다. 데리다는 나중에 논란이 되는 가설을 개입시키는데, 그것은 철학 초보자의 등장이다.

푸코가 인용한 이 구절을 다시 보자.

그러나 이 두 손이 그리고 이 몸통이 내 것이라는 것을 어떻게 부인할 수 있는가? 이것을 부인하는 것은 미치광이의 짓과 다름없을 것이기에 말이다. 미치광이는 검은 담즙에서 생기는 나쁜 증기로 인해 두뇌가 아주 혼란되어 있기 때문에 알거지이면서도 왕이라고, 벌거벗고 있으면서도 붉은 비단옷을 입고 있다고, 머리가 진흙으로 만들어졌다고, 몸이 호박이나 유리로 되어 있다고 우겨댄다. 그렇지만 이들은 한갓 미치광이일 뿐이다. 그래서 내가 이들의 언행 가운데 몇 가지만이라도 흉내 낸다면 나 역시도 미치광이로 보일 것이다.

이 구절은 데리다가 보기에 데카르트와 가상의 철학 초보자가 대화를 나누는 장면이다. 즉 초보자는 데카르트가 멀리 떨어진 것에 대해 의심하는 것은 인정하지만, 지금 당신이 앉아서 말하면서 종이를 쳐다보고 있는 사실, 가까이 있는 것들을 의심하는 것은 미친 짓 아니겠느냐고 반문한다는 것이다. 초보자의 이런 놀라움에 대해 데카르트는 초보자를 안심시킨다. "제가 어떻게 그런 것을 부정할 수 있겠습니까? 제가 그런 미친 사람들을 흉내 낸다면 저도 미친 사람이 되겠지요." 이 지점에서 데카르트가 광인의 예가 필요 없는 더 심각한 논거, 즉 꿈의 논거를 댄다는 것이 데리다의 해석이다. 그래서 데카르트는 초보자에게 다음처럼 말한다는 것이다.

> 그러니까 미친 사람을 흉내 내지 않고 다른 가설을 제안해보지요. 당신에게 훨씬 자연스러워 보이고 당신을 당황시키지도 않을 가설 말입니다. 왜냐하면 그 가설은 광기의 가설보다 훨씬 평범한 것이고 또 훨씬 보편적인 것이니까요. 그건 바로 잠과 꿈의 가설입니다.ED. p. 78

그래서 데카르트는 꿈의 가설을 통해 인식의 감각적인 근거 전체를 무너뜨리고 확실성의 지성적 근거만을 남겨둔다는 것이 데리다의 관점이다. 특히 중요한 것은 꿈의 가설이 비정상의 가능성, 즉 광기의 비정상보다 더 심각한 비정상의 가능성을 피하지 않는다는 점이다. "따라서 이처럼 꿈에 의거하는 것은 데카르트가 무력하게 만들거나 배제했다고 하는 광기의 가능성에 대해 뒤로 물러난 것이 아니라 그 반대다." 꿈의 가설은 광기 가설이 더 심화된 과장적 의심인 것이다. 즉 잠자고 있는 사람 또는 꿈꾸고 있는 사람은 광인보다 더 미친 상태에 있다. 또는 인식의 관점에서 말하자면, 꿈꾸고 있는 사람은 참된 지각에서 광인보다 더 멀리 떨어져 있다.

따라서 데리다의 관점에서 볼 때, 고전주의 시대의 이성에게 진정한 위험은 광기가 아니다. 광기는 소수에게만 해당되는 경험이기 때문이다. 반면 꿈은 모두가 경험하고 겪는 것으로서 학자들이건 현자들이건 간에 피할 수 없는 사태다. 꿈은 상시적으로 이성의 활동을 위협하고 있다. 푸코의 생각처럼, 광인들을 가둘 결정을 내릴 수는 있겠지만, 꿈꾸는 사람이 꿈속에, 그것도 다른 무엇의 개입도 없이 스스로의 책임으로 꿈속에 갇히는 숙명을 피할 수는 없다.

데리다의 해석에 따르면, 결국 데카르트적 이성은 자신을 지배하는 능력이 될 수 없다. 잠과 깨어 있음을 구분 못하는 사유는 푸코가 말하는 "어떤 결정이 내려졌다"라고 해서 자신의 타자인 광기를 비이성으로 간주하고 자기 밖으로 내쫓을 수 있는 것이 아니다. 오히려 이성적 사유는 모든 표상들의 확실성을 의문시하는 의심으로서 스스로를 내적으로 좀먹어 들어간 불안한 사유다. 이런 사유가 내린 결정을 그대로 따른다는 것은 순진한 발상이다.

데리다가 보기에 특히 푸코가 간과하는 것은 심술궂은 악령의 가설이다. "심술궂은 악령 가설은 궁극적으로 의심의 근거들 중 하나가 아니라 의심의 근거들 모두를 결합한다"라고 뎃보스가 말했듯이, 데리다는 심술궂은 악령 가설이 의심의 과장적 특징을 절대화한 것임을 강조한다. 감각의 차원을 넘어서 수학, 기하학 등의 지성적 요소들(물론 앞에서 언급했듯이 데리다의 이런 구분에는 논란의 여지가 있다)도 의심에 넣기 위해 데카르트는 전체적 광기, 또는 완전한 실성(失性) 상태에 의거한다. 꿈에 광기보다 더한 수준의 광기의 흔적이 남았다면, 이제 광기의 감염이 극대화된 사태는 심술궂은 악령의 가설이다. 즉 광기는 이성의 질서에서 배제되기는커녕 그 안에 통합되어 있다. 이성적 사유라고 하는 것은 약을 위해 독이 필요하다는 양가성을 피할 수 없다.

> 심술궂은 악령 가설에 의거하는 것은 전체적 광기의 가능성을 나타나게 하며 그것을 소환하게 된다. 가정상 내게 부과되었고 또 내 책임도 아닌 것이기 때문에 내가 제어할 수 없는 완전한 실성 상태의 가능성 말이다. 이런 완전한 실성 상태는 말하자면 단지 사유하는 존재의 경계 밖에 있는, 사유하는 주체성의 통제되고 안전한 도시 밖에 있는 육체, 대상, 대상으로서의 육체의 무질서에 그치는 광기인 것이 아니다. 그것은 또한 순수 사유에, 순수 사유의 순전히 지성적인 대상들에, 명석판명한 관념들의 장(場)에, 자연적 의심에 걸리지 않는 수학적 진리들의 영역에 일대 전복을 초래할 광기인 것이다.ED. p. 81~82

앞서 언급한 감각적 차원과 지성적 차원의 구분이 걸리기는 하지만, 데리다는 계속 이 구분을 강조하며 논의를 전개해나간다. 심술궂은 악령의 가설에 도달하면 이제 비정상을 피해 가는 것은 아무것도 없다. 내 몸에 대한 지각, 순전히 지성적인 지각도 모두 실성한 상태에서 이루어지는 것이다. 데리다는 제1성찰 끝부분을 인용한다.

> 나는 이제 진리의 원천인 전능한 신이 아니라, 유능하고 교활한 악령이 온

힘을 다해 나를 속이려 하고 있다고 가정하겠다. 또 하늘, 공기, 땅, 빛깔, 소리 및 모든 외적인 것은 섣불리 믿어버리는 내 마음을 농락하기 위해 악마가 사용하는 꿈의 환상일 뿐이라고 가정하겠다. 나는 또 손, 눈, 살, 피, 어떠한 감관도 없으며, 단지 이런 것을 갖고 있다고 잘못 믿고 있을 뿐이라고 생각하겠다.

또한 악령에 의거하기 전에 제시된 속임수 신의 가설에 따르면, 신은 내가 둘에 셋을 더할 때나 사각형의 변을 셀 때마다 실수를 하도록 조정했을 수도 있다. 결국 데리다에 따르면, 광기는 끊임없이 사유를 따라다니며, 사유의 가장 본질적인 내면에까지 상흔처럼 붙어 있다. 즉 고전주의 시대의 합리성이라는 것은 광기에 원초적으로 감염되어 있는 것이다. 광기는 배제되지 않았고, 결단으로 배제될 수 있는 것도 아니다. 비록 제2성찰에 가서 '사유하는 나의 존재'가 증명되지만 그렇다고 해서 사유가 광기에서 벗어나는 것이 아니다. 푸코가 주장하는 것처럼 "사유하는 **나**, 내가 미칠 수 없기 때문"에 사유 주체가 광기에서 벗어나는 것이 아니다. 오히려 "코기토 행위는 내가 **미쳤을지라도**, 나의 사유가 처음부터 끝까지 미쳤을지라도, 유효하다. 결정된 광기와 결정된 이성 양자 간의 택일에서 벗어나는 코기토와 실존의 가치 및 의미가 존재한다."ED. p. 85~86 이성은 광기에서 벗어나지 않을 때 비로소 통제력을 발휘하기 시작한다.

실제로 데리다는 데카르트가 제2성찰에서도 위의 악령 가설 논의를 그대로 다시 진행하면서 코기토를 증명하고 또한 『방법서설』에서도 마찬가지라는 점을 강조한다.

우리가 깨어 있을 때에 갖고 있는 모든 생각은 잠들어 있을 때에도 그대로 나타날 수 있고, 그 생각 중 참된 것은 아무것도 없다는 점을 볼 때, 지금까지 정신 속에 들어온 모든 것이 내 꿈의 환영보다 더 참되지는 않다고 가정하기로 결심했다. 그러나 이런 식으로 모든 것이 거짓이라고 생각하고 있는 동안에도 이렇게 생각하는 나는 반드시 어떤 것이어야 한다는 것을 알게 되었다. 그리고 '나는 생각한다, 그러므로 나는 존재한다'라는 이 진리는 아주 확고하고 확실한 것이고, 회의론자들이 제기하는 가당치 않은 억측으로도 흔들리지 않는 것임을 주목하고서, 이것을 내가 찾고 있던 철학의 제일원리로 거리낌 없이 받아들일 수 있다고 판단했다.^{『방법서설』 4부}

데리다는 다음과 같이 결론 내린다.

이제 사유는 광기를 두려워하지 않는다. "회의주의자들의 가장 실성한 가정들도 사유를 위태롭게 하지 못한다."(『방법서설』 4부) 이렇게 획득된 확실성은 감금된 광기를 피해서 안전하게 있지 않다. 이 확실성은 광기 자체 안에서 획득된 것이고 그 안에서 안전하다. 확실성은 내가 미쳤을지라도 유효하다.^{ED. p. 86}

달리 말하면 광기는 배제된 것이 아니라 길들여진 것이다. 푸코의 주장과 달리 이성적 사유가 지배력을 획득하려면 광기를 감금해서는 안 된다. 피에르 마슈레의 재치 있는 표현처럼, 광기를 묶어놓기는커녕 풀어놓고 날뛰도록 해야 했다. 그리고 자신을 확보하기 위해 광기와 대놓고 연루되는 이성만큼 미친 것도 없다.

데리다가 보기에, 이런 과장적 초과는 비단 데카르트에게만 해당되는 것이 아니라 플라톤부터 그래왔던 것으로 서양철학 전체에 해당된다. 즉 푸코의 주장처럼, 역사의 특정 시기에 구조화된 것일 수 없다. 광기의 역사는 존재하지 않는다.

3. 푸코의 반격

자신의 박사 논문 기획 전체를 해체하려는 데리다의 발표를 듣고도 푸코가 데리다에게 자상한 격려의 말을 전했다는 것을 우리는 알고 있다. 그러나 9년 후 푸코는 폭발한다. 여러 정황을 살펴봐도 긴 시간 후에 그가 그토록 공격적으로 변한 것은 일종의 미스터리다. 특정한 한 가지 이유가 있다기보다는 여러 가지 이유가 복합적으로 작용했다고 보아야 할 것이다.

우선 데리다의 옛 동료인 제라르 그라넬(Gérard Granel) 사건이 있다. 그라넬은 고등사범대학 입학 전에 데리다와 교분이 있던 철학도로 1967년 데리다와 다시 관계를 맺는다. 데리다의 해체주의에 매료된 그는 「자크 데리다와 기원의 말소」라는 기고문에서 데리다를 극찬하면서 푸코의 작업을 깎아내렸다. 게다가 『광기의 역사』뿐 아니라 큰 성공을 거둔 『말과 사물』까지도 폄하했다. 그라넬은 데카르트에 대해서 푸코가 다룬 부분이 『광기의 역사』 전체를 실패하게 만들며 이런 "불충분성"은 『말과 사물』에도 그대로 적용되어야 한다고 강조했다. 그라넬의 기고문은 당시 푸코와 데리다가 함께 편집위원으로 있던 〈크리티크

〈Critique〉〉지에 실리기로 되어 있었다. 푸코는 기고문 전체는 아니더라도, 위와 같은 비판이 담긴 문단을 문제 삼았다. 그러나 데리다는 학술지에 실리는 논문에 대해 찬성도 반대도 하지 말아야 한다는 규칙을 푸코에게 알렸다. 결국 두 사람의 관계는 심각하게 악화되었다. 데리다에 따르면 이 사건이 1972년 푸코가 사납게 반격한 발단이 된다.

또한 좌파 운동이 한창이던 당시 프랑스의 정치적 분위기도 한몫했을 수 있다. 물론 푸코가 기고한 「데리다에 대한 답변」이 실린 일본 학술지 〈파이데이아(パイデイア)〉가 1972년 2월 1일자 출간이므로 1971년에서 1972년 사이에 이미 푸코가 데리다에 대한 비판적 관점을 구체화했을 것은 분명하나, 당시 꽤 많은 지식인들이 데리다의 '비정치적 성향'에 의문을 제기해온 것도 사실이다. 1972년 2월 25일 극렬한 마오쩌둥주의자인 피에르 오베르네(Pierre Overney)가 전단지를 돌리다가 살해당하는 사건이 발생하는데, 그의 장례식 날 푸코가 데리다의 조교 역할을 했던 베르나르 포트라(Bernard Pautrat)[8]에게 던진 섬뜩한 말은 많은 것을 시사한다. "자네들 뭐하고 지내나? 아직도 그 괴상한 글쓰기(pattes de mouches) 철학 하고 있나?" 여기서 '괴상한 글쓰기'라고 옮긴 'pattes de mouches'는 '파리 다리'라는 뜻이다. 파리들의 털 달린 가느다란 다리들에 잉크를 묻혀 쓴 글씨처럼 못 알아먹게 씌여진 글을 비유한 것이다. 아마도 철학 바깥의 역사적 사실을 인정하지 않고 텍스트 분석에 매달리는 데리다의 관점을 떠올리며 푸코가 빈정거린 말일 것이다.

---

8 스피노자의 『에티카』를 번역한 철학자이기도 하다.

여하튼 푸코가 정리된 글로서 데리다에게 반격한 것은 일본에서 발표한 「데리다에 대한 답변」이다. 〈파이데이아〉 관계자들은 푸코 특집판을 준비하면서 데리다의 특강 논문 「코기토와 광기의 역사」를 포함하고자 했다. 푸코의 전기 작가 디디에 에리봉에 의하면, 이때 푸코는 자신의 기획 자체를 부정하는 데리다의 글이 일본에까지 따라오는 것이 "짜증"이 나고 또 자기 사상이 일본에 수용되는 것에 방해가 된다는 생각에 「데리다에 대한 답변」을 함께 실었던 것이다. 그러나 푸코는 「데리다에 대한 답변」에 만족하지 않고 더 강하게 데리다를 공격한다. 참아왔던 분노와 원한이 한꺼번에 터지는 듯한 양상이다. 그는 1972년 6월 5일 인쇄되고 6월 20일에 출간된 『광기의 역사』 재판에 데리다에 대한 대대적인 반격인 「내 몸, 이 종이, 이 불(Mon corps, ce papier, ce feu)」이라는 긴 글을 부록으로 싣는다.[9] 이후 10여 년간 두 사람의 관계는 완전히 끊어졌다. 1981년에 데리다가 체코에서 반체제 인사들의 세미나에 참가했다가 마약 밀매 혐의로 체포되었을 때 푸코가 구명 운동을 벌이면서 다시 두 사람의 교류가 이어졌으나 당연히 이전과 같지는 않았다.

푸코의 전기 작가 디디에 에리봉은 푸코-데리다 논쟁을 설명하면서 푸코의 동성애와 관련하여 데리다와 나눈 이야기를 전하는데, 그런 점도 푸코의 반격을 설명해주는 요인일지도 모르겠다. 디디에 에리봉은 『게이 문제에 대한 고찰』이라는 저작에서 푸코를 길게 다루었다. 푸코가 천착한 여러 주제들, 예를 들어 광기에는 항상 성의 문제가 결부되는

---

9 『광기의 역사』 국역본에는 포함되어 있지 않다. 이 글은 이후 약어 HF로 표기하고 쪽수는 『말과 글(Dits et écrits)』 2권(Gallimard, 1994)에 의거한다.

데, 결국 광기는 동성애에 대한 일종의 "비밀 코드"였다는 것이다. 푸코는 자신의 성 정체성에 대한 성찰을 전면으로 부정하는 데리다에게 결국 폭발했던 것일까? 여하튼 데리다는 『게이 문제에 대한 고찰』의 푸코 관련 부분을 읽고 다음과 같이 말했다고 한다. "그가 그 정도로 고통을 받았는지 나는 전혀 몰랐어요. 그런 고통이 많은 것을 설명해주는 것 같습니다. 특히 타인들과의 관계를요. 나와의 관계에 대해서도 생각지 않을 수 없군요."[10]

푸코의 뒤늦은 반격의 원인이 무엇이었는지 그 요인을 한 가지로 지목할 수는 없을 것 같다. 언급된 사건들 전체가 종합적으로 작용했다고 보는 것이 오히려 합당할 것이다. 여하튼 푸코의 정리된 글을 통해서 볼 때, 기본적으로 그는 데리다의 작업 자체가 문제가 있다고 보며 더 근본적으로는 데카르트에 대한 데리다의 해석에 전혀 동의하지 않는다. 「데리다에 대한 답변」에서 푸코는 능란한 방식으로 데리다를 철학 지상주의자로 몰고 간다. 그토록 혁명적이라고 평가받는 데리다의 해체(탈구축) 철학을 가장 전통적이고 가장 규범적인 프랑스 철학 쪽으로 몰고 가려는 것이다. 텍스트 분석에서 단 하나의 실수라도 보이면 마치 프로이트가 말하는 착오(lapsus)나 기독교적 죄처럼 간주한다는 것이다. 결국 이런 관점은 『광기의 역사』 재판의 부록 「내 몸, 이 종이, 이 불」 말미에서 데리다의 작업을 텍스트 바깥에 아무것도 없다고 가르치고 선생의 절대적 권위를 내세우는 "편협한 교육"에 불과하다는 신랄한 비판으로

---

10 디디에 에리봉, 『미셸 푸코, 1926~1984』, 박정자 옮김, 그린비

이어진다. 철학 텍스트 자체에 매몰된 데리다는 결국 대감금 같은 '사건'에 대해서는 눈을 감는 철학자인 것이다. 푸코는 자기 자신도 당시에는 프랑스 철학계의 관습에서 완전히 벗어나지 못했기 때문에 철학 텍스트, 즉 데카르트의 제1성찰 분석을 학위논문의 서두에 놓았다는 점을 인정한다. 게다가 그 분석은 자신의 논문에서 가장 부수적인 부분이었음을 강조한다. 그러나 그가 데카르트 분석에서 실수가 있었다고 인정하는 것은 절대 아니다. 「데리다에 대한 답변」에 데리다의 데카르트 해석에 대한 분석이 담겨 있지만, 대부분의 논의는 더욱 상세하게 「내 몸, 이 종이, 이 불」에서 이어진다. 푸코가 던진 문제는 다음과 같다.

> 철학적 담론에 선행하거나 그것에 외재적인 어떤 것이 있을 수 있는가? 철학적 담론의 조건은 배제, 거부, 교묘히 피해 간 위험, 그리고 왜 아니겠느냐만, 두려움에 있을 수 있지 않겠는가? 이런 의혹이 바로 데리다가 열정적으로 배척하는 의혹이다. 니체가 종교인들 및 그들의 종교에 대한 말한 **부끄러운 기원**(Pudenda origo) 말이다.HF. p. 626

푸코의 논의는 매우 체계적으로 진행된다. 그의 주요 논의 과정을 추적해보자.

■ 광기에 대한 꿈의 특권

푸코는 데카르트가 광기보다 꿈을 선호한 부분에 대한 데리다의 해석을 설명하면서 논의를 시작한다. 물론 광기가 배제되었는지, 단지 무시되었는지, 또는 데리다의 주장처럼 더 포괄적이고 더 근원적인 경험 속에서 다시 취해졌는지에 대해서는 결정을 보류하고서 푸코는 데카르트가 의심의 진행 과정에서 광기에 대한 꿈의 특권을 표명한 것은 사실이라고 인정한다. 나아가 꿈에 의거하는 것에는 장점이 있다. 우선 꿈은 광기에 필적하거나 광기를 능가하는 광적(狂的) 특성 또는 실성 상태를 그려낼 수 있다. 즉 꿈은 지금 내가 눈으로 보고 만지는 사태를 의심에 넣을 수 있기 때문에 증명의 능력이 있다. 또한 꿈은 습관적으로 발생하는 특징이 있다. 즉 빈번하게 발생하고 또 성찰의 과정에서 꿈에 대한 기억을 불러올 수 있기 때문에 훈련의 성격이 있다. 전자가 논리적이고 이론적이라면 후자는 실천적이다.

푸코에 따르면, 데카르트에게 중요한 것은 증명의 차원이 아니라 훈련의 차원이다. 증명과 훈련의 두 측면을 데리다가 혼동했다는 것이 푸코의 생각이다. 데리다는 꿈의 구분되는 두 특성, 즉 광적 특성과 빈번함을 "보편성"이라는 말로 뭉뚱그린다는 것이다. 이는 광적 특성보다 습관(빈번함)이 더 중요하다는 점을 간과하는 것이다. 그런데 꿈이 친숙하고 접근하기도 쉽다는 것은 왜 중요한가?

▪ 꿈에 대한 나의 경험

푸코는 꿈에 대한 데카르트의 설명을 세밀하게 분석한다. 데카르트는 미친 사람을 흉내 낸다면 자신 또한 미친 사람일 것이라고 말한 후에 곧바로 꿈에 대해 언급하기 시작한다. 다시 데카르트의 구절을 상기하자.

그렇지만 나도 한 인간이다. 밤에는 으레 잠을 자고, 꿈속에서는 미치광이가 깨어 있을 때 하는 짓과 똑같은 것을, 아니 종종 더 괴상한 것을 그려낸다. 옷을 벗고 침대에 누워 있건만, 평소처럼 내가 여기 있다고, 겨울 외투를 입고 난롯가에 앉아 있다고 잠 속에서 그려낸 적이 어디 한두 번이었던가? 그러나 나는 지금 두 눈을 부릅뜨고 이 종이를 보고 있다. 내가 이리저리 움직여 보는 이 머리는 잠 속에 있지 않다. 나는 의도적으로 손을 뻗어보고, 또 느끼고 있다. 내가 잠자고 있을 때 이런 것은 이처럼 판명하지 않았던 것 같다. 그러나 꿈속에서도 이와 비슷한 생각을 하면서 속은 적이 어디 한두 번이던가. 이런 점을 곰곰이 생각해보면, 깨어 있다는 것과 꿈을 꾸고 있다는 것을 확실히 구별해줄 어떤 징표도 없다는 사실에 소스라치게 놀라게 된다. 이런 놀라움으로 인해 내가 지금도 꿈을 꾸고 있는 것은 아닌가 하는 생각에 빠져들게 된다.

언뜻 보면, 데리다가 주장하듯이 꿈은 광기를 포괄할 뿐 아니라 광기보다 더 괴상한 짓을 그려내기 때문에 더 보편적인 의심의 근거일 수 있고, 이 점에서 데카르트는 광기를 배제하지 않았다고 할 수 있다. 그러나 푸코는 꿈의 특징을 세밀하게 분석하면서 광기와의 차이를 분명히 한다. 성찰의 주체는 그 또한 인간이기 때문에 잠을 자고 꿈을 꾼다. 그래서 현재의 자신 및 자신이 처한 상황과 꿈속에서의 똑같은 일을 기억해낸다. 또 비교를 위해 의도적으로 몸을 움직여보고, 현실과 꿈의 차이를 확인해본다. 그러나 곧바로 다른 기억을 불러오면서 명확했던 꿈에 의거함으로써 꿈과 현실을 구분해줄 징표가 없다는 사실을 발견하고 소스라치게 놀란다. 푸코는 이런 과정에서 성찰 주체에게 발생하는 변화에 주목한다. 성찰 주체는 기억, 생생한 인상, 의도적 몸짓, 차이의 자각, 또 다른 기억, 놀라움, 자고 있다는 느낌을 차례로 갖는다. 달리 말하면,

꿈에 대한 사유는 성찰 주체에게 깨어 있는 상태와 잠든 상태의 경계를 불분명하게 만드는 효력을 발휘한다. 이는 분명 위험이다. 사유하고 있지만 잠들어 있을지 모른다는 위험 말이다. 여기까지는 데리다의 해석이 타당할지 모른다. 데리다는 꿈의 습관적이고 통상적인 특징과 광기의 예외적 특징을 대립시켰다. 이성은 광기의 간헐적인 위험보다는 보편성을 지닌 꿈에 의해 항시적으로 위협당하고 있기 때문에 꿈이 이성적 사유의 위상을 드러내기에 더 적합하고 더 포괄적인 예라고 주장한 것이다. 그러나 푸코가 보기에 중요한 것은 꿈이 광기보다 더 빈번하다는 것이 아니다. 중요한 것은 광기와 달리 꿈속에서도 성찰 주체는 의심하고 있다는 점이다. 꿈이 친숙하다는 것이 중요한 이유는 꿈속에서 성찰 주체는 안전하고 확실하게 의심을 이어가기 때문이다. 꿈은 성찰 주체로 하여금 그가 지금 잠들어 있고 꿈꾸고 있다는 생각, 또는 깨어 있음에 대한 불확실성을 불러일으킴으로써 소스라치는 놀라움을 자아내겠지만, 그런 놀라움 속에서도 주체는 "계속해서 성찰을 이어가고, 타당하게 성찰하며, 몇몇 사태들 또는 원리들을 명료하게 확인한다". "내가 깨어 있다는 사실에 대해 불확실할 때조차도 나는 내 성찰이 내게 나타내는 것에 대해 확실한 상태를 유지한다." 꿈에 대한 설명 직후 데카르트의 선언이 이를 말해준다. "그래 좋다, 우리는 지금 꿈을 꾸고 있다고 치자.(Age somniemus)" 달리 말하면, "꿈에 대한 생각은 주체를 변형하고 그를 깨어 있음에 대해 확신하지 못하는 주체로 만들지만, 성찰 주체로서의 자격을 박탈하지는 못한다. '잠들어 있는 것으로 가정된 주체'로 변형되었을지라도 성찰 주체는 안전한 방식으로 자기의 의심 과정을 계속 진행해나갈 수 있다". HF, p. 630

■ '좋은' 예와 '나쁜' 예

꿈의 특성은 광기의 특성과 판이하다. 데리다는 데카르트가 광기를 배제하지 않았고, 더 근원적인 꿈의 예를 위해 광기를 무시했다고 판단한다. 꿈은 광기를 이어가지만 광기보다 더 일반화된 예라는 것이다. 그래서 광기에서 꿈으로 이행하는 것은 의심의 나쁜 도구에서 좋은 도구의 사용으로 넘어가는 것이다. 그러나 푸코가 보기에 광기와 꿈의 대립은 데리다가 말하는 대립과 차원이 다르다.

우선 꿈과 광기는 본성적으로 다르다. 광기는 나의 바깥에 있는 비교 대상이다. 즉 내가 만일 내 손과 몸이 내 것이라는 것을 부정하려면, 나는 광인과 나를 비교해야 한다. 나 자신을 광인의 사례에 **이전**[11]해야 한다. 광인은 내가 나와 비교하는 외적 대상이다. 그러나 꿈은 기억과 관련이 있다. 데카르트는 꿈에 관한 구절에서 과거에 자기가 꾸었던 꿈의 상태를 기억해내며 서술하고 있다. 달리 말하면, 지금 자기가 꿈을 꾸고 있을지 모른다는 사실은 과거에 꿈꾸던 자신에 대한 기억에 의존한다.

또한 광기는 금으로 치장한 나, 유리로 된 몸 등 완전히 다른 나의 모습, 완전히 다른 상황을 설정한다. 반면 꿈과 관련해서는 현재의 지각과 꿈속의 지각이 동일한 것으로 설정되어 있다. 지금 나는 난롯가에 앉아 있고 꿈속에서도 난롯가에 앉아 있다.

꿈과 광기는 둘 모두 성찰의 훈련으로서 연습해볼 수 있는 경험인가? 꿈과 관련해서는 가능하다. 나는 꿈꾸던 상태를 기억해내며 손을 뻗어

---

11 transferrem. 푸코는 여기서 '흉내 내다'라고 번역되는 동사를 원뜻 그대로 사용한다.

보고 머리를 흔들어보면서 현실과 꿈의 관계를 생각해볼 수 있다. 그러나 광기는 시험해볼 수 있는 상태가 아니다. 성찰의 주체는 자기를 왕으로 간주하는 광인처럼 행동해보지 않는다. 그는 혼자 은둔하여 성찰하고 있는 철학자로 자신을 간주하는 왕이 혹시 아닌지 묻지 않는다. 즉 현실과 실성 상태의 차이는 시험 대상이 아니다. 실성 상태는 그냥 확인되는 대상일 뿐이다. 광기의 특성이 언급되자마자 데카르트는 외친다. "그러나 그들은 미쳤잖아!(Sed amentes sunt isti)"

훈련의 결과 차원에서도 꿈과 광기는 대립된다. 꿈에 대한 생각은 내가 혹시 잠들어 있을지 모른다는 점을 알려주지만, 광인들을 모방한다고 해서 내가 혹시 미쳤다는 점을 알게 되는 것이 아니다. 광인들을 흉내 내려는 생각 자체가 미친 짓이다. 꿈에서는 현실과 꿈의 차이를 확인해보고, 차이가 분명치 않다는 사실도 확인해보면서, 혹시 지금 내가 잠들어 있을지 모른다는 결론을 내리고 성찰을 계속해나가겠다고 결심한다. 반면 미친 척하고자 하는 것 자체가 미친 일이다.

결국 푸코는 꿈꾸는 자는 광인보다 더 미쳤다는 것을 이유로 대며 데리다가 광기는 여러 의심의 근거들 가운데 불충분하고 교육적으로 부적합하다고 말하는 것이 오류라고 지적한다. 광기는 꿈에 포함되어 더 포괄적인 근거로 사용되는 것이 아니다. 광기와 꿈 사이에는 명백한 단절이 있다.

광기와 꿈의 차이는 분명하다. 꿈꾸는 자는 계속 의심할 수 있는 반면 광인은 의심이 없다. 꿈꾸는 자는 사유하지만 광인은 사유하지 않는다. 미쳤다고 가정하는 것은 사유하는 존재로서의 나의 본성을 부정하지 않는 한, 생각조차 할 수 없는 일이다. 꿈꾸는 자는 아마도 나일 것이다. 그러나 광인은 타자여야 한다. 푸코가 끊임없이 인용하는 "그러나 그들은 미쳤잖아!"를 잊으면 안 된다. 꿈꾸는 척할 수는 있지만 미친 척할 수는 없다. 따라서 데리다가 생각하는 것처럼, 꿈이 광기보다 더 심화된 의심의 근거일 수 없다. 또한 꿈은 이성의 질서에 병합되어 이성의 질서를 내적으로 무너뜨리는 광기가 아니다. 결국 푸코의 입장은 추호도 변함이 없다. 이성은 광기를 타자로서 배척하면서 성립된다. 광기의 배제, 이것이 고전주의 합리성의 입장이다.

■ 주체의 자격 박탈(disqualification)

데리다는 데카르트의 텍스트를 제대로 이해하려면 라틴어 원전에 의거해야 한다고 말하지만, 푸코는 데리다가 그렇게 말하는 데 그친다는 점을 강조한다. 푸코는 데카르트가 광인을 지시하기 위해 다른 용어들을 사용한다는 점을 지적한다.

그러나 이 두 손이 그리고 이 몸통이 내 것이라는 것을 어떻게 부인할 수 있는가? 이것을 부인하는 것은 미치광이의 짓과 다름없을 것이기에 말이다. 미치광이는 검은 담즙에서 생기는 나쁜 증기로 인해 두뇌가 아주 혼란되어 있기에 알거지이면서도 왕이라고, 벌거벗고 있으면서도 붉은 비단옷을 입고 있다고, 머리가 진흙으로 만들어졌다고, 몸이 호박이나 유리로 되어 있다고 우겨댄다. 그렇지만 이들은 한갓 미치광이일 뿐이다. 그래서 내가 이들의 언행 가운데 몇 가지만이라도 흉내 낸다면 나 역시도 미치광이로 보일 것이다.

국역에서는 세 개의 다른 단어를 동일하게 '미치광이'로 옮기고 있다.

두 번째 문장의 "미치광이의 짓"에서의 '미치광이'는 'insani'이고, 끝에서 두 번째 문장의 "한갓 미치광이"에서의 '미치광이'는 'amentes'이며, 마지막 문장의 "나 역시도 미치광이"에서의 '미치광이'는 'demens'이다. 라틴어에서 'sanus'는 '건강한', '건전한', '분별 있는' 등의 뜻으로 반대어 'insanus'의 복수형이 'insani'다. 또한 'mens'는 정신을 뜻하는데 'a-', 'de-'는 부정 접두어 정도가 되어, 'amentes'와 'demens'는 '넋이 나간', '정신 나간', '실성한' 정도의 뜻이 된다. 왜 데카르트는 광인을 지칭하기 위해 우선 insanus를 사용하고 그 다음에 amens와 demens를 사용했는가?

푸코에 따르면, insanus는 일상적인 어휘인 동시에 의학적 용어다. 그래서 광인들의 상상 속에서 벌어지는 말도 안 되는 일로서 광인들을 특징지을 때 데카르트는 insanus를 사용한다. insanus는 자신을 자신이 아닌 존재로 여기고 공상을 믿는 사람으로서 환상의 희생자다. 그렇게 된 것은 체기나 독기에 의한 뇌의 울혈 때문이다. 반면 데카르트는 자기가 광인들을 흉내 내면 안 된다는 점을 주장할 때는 amens와 demens를 사용한다. 이 용어들은 의학적인 용어이기 전에 우선 사법적 용어로서 몇몇 종교적·사회적·사법적 행위를 할 수 없는 사람들을 묶어 지칭한다. amens-demens 상태의 사람들은 그들의 말, 약속, 계약, 의향 등과 관련하여 온전한 권리를 보유하고 있지 못하다. 그들은 자격이 없는 사람들이다. 이 점에서 베이사드는 데카르트가 체면이 깎이지 않으려고 광인을 따라 하는 방식을 취하지 않았다고 주장하는데, 이런 주장은 어느 정도 푸코의 관점에 근접한다.

데카르트는 이처럼 확인의 언어에서 규범의 언어로 이행하는데, 이는 광기를 법적·제도적 자격 상실로 간주함으로써 광기를 금지의 대상으로 보고 추방하려는 의도를 나타낸다. 반면 꿈은 금지의 대상이 아니다. 꿈을 꾸려는 생각도 금지의 대상이 아니다. 그러나 꿈과 달리 "광기는 의심하는 주체에 의해 배제되며 이는 의심하는 주체로서 자격을 가질 수 있기 위해서다".HF. p. 636

이처럼 푸코는 데리다의 오류를 상세히 지적하면서 결국 자신의 입장을 재확인하고 강화한다. 고전주의 시대에 광기는 이성이 배제하는 대상이다. 달리 말하면 이성은 광기를 배제하는 주체다. 나아가 이성의 조건은 광기에 대한 이론적 배제일 뿐 아니라 물리적 배제이기도 하다. 즉 일반 병원은 광인들을 가두는 고전주의 시대의 역사적 산물이며 이성적 질서를 물리적·제도적 실체로서 구현한다. 광기의 역사는 존재한다.

그러나 『광기의 역사』에서 푸코는 데카르트의 심술궂은 악령 가설에 대해 한마디도 하지 않았고 데리다는 이 점을 지적하는 일을 잊지 않았다. 그래서 데리다는 광기보다 더 포괄적인 것이 꿈이며 더 나아가 심술궂은 악령이야말로 꿈보다 더 미친 광기, 즉 "전체적 광기"라는 점을 강조했다. 푸코는 이 점에 답변하기 위해 그에게 무척 중요한 구분을 도입한다. 달리 말하면, 데카르트의 『성찰』 텍스트는 진리를 증명하는 체계인 동시에 증명된 진리를 언술하는 주체의 변화다. 푸코는 데카르트의 『성찰』에 대한 유명한 문구로 남게 되는 다음과 같은 독법을 제시한다.

『성찰』이 요청하는 것은 바로 이런 이중적 독서다. 한편으로 체계를 이루는 명제들의 총체가 있는데, 각 독자가 이 체계의 진리를 체험하려면 그 명제들을 전체적으로 따라가야 한다. 다른 한편으로 훈련을 이루는 변형들의 총체가 있다. 이 변형들은 각 독자가 이번에는 체계의 진리를 자신의 것으로서 언술하는 주체가 되기 위해 스스로 실행해야 할 변형들, 그것들로 인해 그가 영향 받는 그런 변형들이다.^{HF. p. 639}

푸코에 따르면, 불행하게도 데리다는 데카르트의 텍스트에서 증명의 측면만을 보고 훈련의 측면을 간과했기 때문에, 실천적 차원에서 광기와 꿈의 근본적 차이를 무시한 것이다. 앞서 살펴봤듯이 꿈은 훈련의 대상일 수 있지만, 광기는 훈련의 대상일 수 없었다. 꿈꾸는 척하면서도 의심을 이어갈 수 있었지만, 미친 척할 수는 없었다. 달리 말하면 『성찰』의 주인공은 광기를 배제하며 자신을 확보했고 또 꿈을 꾸는 척하면서 현실과 꿈의 관계를 비교함으로써 의심을 이어갔다. 그렇다면 데리다가 "전체적 광기"로 표현한 심술궂은 악령의 가설은 어떠한가?

데리다는 "미친 대범함", "미친 계획", "광기를 자유로서 인정하는 계획", "과장법의 무절제와 과도함", "전대미문의 특이한 초과", "무(無)와 무한으로의 초과" 등의 다양한 일탈을 데카르트 텍스트에 개입시킴으로써 코기토가 광기에 직면하고 있다는 점을 강조했다. 그래서 심술궂은 악령의 가설은 이성적 광기로 간주되어야 한다는 것이다. 그러나 푸코에 따르면, 데리다는 심술궂은 악령의 가설이 철저하게 성찰 주체에 의해 통제되고 있다는 사실을 간과하고 있다. "심술궂은 악령 일화는 의지적이고 제어되고 통제되며, 결코 자신을 동요되지 않도록 하는 성찰 주체의 의해 시종일관 주도된 훈련이다."^{HF. p. 648} 심술궂은 악령은 광기와 완전히 다르다. 물론 심술궂은 악령은 광기가 일으키는 모든 괴이한 장면보다 더 괴이한 것을 보여줄지 모른다. 그러나 광기 속에서 나는 고급

옷으로 덮여 있다고 **믿지만**, 심술궂은 악령의 가설은 나로 하여금 내 몸과 내 손이 존재한다는 것을 **믿지 않도록** 해준다. 광기의 주체는 없지만, 심술궂은 악령 가설에 의해 미친 척하는 주체는 있다. 심술궂은 악령 가설을 채택하는 성찰 주체는 미친 척하는 사람이지만, 미친 척을 하기 위해서는 미치지 않아야 하는 사람이다. 진정한 광인은 위장할 수 있는 게 아니다. 푸코는 데카르트의 심술궂은 악령 가설 구절을 재인용하면서 자신의 의견을 삽입한다.

"나는 이제 진리의 원천인 전능한 신이 아니라, 유능하고 교활한 악령이 온 힘을 다해 나를 속이려 하고 있다고 가정하겠다. 또 하늘, 공기, 땅, 빛깔, 소리 및 모든 외적인 것은 섣불리 믿어버리는 내 마음을 농락하기 위해 악마가 사용하는 꿈의 환상일 뿐이라고 가정하겠다."
―그러나 광인은 그의 환상과 몽상이 실제로 하늘, 공기 그리고 모든 외부 사물들이라고 믿는다.

"나는 또 손, 눈, 살, 피, 어떠한 감관도 없으며, 단지 이런 것을 갖고 있다고 잘못 믿고 있을 뿐이라고 생각하겠다."
―그러나 광인은 자기 몸이 유리로 되어 있다고 잘못 믿지만, 그렇게 스스로 잘못 믿고 있다고 생각하지는 않는다.

"나는 그 어떤 거짓된 것에도 동의하지 않도록 세심하게 주의를 기울일 것이다."
―그러나 광인은 모든 거짓된 것들을 다 받아들인다.

따라서 성찰 주체는 교활한 기만자에 대해 보편적 오류로 인해 미쳐버린 광인처럼 처신하지 않는다. 성찰 주체는 기만자 못지않게 교활한 적대자로서 행동한다. 데카르트는 말한다. "나는 저 거대한 기만자가 아무리 유능하고 교활하더라도 그가 나를 속일 수 없도록 내 정신을 그의 모든 계략에 대비시킬 것이다." 데리다가 강조한 "전체적 광기", "가정상 내게 부과되었고 또 내 책임도 아닌 것이기 때문에 내가 제어할 수 없는 완전한 실성 상태"와는 너무도 거리가 먼 상태가 성찰 주체의 의심 과정이다. 데카르트는 의심의 결단으로 제1성찰을 마무리하는데, 기만자의 계략에 대비하는 "이 시도는 매우 힘들고 노고를 필요로 한다"라는 점을 강조한다. 푸코는 이토록 강력한 시도에 대해 성찰 주체가 정말 책임이 없는지 데리다에게 물으며 분석을 마무리한다.

최종적 결론에서 푸코는 앞서 언급했듯이 데리다의 작업에 대해 신랄한 비난을 가한다. 데리다는 푸코가 광기를 배제하려는 데카르트의 결심이 온전하다고 믿는 순진함을 보였다고 비판했었다. 그러나 푸코가 보기에 데리다야말로 텍스트에서 발생하는 주체의 변형 또는 사건을 보지 못하고 철학 텍스트의 체계를 그대로 옹호하는 가장 결연한 대표자라고 비난한다. 이런 체계에 따르면, 담론의 실천은 텍스트의 흔적들로 환원되고, 텍스트에서 발생하는 사건은 생략되고 독서를 위한 표시들만 남는다. 심지어 텍스트 속에서 일어나는 주체의 변형 또는 사건을 분석하지 않기 위해 텍스트 뒤에 감춰진 다른 목소리까지 발명해낸다. 근원적인 것은 오직 텍스트에만 있다는 데리다의 관점은 여러 형이상학들 중 하나가 아니라 형이상학 자체다. 데리다의 형이상학은 담론적 실천의 텍스트화 속에 숨어버리는 폐쇄성에 불과하다. 푸코는 형이상학의 파괴자로 명성을 날리는 데리다를 최후의 형이상학자로 규정해버린 데 그치지 않고 데리다에게 태형을 가한다. 데리다의 작업은 옹색한 교육에 지나지 않는다는 것이다. 즉 학생들에게 텍스트 외에는 아무것도 없다고 가르치고 텍스트 안에, 텍스트의 사이든 공백이든 삭제된 곳이든 간에, 오직 텍스트 안에 존재의 의미가 있다고 가르치는 교육 말이다. 이런 옹색한 교육 덕에 선생은 끝없이 텍스트를 다시 되뇔 수 있는 최상의 권위를 확보한다.

깊이 상처를 받은 데리다는 옛 스승의 공격에 대한 답을 하지 않았다. 1991년 『광기의 역사』에 관한 기념 학회 논문집에 글을 실었지만 이 논쟁에 대해 짧게 언급했을 뿐, 다른 주제를 택했다. 만일 데리다가 논쟁에 다시 임했다면 푸코식으로 역사에 의거하여 이성과 비이성, 내부와 외부를 나누는 것에 동의하지 않고 양자가 상호 흔적을 남기며 혼재되어 있다는 점을 계속 강조했을 것은 분명하다. 푸코가 순수한 이론적 논증에 매이지 않는 철학 담론의 실천적 차원을 강조한 것은 일리가 있다. 그러나 철학과 역사적 실재를 명확히 분리하는 것은 역시 순진한 역사 실증주의에 굴복하는 것이 되리라고 데리다는 반격했을 것이다. 데리다의 관점에서 푸코의 데리다 비판은 역사적 재료 또는 사건(대감금)이 경험적으로 존재한다고 가정하고 있기 때문이다. 역설적으로 푸코의 이런 입장은 현전, 즉 역사적 실재의 현전, 사건의 물질적 현전의 형이상학과 분리 불가능한 것이고 따라서 오히려 철학을 전폭적으로 인정하는 셈이다. 데리다는 심술궂은 악령 가설이 줄곧 코기토를 상흔처럼 따라다닌다는 점을 계속 강조할 것이고, 이는 데리다의 관점이 철학에 아무 사건도 일어나지 않는다는 것이라는 푸코의 생각과 달리, 철학에 또는 이성에 타자가 흔적으로서 또는 사건으로서 발생하는 분명한 사례라고 할 것이다. 결국 푸코와 데리다의 논쟁은 어느 누가 옳다고 분명히 말할 수 없고, 데카르트의 텍스트 자체를 더 세밀하게 읽도록 우리를 안내한다.

　데카르트를 중심에 두고 푸코와 데리다가 벌인 논쟁은 많은 해석을 촉발했다. 이미 언급한 장 마리 베이사드의 논문이 대표적이고, 데리다와 푸코를 다루는 평전과 해설서마다 모두 이 논쟁을 언급하고 분석한다. 프랑스 교육부 장관을 역임한 현대 철학자인 뤽 페리 같은 사람은 특히 푸코가 큰 오류를 범했다고 주장하기도 한다. 뤽 페리의 스승이 알키에인데, 그는 알키에의 강의에 의거하여 광인의 위상을 설명한다. 푸코가 말하는 고전주의 시대의 광인, 즉 완전한 실성 상태의 광인은 19세기의 개념이고, 데카르트 시대의 광인은 실성 상태의 사람이 아닌 "우겨대는" 사람이라는 것이다. 즉 현실적 사태를 어느 정도 인지하면서도 말도 안 되는 주장을 억지로 우기는 사람이기 때문에 사람들에게 미움을 사고 차별당한다는 것이다. 이런 맥락에서 데카르트의 의심, 즉 철학 행위는 일반인과 다른 차원에서 엉뚱한 가설을 내세우며 진리를 추구하는 행위이기 때문에 광기의 배제와 거리가 한참 멀다는 것이 페리의 주장이다. 이런 해석을 평가하려면 당시의 역사와 문화에 대한 또 다른 고찰이 필요함은 물론이고 이 해제의 범위를 훌쩍 넘어서야 할 것이다.

　푸코와 데리다의 논쟁은 데카르트의 텍스트를 세밀하게 다시 읽고 나아가 당대의 역사적·문화적 상황을 살필 것을 요청한다. 데카르트 철학의 풍부함은 바로 이런 끝없는 논쟁을 일으키는 데 있지 않을까?

7. 데카르트의 현대성

게루-알키에 논쟁과 푸코-데리다 논쟁은 현대 프랑스 철학에서 데카르트와 관련된 가장 중요하고 유명한 논쟁이다. 앞서 밝혔듯 이 논쟁을 정리함에 있어 피에르 마슈레의 저작으로부터 많은 도움을 받았다. 특히 그가 두 논쟁을 관계시킨다는 점이 대단히 흥미롭다. 고전에 대한 강단 철학자들의 엄밀한 해석과 대중에게도 널리 알려진 현대 철학의 관계를 파악하는 것은 철학이라는 학문 자체의 연속성을 확보하기 위해 매우 중요하기 때문이다. 이제 두 논쟁의 관계를 정리하면서 해제를 마무리하려고 한다.

마슈레는 스피노자 철학의 전공자이면서 동시에 프랑스 현대 철학의 전면에서 활동하고 있는 학자로, 두 논쟁에 대해 매우 견고하고 명료한 논의를 전개한다. 우선 많은 독자들은 과연 어떤 해석이 옳은지 해결을 보고 싶을 것이다. 그러나 마슈레는 데카르트 논쟁과 관련하여 두 논쟁이 폐쇄적인 해답을 허용하지 않는다는 점을 강조한다. 앞서 살펴보았듯이, 체계와 실존 중 어느 것이 우선적인지(게루-알키에), 또 역사와 철학의 관계를 어떻게 설정해야 할지(푸코-데리다) 정확히 규정하는 것은 이미 특정한 입장에 서 있을 때 비로소 가능한 일이기 때문이다. 특정한 입장에 서서 이들 논쟁을 다룰 경우 우리는 객관성을 유지할 수 없게 된다. 제대로 꺼지지 않은 불꽃이 다시 발화되듯이 추후에 이들 논쟁의 쟁점이 다른 맥락에서 되살아날 것을 기다리며 열린 관점을 유지하는 것이 철학적 태도일지도 모른다.

우리의 관심을 끄는 것은 두 논쟁의 관계다. 정확한 판단이건 아니건 간에 데카르트의 텍스트는 프랑스 철학의 상징이다. 데카르트의 철학을 중심에 두고 벌어진 두 논쟁의 주인공들은 서로 누가 누구와 더 가까운 입장인가? 물론 두 논쟁 사이에 직접적인 영향 관계는 없다. 푸코와 데리다가 데카르트를 중심에 두고 논쟁할 때 데리다가 게루의 관점을 잠시 언급했을 뿐 이들이 알키에와 게루의 논쟁을 언급한 적은 없다. 그러나 대학에서 철학 교육을 받은 푸코와 데리다가 프랑스 강단 철학에서 광범위한 영향력을 가진 게루와 알키에를 떠올리지 않을 수는 없을 것이다. 비록 그들에 대해 부정적이거나 그들의 중요성을 인정하지 않는다고 해도 마찬가지다. 앞서 언급한 앙리 구이에는 저명한 데카르트 연구자로서 푸코의 학위논문 심사자였고 또 데리다의 학위논문 심사위원장이었다. 푸코와 데리다가 게루와 알키에에게 영향을 받았는지에 대해서 결정을 내릴 수는 없겠으나, 최소한 두 논쟁이 모두 프랑스 철학의 큰 갈래들을 반영한다는 것은 분명한 사실이다. 두 논쟁의 관계는 무엇인가?

두 논쟁을 가까이서 목격한 사람들은 두 진영으로 나뉘었다. 우선 게루를 옹호한 사람들은 대부분 푸코의 손을 들어줬다. 달리 말하면 게루-푸코 진영과 알키에-데리다 진영으로 나뉜 것이다. 우선 게루와 푸코는 구조주의적 엄밀성의 상징으로 나타났기 때문이다. 즉 그들은 현상학자들이 강조한 의식 경험의 굴곡과 미묘함의 배후에서 작동하는 견고한 조직 형태를 파악하고자 했다. 이런 구조주의적 관점에서 게루는 '체계'나 '근거들의 질서'를 내세웠고 푸코는 '에피스테메(épistémé)', 즉 특정 시대의 전체적 인식 체계를 강조했던 것이다. 두 사람 모두 데카르트와 관련하여 각자의 방식대로 주체의 죽음을 표현했던 것이다. 게루는 보방(Vauban) 요새[12]와 같은 근거들의 체계를, 푸코는 광인을 가둔 일반 병원을 증거로 내세움으로써 둘 모두 고전주의 시대의 이성이 드러낸 지배력을 표현한 것이다. 게루에게 이성의 지배력은 철학적 근거들의 정합성으로, 푸코에게는 광인의 배제로 나타났다. 반면 알키에와 데리다는 역시 각자의 방식에 따라 유연성과 애매모호함의 상징으로 간주된다. 달리 말하면 이들은 사유를 명확하고 고정된 방식으로 도식화하기를 꺼린다. 데리다가 광기에서 꿈으로, 또 꿈에서 심술궂은 악령으로, 심술궂은 악령에서 코기토의 발견으로 미세하게 옮겨 가는 데카르트의 과장적 의심에서 데카르트적 논증의 핵심적 동력을 발견한다면, 알키에는 코기토에서 존재와 사유가 구분되는 것이 데카르트적 논증의 철학적 공헌임을 부각한다. 도식적으로 게루-푸코, 알키에-데리다의 쌍을 표현하자면, 게루-푸코는 '명확성과 견고함', 알키에-데리다는 '모호

---

12 루이 14세 시대의 공학자 보방(Sébastien Le Prestre de Vauban, 1633~1707)이 설계한 별 모양의 요새. 프랑스 서쪽, 북쪽, 동쪽 국경선을 따라 총 12군이 구축되어 있다.

함과 무름'으로 특징지을 수 있겠다.

두 쌍의 도식적 구분은 타당한가? 마슈레는 반전을 보여준다. 오히려 푸코와 알키에, 데리다와 게루가 새로운 두 쌍으로 결합된다. 먼저 알키에와 푸코가 어떻게 묶이는지 살펴보자. 앞서 알키에-게루 논쟁에서 길게 살펴보았듯이, 알키에는 존재에 대한 구체적이고 직접적인 체험을 강조했다. 그래서 데카르트는 형식적인 규칙들과 원리들에 따라 철학 체계를 구축한 것이 아니라, 숨겨진 진리들을 구체적으로 발견해나가는 사유 경험을 철학으로 간주했다는 것이다. '성찰'은 바로 구체적 절차의 예시다. 코기토에서 존재와 본질(사유하는 본성)을 섬세하게 구분함으로써 알키에는 형이상학과 과학 두 차원을 분리해서 고찰했다. 달리 말하면, 철학적 성찰은 형이상학적 차원에서 존재를 직접적으로 우선 발견하고, 그 후에 존재의 본성을 과학적 차원에서 규정해나가야 하는 불규칙적이고 복잡한 과정을 요청한다. 철학은 게루가 주장하듯이 일정한 건축 모델에 따라 형식적 규칙을 존중해야 하는 절차가 아닌 것이다. 예를 들어 '나'의 존재는 즉각적으로 발견되지만, 무와 전체 사이에 위치한 '나'의 본성은 총체적으로 공식화할 수 없는 것이다.

푸코가 알키에와 만나는 지점이 바로 '성찰'이다. 푸코가 데리다에게 대대적인 반격을 가하면서 강조했던 것이 증명과 훈련의 구분이다. 앞서 인용한 푸코의 말을 다시 음미해보자.

『성찰』이 요청하는 것은 바로 이런 이중적 독서다. 한편으로 체계를 이루는 명제들의 총체가 있는데, 각 독자는 이 체계의 진리를 체험하려면 그 명제들을 전체적으로 따라가야 한다. 다른 한편으로 훈련을 이루는 변형들의 총체가 있다. 이 변형들은 각 독자가 이번에는 체계의 진리를 자신의 것으로서 언술하는 주체가 되기 위해 스스로 실행해야 할 변형들, 그것들로 인해 그가 영향받는 그런 변형들이다.HF. p. 639

성찰은 두 차원에서 진행된다. 한편으로 이론 또는 증명의 차원이 있고 다른 한편으로 훈련 또는 실천의 차원이 있다. 이론과 증명의 차원에서 성찰 주체는 추론의 엄격한 연쇄를 따라가야 하고, 훈련과 실천의 차원에서 성찰 주체는 자기 자신의 태도에 영향을 가하고 변형한다. 푸코가 강조하는 것이 바로 데리다가 망각한 훈련과 실천의 차원이다. 미치지 않으려고 하는 성찰 주체의 관심 또는 자신에 대한 배려는 이론적 동기에서 비롯된 것이 아니다. 이처럼 푸코는 알키에와 비슷한 방식으로 데카르트의 사유뿐 아니라 철학 자체를 과학의 패러다임에서 벗어나게 하고 실제적 삶에 철학의 근원을 설정하고자 한다.

알키에와 푸코는 철학의 뿌리를 실제적 삶에 둔 점에서 공통점이 있지만, 실제적 삶을 규정하는 데서 차이를 보인다. 알키에가 실제적 삶을 개인적 실존으로 이해한다면, 푸코는 공동체의 제도적 차원으로 이해한다. 고전주의 시대의 이성이 광기를 배제하면서 확립되었다고 할 때 광기의 배제는 일반 병원이라는 물리적 실재로 객관화된 공동체의 규범이 구현된 것이다. 개인적 의식 경험을 중요시하는 알키에는 이론적·실천적 차원에서 특정 시대의 사회구조나 지식 체계가 개인적 태도를 결정한다는 푸코의 관점에 동의하지 않을 것이다. 그럼에도 불구하고 이들은 철학을 순수 사변에서 벗어나게 하고 철학의 바깥을 설정한다는 중요한 공통점을 갖는다. 철학의 바깥이 알키에에게 신비적 차원의 시적·

종교적 초월이라면 푸코에게는 감금의 탐색 불가능한 깊이다.

그러면 게루와 데리다는 어떻게 연결되는가? 이 문제에 대한 답은 알키에의 데카르트 해석에 대한 게루의 비판과 관련된다. 알키에는 코기토를 규정하면서 존재와 사유를 구분했다. '나'는 존재 또는 실체로 '사유'는 본성 또는 핵심 속성으로 구분했다. 게루는 정확히 이 구분을 문제 삼는다. 일종의 신비적 황홀경에 속하는 경험 대상이 과연 실체적 존재의 위상을 지닐 수 있는가? 물론 알키에는 제2성찰에서 데카르트가 '나는 있다, 나는 실존한다'라고 말한 구절에 의거하여 '나'의 실재는 사유에 의거함 없이 인정된다고 주장한다. 그러나 이 구절이 의미와 확실성을 갖는 것은 의심의 주체가 자신을 사유하는 주체로서 인식할 때 비로소 가능한 일이다. 데카르트의 철학에서 사유는 주체의 실존과 너무 밀착되어 있어서 단지 실존의 속성으로 간주되기보다는 실존의 조건 자체라는 것이 게루의 관점이다. 즉 사유는 주체의 실체다. 사유는 사유 바깥의 절대적 실재와 분리된 본성이 아니라 견고한 형이상학적 위상을 갖는 것이다. 그러나 사유에 형이상학적 위상을 부여하려면, 사유는 사유 대상에서 독립된 순수 사유로서 규정되어야 한다. 물론 데카르트는 사유의 바깥에 신의 존재를 설정하지만, 사유의 존재는 신 존재의 증명 이전에 충만하게 확보된다.

결국 게루에게 코기토의 주체는 알키에의 경우처럼 심리적 주체, 구체적 경험의 주체가 아니라 논리적 주체, 순수 사유 영역의 익명적 주체다. 그렇기 때문에 사유 주체는 근거들의 질서에 완벽하게 합류되어 자리를 잡을 수 있는 것이다. 데카르트의 철학은 알키에의 주장처럼 누군가의 이야기나 역사가 아니다. 설령 그 누군가가 데카르트라고 해도 마찬가지다. 데카르트의 철학이 '성찰'의 형태를 띤다고 해도 그의 성찰은 개인적 차원의 탐구가 아니라 보편적인 지성적 탐구다. 게루가 보기에 데카르트의 진정한 힘은 사유 주체를 탈주체화했다는 점이다.

　게루가 사유와 철학의 바깥을 부정했다는 점이 바로 데리다와 만나는 지점이다. 데리다는 푸코가 주장하듯이 광기의 배제를 인정하지 않았다. 오히려 광기는 더 포괄적인 꿈으로 이전되고 꿈은 심술궂은 악령의 가설로 발전되며, 코기토의 발견은 전체적 광기인 심술궂은 악령과의 관계 속에서 이루어졌다. 철학자가 광기를 배제하기로 결정한다고 해서 실제로 광기가 배제된다고 믿는 것은 순진한 발상이다. 철학 텍스트는 끊임없이 그 결정을 위반하고 있다. 철학적 사유의 이런 내적 모순은 철학 바깥의 어떤 실재를 지시하지 않고 무한정하게 철학적 사유를 가동한다. 물론 데리다는 철학 내부의 균열을 강조한다는 점에서 게루의 관점과 차이가 있다. 게루는 철학 바깥을 부정함으로써 오히려 견고한 철학 체계의 건축을 표방했기 때문이다. 그러나 게루와 데리다 모두 철학 바깥에서 역사적 실재가 결정적인 역할을 한다는 것을 부정한다는 점에서 서로 일치한다. 게루는 철학의 바깥을 부정하고 철학의 내부에서 전개되는 이성의 체계를 옹호한다는 점에서 이성적 낙관론을 표방하고, 데리다 역시 철학의 바깥을 부정하지만 그는 철학의 내부에서 환상과 탈(脫)환상의 조건이 끊임없이 교차하는 비극적 운명을 강조한다는 점에서 철학의 비판적 비관론을 표방하는 것이다. 게루와 데리다 모두에게 철학의 절차는 그 자체로 증식하며 철학 담론 외부의 어떤 목적을 향하지 않는다.

　철학에 대한 데리다의 비판적 관점을 고려할 때, 그를 철학 또는 이성의 **부끄러운 기원**을 숨기는 데에 동조하는 것처럼 매도하는 푸코의 비판은 정당하지 못하다. 다만 데리다가 이성의 부끄러운 기원에 대해 견지하는 비판적 관점이 이성 내부를 향하고 있을 뿐이다. 데리다에게 이성과 비이성의 충돌은 대감금과 같이 특정 시기의 악의적 결정에 의한 역사적 사건이 아니라, 철학이 탄생하면서부터 철학 텍스트 내부에 철회 불가능한 방식으로 새겨져 있는 원죄 같은 것이다. 따라서 철학의 본질을 광인들을 배제하고 그들의 배제를 공고히 하기 위해 병원을 세우는 일로 환원하는 것은 철학이 스스로를 감금한 책임자인 동시에 희생자라는 사실을 간과하는 것이다. 푸코는 철학을 바깥에서 바라볼 수 있다고 생각했지만, 이는 철학의 바깥을 날것 그대로 인정함으로써 일종의 유물론, 경험론, 역사 실증주의를 문자 그대로 실천하는 일일 뿐이다. 오히려 철학에 적용해야 할 가장 현명한 탐구는 모든 문제를 해소할 수 있다고 섣불리 믿게 만드는 장치를 세심하게 해체해나가는 데에 있다.

결국 데카르트를 둘러싼 논쟁은 철학의 본질 자체와 철학사의 본성에 대한 문제가 된다. 알키에와 게루가 데카르트의 몇몇 텍스트를 중심에 놓고 벌인 논쟁은 단지 정보 교환의 차원이 아니라, 삶의 방식을 결정하는 사건인 것이다. 동시에 철학 담론은 다양한 차원에서 여러 목소리를 내는 것을 허용하는 두께를 가지게 된다. 이 점에서 알키에의 관점은 게루의 관점에 비해 다시 힘을 얻는다. 존재에 대한 직접적이고 신비적인 체험은 존재의 다양한 갈래를 허용할 것이기 때문이다. 나아가 게루는 철학 체계의 외부를 인정하지 않는다고 해도 실질적으로는 이미 다차원성을 승인하고 있다. 그가 다루는 데카르트 체계, 스피노자 체계, 칸트 체계, 피히테 체계 등은 각각 외부를 요청하지 않는 자족적 철학 체계지만, 동시에 이들 체계들의 무관계는 이미 각각의 자족성을 승인하는 다원성을 나타내기 때문이다. 이들 체계들 가운데 하나를 택하는 것은 순전히 자의적인 선택에 달린 일이 되어버린다. 다만 한 체계를 선택하고서는 다른 체계의 언어를 사용하지만 않으면 되는 것이다. 결국 게루의 작업은 푸코와 데리다의 논쟁점이었던 내부와 외부의 딜레마를 다시 논점으로 부각하게 된다.

1960년대에 게루와 푸코가 '구조주의자'로 분류된 것은 둘 모두 각자의 방식대로 내부와 외부를 선명하게 분리했기 때문이다. 게루는 한 철학 체계와 다른 철학 체계를 분리했고 푸코는 철학(이성)과 역사(일반 병원, 대감금)를 분리했다. 이에 대립하여 알키에와 데리다는 내부와 외부, 동일자와 타자가 얽히고설켜 있고 서로가 서로를 끊임없이 참조하고 있다는 점을 강조했다. 알키에에게 철학은 근본적으로 이질적인 미지의 영역을 향해 가는 영원의 욕망으로 작동한다. 데리다는 해체 작업을 통해 이런 이질성을 철학 내부로 들여놓는다. 데리다에게 철학은 내부와 외부, 이성과 비이성, 지식과 신앙, 질서와 무질서를 선명하게 구분할 능력이 없다.

과연 데카르트의 철학은 어떤 철학인가? 내부의 철학인가, 외부의 철학인가? 이미 언급했듯이 이에 대한 해답은 특정 입장을 선택했을 때 주어질 수 있다. 분명한 사실은 데카르트의 철학에 대한 논쟁은 종결되지 않았다는 점이다. 긴 해제를 마무리하면서 자연스럽게 델보스의 글이 떠오른다. 독자들이 데카르트 철학에 대한 두 논쟁의 의미를 살펴본 후에 본문을 찬찬히 다시 읽어보았으면 하는 마음이 든다. 지금까지 살펴본 논쟁이 함축하는 여러 의미가 델보스의 글에 묻어나고 있기 때문이다. 1장 「데카르트의 삶과 철학」에서 델보스는 데카르트의 철학을 영웅주의로 소개하면서 논의를 시작했다.

> 영웅주의라는 것이 오직 자신의 힘으로 버텨낼 의지를 포함하고 자아의 완벽한 통제와 더불어 계획이 지닌 극도의 중대함과 어려움에 필적하는 대담성을 포함한다면, 사유의 영웅적 방식이 존재하며 이런 방식은 데카르트의 것이었다고 논란의 여지 없이 말할 수 있다.

델보스는 데카르트의 철학을 다시금 영웅주의와 연결하면서 논의를 결론짓는데, 여기서 그는 내부와 외부의 문제를 엄격한 언어로 정리하고 있다. 게루와 알키에가 일정 한도 내에서 하나로 종합될 수 있는 구절이라고 볼 수 있다. 이를 인용하며 해제를 마무리한다.

> 데카르트의 학설은 분명 합리주의다. 그러나 사유 주체를 사유의 필연성 속에 함몰시키지 않고 무미건조한 이데올로기로 변질되지 않는 합리주의다. 데카르트의 학설은 진정 구체적이고 통찰력으로 가득한 합리주의로서 참된 인식의 내적인 가치를 인정하면서도 그것을 실천적 목적의 추구와 분리하지 않고, 기하학적 정신의 사용에까지 섬세함의 정신을 도입하며, 요컨대 오직 지성을 통해 매순간 방법을 통제하기 때문에 지성이 방법을 따르도록 하는 합리주의인 것이다. 따라서 데카르트의 합리주의는 고대인들이 그렇게 한 것처럼 이성을 유한한 세계의 관조에 가둬두지 않는다고 해도, 또 이성에 무한정한 임무를 설정하고 무한에 대한 시각을 열어놓는다고 해도, 근본

적으로 이성의 본질적 속성은 절도(節度)라고 평가한다. 그렇다고 데카르트의 합리론이 고대 철학처럼 질서에 대한 특히 미학적인 느낌에 의해 인도되는 것은 아니다. 그러나 그의 합리론은 숙고된 의도를 통해 사유에 있어 언제나 그 과정과 작업에 대한 최상의 통제력을 부여한다. 이성에 모든 것을 혁신할 힘을 부여한 후에 데카르트의 합리주의는 이성의 계획의 내부 자체에 머물 힘을 보장하며, 필연적인 구분과 한계에 반대한 나머지 이성의 명석판명한 관념들의 의미를 끝까지 밀어붙임으로써 그 의미를 추상적이고 비규정적인 것으로 만들 정도까지 나아가지 않을 힘을 보장한다. 과도한 논리의 가능한 충동에 대한 저항이 여러 차례 드러났다는 점에 아마도 **영웅주의**의 방식이 또한 존재한다.

데카르트, 이성과 의심의 계보

1판 1쇄 발행 2017년 3월 22일
1판 2쇄 발행 2020년 3월 25일

지은이 · 빅토르 델보스
옮긴이 · 이근세
펴낸이 · 주연선

총괄이사 · 이진희
편집 · 심하은 백다흠 하선정 최민유 허단 김서해 이우정 박연빈 허유민
디자인 · 손주영 이다은 김지수
마케팅 · 장병수 김진겸 이한솔 이선행 강원모
관리 · 김두만 유효정 박초희

(주)은행나무
04035 서울특별시 마포구 양화로11길 54
전화 · 02)3143-0651~3 | 팩스 · 02)3143-0654
신고번호 · 제1997-000168호(1997. 12. 12)
www.ehbook.co.kr
ehbook@ehbook.co.kr

잘못된 책은 바꿔드립니다.

ISBN 978-89-5660-071-0 03160